기독교 개인재무 관리와 교육

서정희·김성숙 지음

UUP

기독교 개인재무 관리와 교육

■

- 2013년 05월 27일 **초판 인쇄**
- 2013년 06월 03일 **초판 발행**
- **지은이** 서정희, 김성숙
- **펴낸이** 이철
- **펴낸곳** UUP.(울산대학교출판부) 680-749 울산광역시 남구 대학로 93(무거동) 울산대학교 출판부
- 전화 (052)259-2488 팩스 (052)277-3011 ▪ **홈페이지** http://uup.ulsan.ac.kr
- **출판등록** 제370-1996-000001호(1996.3.13)
- ₩ 10,000

ISBN 978.89.7868.305.0 (93230)

머리말

현대사회를 일컫는 말로 금융자본주의시대, IT정보시대, 후기산업사회 등 사회전체를 아우르는 용어가 범람한다. 극소수의 원시인 부족들과 공산주의국가를 제외하면 현대에 사는 세계인들의 공통점은 '물질주의', '자본주의' 사회에서 살고 있다는 점이며 그 중심에는 돈이 있다. 돈의 획득과 지출, 그리고 증식과 축적을 돕고 관리하는 것이 재무관리이다. 재무관리는 개인에서부터 기업, 단체, 국가에 이르기까지 사회의 어떠한 구성단위의 당면과제이다.

개인차원에서 재무관리는 당면과제이자 삶의 목표가 되기도 한다. 대부분의 사람들은 '부자되기'를 희망하고 그 중 일부는 이를 위해 전력질주하기도 하며 온갖 비리를 저지르는 경우도 있다. 모든 사람이 돈을 얻고 축적하여 거부가 되지는 못하지만 부자가 되어도 돈을 어떻게 쓰느냐에 따라 그 삶의 가치는 매우 달라진다. 즉 돈의 관리인 재무관리에 가치관과 신념이 절대적인 영향을 미친다. 그리고 개인의 가치관과 신념을 형성하는데 종교가 매우 큰 영향을 미치는 것은 자연스러운 일이다.

본 저서는 기독교에서는 재물에 대하여 어떠한 태도를 보이는가, 기독교인들은 직업을 어떻게 받아들이며 선택할 것인가 그리고 과연 기독교에서 참된 부자는 어떤 사람인가, 마지막으로 기독교인들은 돈을 어떻게 쓰는 것이 바람직한 것인가에 대한 질문에 대하여 성경적 가르침을 정리하였다. 본 저서는 기독교적인 재무관리의 원리와 방법을 제시하는 학술적인 전문서를 지향하면서 기독교인만을 독자로 간주하지 않았음을 밝힌다. 비기독교인일지라도 돈에 대한 태도의 정립과 실천을 위해 삶의 철학과 가치관에 관심을 가지게 될 것이며 서양 철학과 사회문화의 근간이 되는 기독교적인 또는 성경적인 재무관리의 원리에 관심을 가질 것이다. 기독교인뿐만 아니라 일반인들을 위한 기독교적 재무관리를 설명하기 위하여 일반적인 재무관리 이론과 경제상식 및 실례 등을 적절히 적용하는 방식을 채택하였다. 각 개인재무관리 영역에서 주요 개념 및 개념 이해를 위한 설명 도구 개발, 대안적인 실천 내용 등으로 전개하였다. 이와 같은 연구목적을 달성하기 위하여 주로 관련 성경말씀을 인용하였으며 성경적 경제관 및 물질관에 대한 논문, 신문기사, 기독교 관련 서적 등과 개인 재무관리와 관련 문헌 고찰을 실시하였다.

저자들은 이러한 맥락에서 기독교가 설명하고 있는 돈, 재물, 그리고 그것의 관리에 관한 내용을 고찰하고 더 나아가 이를 후속세대에 전수하는 교육프로그램에 관한 연구결과를 제시하는 것으로 관심의 영역을 넓혔다. 우리나라는 세계에서 유래가 없을 정도로 짧은 시간에 고도의 성장을 이루어냈다. 수십년간의 고도의 경제성장을 통해 개인별 차이는 있지만 놀라울 정도의 경제적 풍요를 누리고 있다. 우리 사회는 그간의 오일쇼크, 외환위기, 세계금융위기 등 굴곡이 많았지만 풍요의 질주를 달려왔다. 그 결과 60대 이상의 고령층과 40-50대 중장년층, 그리고 10-30대에 이르는 청년층의 돈에 대한 철학과 태도는 매우 다르며 때로는 충돌하고 갈등한다. 각자 살아온 인생경험이 다르고 경제 환경이 다르기 때문에 서로에게 돈에 대하여 자신이 가지고 있는 철학과 태도를 강요하거나 주장하기가 어려운 상황이다. 유교적 가치관이 영향력을 잃어버렸고 개인주의와 합리성이 대체됨과 동시에 노블리제 오블리쥬가 새로운 가치로 부각되고 있다.

그렇다면 성경은 어떻게 돈에 대한 가치관을 말해주시고 있는가? 성경에서 이야기하는 돈(재물)에 대한 가치관에는 세대간 차이를 허락하지 않는다. 성경은 돈에 대한 철학과 태도에 대하여 절대적인 기준을 제시하고 있으며 개인과 공동체를 함께 고려하고 또 살찌우는 '합력하여 이루는 선'을 지향한다. 세대간 계층간 재물에 관련된 갈등은 돈에 대한 가치관의 충돌이라고 할 수 있다. 개인이든 가족이든 공동체이든 재물에 관한 스스로의 가치관의 정립을 위해서 개인재무관리교육이 필요하다. 이 책은 성경에 근거한 개인재무관리교육내용을 제시하는 것을 또 하나의 목표로 하고 있다.

본 저서는 개인의 재무관리 영역별로 성경적인 가치관과 실천지침을 고찰하고 이를 토대로 교육 프로그램을 마련하고자 다음과 같이 책의 내용을 구성하였다. 제1장은 성경적 개인재무관리의 의의를 살펴보았다. 우선 개인재무관리이론에 입각하여 개인재무관리의 필요성을 제시하였고 생애주기적 측면과 경제환경의 변화적 측면에서 그 필요성이 배가됨을 설명하였다. 제2장은 개인재무관리의 차원과 교육과의 관련성을 살펴보았다. 개인 재무관리 영역인 현금과 소득관리, 세금관리, 위험관리, 투자관리, 노후관리 각 영역의 기초 이론을 설명하고 있으며 특히 성경적인 가치체계에서 개인재무관리와 관련된 교육내용은 일반인을 대상으로 하는 교육과는 차별되어야 함을 설명하였다. 제3장은 성경적 재물관을 기초로 설계한 재무관리가치 교육을 제시한다. 성경에 나타난 긍정적 재물관, 부정적 재물관, 통합적 재물관을 차례로 탐구한 후 성경적인 재무관리 가치관과 재무목표를 설정하고 있다. 제4장은 성경적인 직업관과 직업교육을 제시하고 있다. 성경적인 직업관은 노동에 대한 태도와 직업의 목적에 관하여 고찰하고 있다. 노동에 대한 성경적인 태도는 '소명의식'에 귀착된다. 이러한 부르심의 구체적인 장(場)으로서의 직업은 도구로서의 가치가 아닌 목적으로서의 가치를 내포하게 된다. 이러한 가치관하에서 직업에 임하는 자세와 행동이 형성되기 위해서는 이익추구행위 대상으로서의 직업선택과는 다른 교육이 필요함을 제시하고 있다. 제5장은 성경적인 부자관과 저축투자교육이다. 성경적 관점에서 '부자론'의 내용을 고찰하여 이를 토대로 투자와 이익관련 가치와 실천을 중심으로 하는 그리스도인을 위한 투자교육내용을 규명하였다. 성경에 나타난 부자에 대한 태도와 투자에 대한 태도를 정리하였으며 이를 토대로 성경적인 투자원칙을 제시하였다. 제6장은 성경적인 소비관과 나눔, 소비지출교육이다. 성경적 관점에서 '소비관'과 '나눔'을 고찰하여 이를 토대로 그리스도인을 위한 소비문화, 나눔의 정신과 실천 등 소비지출교육 내용을 제시하였다. 우선 창조와 소비, 소박한 삶과 소비, 나눔의 세 가지 주요 차원에서 성경에서 제시한 진정한 소비관을 탐구하였다. 성경에서 인간의 타락은 지나친 물욕과 타락한 물질의 사용에 의해 나타난다. 성경에서는 타락적 소비를 강하게 경계하고 있다. 또 여기에서 특별한 나눔의 제도인 희년, 안식년, 십일조, 이삭줍기에 대한 성경의 가르침을 살펴보면서 공동체를 위한 소비의 중요성을 피력하였다.

기독교 개인재무관리의 원칙은 성경의 가르침에 따라 돈을 벌고 돈을 사용하라는 것이다. 성경의 가장 단순한 가르침은 돈을 사랑하지 말며 하나님과 이웃을 사랑하는데 사용되어야 한다는 것이다. 이 책이 나오는데 도움을 준 울산대학교 출판부 관계자들과 계명대학교 소비자정보학과 조교이자 전도사님의 아내인 최예주 조교에게 감사의 마음을 드린다.

/ 서정희, 김성숙

목 차

Chapter 1

개인재무 관리와 교육의 의의

자본주의 경제체제에 살고 있는 우리는 역사적으로 그 어떤 시기보다 물질적으로 풍성함을 누리면서도 늘 '돈 걱정'을 하고 있다. 부자는 많은 돈을 지키기 위해서 가난한 사람들은 '생존과 일상생활'을 하는데 필요한 돈을 마련하기 위하여 항상 돈 걱정을 하면서 살아가고 있다. 현대인들은 더 많은 것을 소비하고 누리기를 원하며 이를 위해 더 많은 돈이 필요하다고 생각하고 있다. 더 많은 돈을 가지고자 하는 욕망은 '부자 되기 신드롬'을 양산하면서 부에 대한 맹목성, 더 나아가 신격화에 이르고 있다. 최근 우리 사회의 투자열풍은 사람들에게 '부자'에 대한 환상까지 심어주고 있고 '진정한 부자'에 대한 성찰은 배제되고 있다.

최근 많이 실시되고 있는 재무관리 교육의 현장에서 여전히 '투자의 기법이나 경제전망'에 대한 기술적 내용이 중점적으로 제공되고 있는 상황에서 한편에서는 '진정한 부자'에 대한 가치관 교육을 병행해야 한다는 요구가 증가하고 있다. 자칫 부에 대한 환상, 투자에 대한 맹신으로 인해 일확천금주의가 팽배해지면 종국에는 개인적인 삶에 있어서나 투자시장에서도 합리성을 얻을 수 없을 뿐만 아니라 경제적 낙오

자를 대량 양산할 수 있기 때문이다(김성숙, 2009). 이 장에서는 소비자와 가계측면과 경제환경의 변화측면에서 개인재무 관리와 교육의 필요성을 알아보았다. 이 장은 서정희와 허은정(2013)을 인용하였음을 밝힌다.

1. 소비자와 가계 측면에서 본 개인재무관리의 필요성

1) 재무목표 달성

가계와 소비자는 재무관리를 통하여 다음과 같이 다섯 가지의 재무목표를 달성할 수 있다(Garman, Forgue, 2006; 이기춘 등, 2009).

(1) 소득과 자산의 극대화

소득을 극대화하기 위해서는 직업선택을 잘 해야 하고, 자산소득을 극대화하기 위해서는 현명한 투자를 선택하고 투자위험을 관리할 수 있는 능력이 필요하다. 소득과 자산의 극대화를 얻기 위해서는 효과적인 재무설계가 필요하다. 개인의 소득은 근로소득, 사업소득, 이자와 배당금, 주식매매에 따른 차익과 같은 금융소득, 부동산 임대소득, 부동산 양도소득, 이전소득, 기타소득이 있다. 소득을 극대화하기 위해서는 소득원천을 다각화하는 것이 실직이나 자산가치의 하락에 따른 위험을 분산시킬 수 있기 때문에 효과적이다. 자산가치의 극대화를 위해서는 장기적 관점과 자신의 위험성향을 고려하여 현금성자산, 투자자산, 부동산, 개인소유물과 기타자산 등에 골고루 분산투자 또는 장기투자하는 것이 효과적이다. 소득과 자산의 극대화를 위해 체계적이며 종합적인 재무설계를 적용하는 것이 도움이 된다. 재무설계는 재무목표의 설정 – 자산상태의 평가 – 재무관리대안의 비교분석 – 재무계획의 결정 – 실행 및 피드백의 과정을 통해 이루어진다.

(2) 효율적인 소비

인간의 소유 욕구는 끝이 없기 때문에 돈이 많아도 늘 부족하다고 느끼는 경우가 많다. 돈을 모으는 것의 첫출발은 아껴 쓰는 것임을 명심해야 한다. 돈을 쓸 곳은 너무 많은데 돈은 항상 부족하기 때문이다. 특히 주택구입, 노후대비, 자녀교육과 결혼 등 목돈이 필요한 재무목표를 달성하기 위해서는 투자를 생각하기에 앞서 작은 지출도 계획적으로 하는 자세가 필요하다. 예를 들면 하루 5,600원하는 커피전문점에서 커피를 한잔씩 마시는 소비자가 이 돈을 모두 모으면 1주일에 39,200원이 된다. 한달을 모으면 168,000원이 되고, 1년을 모으면 2,044,000원이 되고, 10년을 모으면 20,044,000원이 된다. 매달 168,000원씩 연이율 2.5%인 10년 만기형 적금에 가입한다면 10년 후에 이자를 땐 후에 22,498,806원을 받게 된다. 비과세인 경우는 22,924,546원을 받는다. 복리로 계산하면 더 큰 돈이 된다. 하루 한 잔 커피를 절약하면 10년 후에 이렇게 큰 돈을 모을 수 있다.

(3) 재무생활의 만족을 통한 생활의 질 제고

재무와 관련된 다양한 의사결정을 효율적으로 하고 만족을 하는 것이 인생의 최고의 목표가 될 수는 없으나, 인생의 최고의 목표라고 볼 수 있는 건강, 우정, 행복한 가정생활 등과 같은 생활의 질을 높이는데 중요한 수단이 될 수 있다. 특히 주택구매와 자녀교육 등과 같이 중요한 재무목표를 달성하기 위해서는 재무관리를 통하여 목돈을 모을 수 있어야 할 뿐만 아니라 부채도 현명하게 활용할 수 있어야 한다.

새내기 직장인의 재무설계

재테크 전문가들은 목돈 마련을 위해서는 '복리효과'에 주목하라고 조언한다. 재무관리 경험이 없는 새내기 직장인의 경우에 특히 더 그렇다. 투자기간이 길수록 그 효과가 빛을 발하기 때문이다. 복리효과는 말 그대로 이자에 이자가 붙어 돈이 불어나는 것을 의미한다. 투자기간이 길수록 복리효과는 더욱 커진다. 예를 들어 매월 5만원씩 20년간 연금신탁에 낸다고 하자. 평균 수익률을 5%만 잡아도 20년 후에는 2055만원이 된다. 원금 1200만원에 이자가 855만원 가량 붙는다. 총 수익률은 171%로 이를 다시 20년으로 나누면 연간 8.5%가 나온다. 3.5%가 복리효과로 나타나는 셈이다.

재무설계와 실행은 무엇보다도 언제 어떻게 시작하느냐에 따라 얼마나 일찍 경제적 자립을 할 수 있는지가 결정된다고 지적한다. 재테크에서는 시작이 중요한 것이다. 장기투자를 하면 평균적인 수익률을 얻을 수 있기 때문에 투자의 문외한일지라도 유리하다.

카드 선택의 문제에 있어 우선 몇 개 카드사 상품을 선택한 후 꼼꼼히 비교해 보는 자세가 필요하다고 조언한다. 젊은 새내기 직장인이라면 영화관과 커피전문점 등 젊은 층에서 활용도가 높은 카드를 선택하는 게 유리하고 출퇴근으로 지하철 버스 등 대중교통을 이용한다면 이 분야에서 할인 혜택이 높은 카드를 고르는 것이 현명한 선택이라는 것이다. 특히, 체크카드를 잘 활용할 것을 주문한다. 연회비가 없고 계획적인 소비를 할 수 있기 때문이다.

새내기 직장인들이 가장 관심을 두는 금융상품이 보험이다. 젊은 연령일수록 보장성보험 위주로 접근하는 것이 바람직하며 저축성보험이나 변액보험일지라도 장기적인 가입을 전제로 하지 않으며 비과세 또는 평균투자수익률의 이득을 얻지 못하므로 주의하여야 한다.

(4) 재무안전감의 달성

재무안전감은 모든 요구와 욕망의 대부분을 충족시킬 수 있을 만큼 재무자원이 충분하다고 느끼는 편안한 상태를 의미한다. 재무안전감이 있는 사람은 돈 문제에 자신감을 가지고 있고, 재무문제에 관하여 걱정하지 않고 자유로워질 수 있다. 재무안전감의 지표에는 최소한 생활양식을 누릴 수 있는 지속적인 소득, 승진할 수 있는 직업, 실직해도 석 달 내지 여섯 달 정도의 생활비를 충당할 수 있는 은행예금, 갚을 수 있는 부채가 있는 집, 적절한 보험 가입, 현재 살고 있는 집 이외 투자하고 있는 부동산, 은퇴설계, 부동산설계와 같은 장기투자설계 등이 포함된다. 재무안전감을 달성하기 위해서는 장기, 단기 재무목표를 세우고 우선순위를 정해야 하고, 이러한 목표들에 의하여 소비지출, 신용사용, 저축 및 투자에 대한 지침이 만들어질 수 있다.

한국 가계부채 얼마나 심각한가

김광수경제연구소는 29일 신용평가회사인 미국의 무디스社가 한국의 가계부채를 경고하고 있는 가운데 작년 말 현재 가계가 금융기관으로부터 차입한 가계대출 총액은 1천36조원이며, 반대로 가계가 금융기관에 예금하거나 채권을 매입한 저축은 997조원이라면서 국내 가계의 과도한 부채 위험을 경고했다. 또 작년 국내 가계 가처분소득은 674조원 정도로 가계대출을 가계의 가처분소득으로 나눈 가계부채 비율은 153.7%에 달하며, 이는 작년 명목 국내총생산(GDP) 1천237조원의 83.7%에 이른다고 연구소는 강조했다.

이를 채무위기를 겪고 있는 스페인과 비교해 보면 작년 스페인의 가계부채 총액은 8천

751억 유로로 가계의 가처분소득(8천348억 유로) 대비 105%, 명목GDP(1조734억 유로) 대비 82% 수준이다. 아울러 서브프라임론 사태로 부동산투기 거품이 붕괴된 미국의 경우에도 투기거품이 절정에 달했던 지난 2007년 가계부채는 13조6천810억달러로 가계 가처분소득 대비 131%에 달했으며 명목GDP대비로는 97.5%였다. 이후 미국은 작년 투기거품 붕괴로 가계부채 총액이 12조9천300억달러로 줄면서 가계부채는 가계의 가처분소득 대비 111.5%, 명목GDP 대비 86%로 각각 급락했다. 아울러 스페인과 미국은 명목GDP에서 가계소비가 차지하는 비중이 각각 58.3%와 70%인 반면, 우리나라는 53%에 불과해 우리나라 가계부채가 상대적으로 가장 심각하다고 연구소는 덧붙였다. GDP 중 가계소비를 기준으로 한 가계부채 비율은 스페인이 140.6%, 미국(2007년 기준)이 139%, 우리나라는 158%. 이 같은 가계부채 증가는 낮은 수신금리에서 기인한다고 연구소 측은 설명했다.

연구소에 따르면 작년 국내 금융기관의 평균 대출이자율은 5.91%인 반면, 평균 예금이자율은 3.03%로 대출이자율에서 예금이자율을 차감한 예대마진률이 지난 2008년 3.4%에서 작년에 2.88%로 축소됐다. 이로 인해 가계의 이자수지가 적자로 전환됐으며, 이자수지 적자 폭은 갈수록 확대되고 있다고 연구소는 강조했다. 연구소는 이로 인해 수도권을 중심으로 부동산 투기거품이 꺼지면서 현재 가계가 잘못된 투자의 위험을 감수해야 할 상황에 직면해 있다고 경고했다.

출처: 김광수경제연구소,(이슈)스페인보다 더 심각한 한국의 가계부채, 2012.6.25

(5) 은퇴 후 대비를 위한 자산의 축적

사람은 누구나 은퇴를 할 수 밖에 없고, 은퇴 후에 편안한 생활을 유지하기 위하여 재무관리가 필요하다. 특히 우리나라는 45세가 정년이라는 말을 비유적으로 표현하는 사오정이라는 용어가 유행할 정도로 빨리 은퇴를 하고 있고, 평균수명은 80세를 지나 100세까지 바라볼 정도로 길어져서 은퇴기에 속하는 기간이 전 인생의 절반을 넘기게 되었다. 또한 선진국과는 달리 우리나라 대부분의 근로자 가계들은 사교육을 포함한 자녀교육비와 자녀혼사에 지나치게 많은 돈을 지출하는 경향이 있어 은퇴를 대비한 준비가 매우 미흡한 실정이다.

베이비부머의 은퇴

6.25전쟁 이후 태어난 베이비 붐 세대(1955년~1963년생) 즉, 베이비부머는 우리나라 전체 인구의 14.3%(약 712만명)에 달한다. 이들 거대 연령집단들의 은퇴가 2011년부터 시작되었다. 통계청 자료에 따르면 베이비 붐 세대의 자영업자는 163만 명으로 전체 자영업자 539만 명의 30%를 넘는다. 흔히 '부도가 났다'고 표현되는 당좌거래정지 현황을 보면 올 들어 1월부터 8월까지 당좌거래정지 개인사업자는 모두 237명이다. 이중 베이비 붐 세대는 104명으로 전체의 43.9%를 차지하고 있다.

베이비부머들의 높은 교육열은 자녀 사교육 열풍의 주요 원인이기도 하다. 그만큼 자녀교육에 돈을 쏟아 붓다가 '에듀 푸어(아이들 교육시키다 거지가 된 부모들)'로 전락한 한국의 학부모들은 스스로 자신의 은퇴이후의 생활을 희생한 셈이 되었다. 현대경제연구소가 조사한 바에 따르면 '에듀 푸어'가 무려 82만 가구를 넘는다고 한다. 유치원생 이상 자녀를 둔 9가구 중 1가구꼴로 '에듀 푸어'인 셈이다. 지난해 기준으로 '에듀 푸어'는 월 평균 81만원을 교육비로 지출했다.

자녀 결혼에 대해서는 최근 한 신문사가 '부모의 눈물로 울리는 웨딩마치'라는 시리즈로 좋은 기획을 했다. 조선일보가 미래에셋퇴직연금연구소에 의뢰해 얻어낸 자료에 따르면 자식의 신혼집 마련하다가 최소 12만부터 최대 110만가구가 은퇴빈곤층으로 추락하는 것으로 나타났다. 우리나라의 노인빈곤율은 지금도 45%로 경제협력개발기구 34개 회원국 중 1위를 차지하고 있다.

하나금융연구소가 전국 거주 성인남녀 1000명을 대상으로 설문조사를 실시한 결과, 은퇴 재무설계 중요성에 대해서는 인식하지만, 은퇴 재무설계서비스를 이용해본 고객은 30%에도 못 미치는 것으로 나타났다. 은퇴설계서비스 이용 경험이 없는 응답자 중 39.2%는 금융기관에서 이러한 서비스를 제공하고 있다는 사실조차 몰랐다. 은퇴설계서비스 제공 정보를 알고 있음에도 이용하지 않았던 이유로는 가장 많은 응답자(37.6%)가 현재 은퇴를 준비할 경제적 여력이 부족하기 때문이라고 응답했다. 또 응답자 중 15.1%는 은퇴설계서비스를 고액 자산가를 위한 서비스라고 생각해서 이용하지 않았다고 밝혔다. 소득수준이 낮을수록 더욱 절실하고 체계적인 은퇴설계가 필요하지만 은퇴준비에 있어서도 부익부 빈익빈 현상이 있는 것으로 나타났다. 은퇴설계서비스를 이용한 경험이 있는 집단의 경제적 삶에 대한 만족 수준은 54점으로 그렇지 않은 집단의 47점에 비해 높게 나타났다(Etnews.com, 2013년 4월 15일).

2) 생애소비만족의 극대화

가계소득은 전 생애주기에 걸쳐 소비지출을 감당할 수 있을 정도로 항상 많지 않을 뿐 아니라 소득과 지출의 크기가 가족생활주기에 따라 다르다. <그림 1.1>에서 보면 25세에 직장생활을 한다고 가정하면 직장생활을 하는 초기에는 소득수준이 낮다가 경력이 쌓이면서 점점 소득이 증가하여 45세부터 50세에 소득이 가장 많고, 55세부터 60세 사이에 경제적으로 은퇴를 하면 소득이 급격하게 줄어들게 된다. 소비지출의 흐름은 소득의 흐름보다 완만하지만 은퇴 전까지는 소득보다 적으나, 은퇴를 한 후에는 소득보다 많아져서 소득과 지출 사이에 불일치가 나타난다. 이러한 불일치를 해결하기 위하여 재무관리가 필요하다.

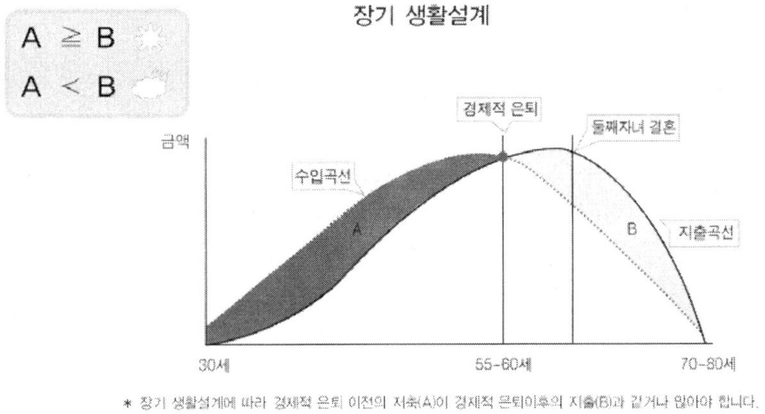

출처: 한국은행(2012)

〈그림1.1〉 가족생활주기에 따른 소득과 지출

대출받기 전 체크!

대출 전에는 이자비용을 고려하는 것은 물론, 원금상환 계획이 이루어져야 한다.

대출 시에는 이자율과 수수료도 고려되겠지만, 이자와 원금에 대한 상환계획이 이루어져야 한다. 대출은 1번 받고 끝나는 것이 아니므로 꾸준한 신용관리를 위해 원리금 상환계획을 세워 이루어져야 한다. 또한 중도상환시를 대비하여 중도상환수수료가 있는지 체크하자. 신용도에 따라 중도상환수수료가 달라질 수 있다.

1. 금융감독원이 만든 서민금융119 서비스를 이용하자.

서민맞춤안내대출서비스 홈페이지(http://s119.fss.or.kr/)를 방문하면 누구나 신용정보회사별로 1주일동안 무료로 신용정보 조회가 가능하다. 또한 이 홈페이지와 연결된 「한국이지론」(www.egloan.co.kr)에 접속하여 대출상품〉대출금리 비교를 클릭하면 신용대출과 담보대출 각각 금리를 비교 할 수 있으며 1금융, 2금융, 대부업체까지 다양하게 대출한도와 최저, 최고금리를 비교할 수 있다.

2. 금리우대를 받을 수 있는지 체크하자.

전문직 종사자, 급여이체 펀드가입대상자 등 주거래 고객들을 대상으로 대출시 우대금리를 제공한다. 자신이 우대금리를 받을 수 있는지 체크하자.

3. 미납된 세금, 휴대폰 요금이나 카드대금이 없는지 체크하자.

카드대금은 원금을 기준으로 5만원이상 3개월 이상 연체 되었을 경우, 대출금· 카드론대금은 3개월 이상 연체, 국세, 지방세를 1년 이상 체납하거나 1년에 3회이상 체납하는 경우에 채무불이행자로 등록된다. 또한 비 금융권인 통신사의 휴대폰요금 연체 시에도 반영된다.

4. 무이자대출에 속지 말자.

정말 급할 때는 대부업체를 이용해서 무이자대출로 이자 없이 빌려 쓰다가 바로 원금을 상환해야겠다는 위험한 생각을 가지고 있다면 위험하다. 무이자대출도 대부업체에 대출을 한 것이므로 신용등급이 하락한다는 것을 잊지 말자.

5. 과다한 신용조회는 신용등급을 갉아먹는다. 자신의 신용등급을 체크하자.

과다한 신용조회만으로도 신용평점에 영향을 준다는 사실! 특히 대부업체의 과다한 신용조회는 신용평점을 갉아먹을 수 있다. 신용조회시 신중을 가하자. 신용정보회사에서 자신의 신용정보 조회를 하는 것에 대한 기록은 조회처 정보에 남지 않으며 연 1회 자신의 신용기록 열람을 무료로 할 수 있다.

6. 대출을 받을 때 보험에 가입하도록 강요하는지 여부를 체크하자.
은행 등이 대출을 취급하는 과정에서 보험계약 체결을 강요하는 행위(구속성 보험계약, 일명 꺾기) 등을 엄격히 금지하도록 되어있다. 참고로 (주택 등 건물을 담보로 대출을 신청할 경우 담보물에 대한 보험가입을 권유할 때, 신용도가 불량하거나 개인별 한도를 초과한 고객에게 신용대출을 승인해 주면서 보험 가입을 요구할 때, 대출연장을 조건으로 보험에 가입 할 것을 요구 할 때, 대출 우대금리 제시를 통한 기업성 보험의 가입을 요구할 때) 다음과 같은 행위를 구속성 보험계약에 해당된다고 판단하고 있으니, 대출 신청시 보험가입을 권유 할 경우 금융감독원에 신고하자.

3) 위험 대비

우리 인생은 아무도 정확하게 예측할 수 없다. 실업, 질병, 은퇴 후 지나친 장수 등과 같은 위험이 누구에게나 생길 수 있다. 가장이 사고로 사망할 수도 있고, 갑자기 불치병에 걸려서 평생 병상에 누워서 엄청난 액수의 병원비를 쓰게 될 수도 있다. 화재나 도난을 당하여 전 재산을 하루아침에 날려버릴 수도 있다. 교통사고를 당해서 자신이 피해를 입는 경우도 있고, 교통사고를 내서 피해자에게 경제적 보상을 하기 위해서 살고 있던 집도 팔아야 하는 경우도 있다. 이러한 위험에 대비하기 위하여 가계재무관리가 필요하다.

전문가들은 갑작스러운 질병과 사고, 이혼, 실직, 이직 등의 변화에 대한 대비를 위해 비상자금을 꼭 마련해 둘 것을 권한다. 비상자금 필요액은 직업과 소득의안정성, 소득수준에 따라 다른데 약 6개월간의 실업을 견딜 수 있는 만큼은 되어야 한다고 권장한다. 즉 비상자금 필요액으로 3~6개월치의 소득(또는 생활지출비)를 확보하는 것이 바람직하다. 비상자금은 긴급한 상황에서 쉽게 인출할 수 있도록 예금이나 CMA와 같은 현금성 자산의 형태로 유지하는 것이 좋다.

비상자금 모으는 방법

1. 비상자금을 매월고정지출로 취급하라.
2. 자동이체를 이용하라.
3. 갑자기 생긴 돈으로 연말 정산후 소득세 환급금액, 예상하지 못한 보너스, 시간외수당을 저축하라.
4. 예산을 바꾸지 않고 소득의 증가분을 적립한다.
5. 매일 남은 돈을 모은다.
6. 여가와 외식을 아껴라.

/출처 : 이기춘 외(2009), 소비자재무설계

4) 100세 시대의 도래

(1) 우리나라 고령화 추세와 특성

한국보건산업진흥원(2012)에 따르면, 1990년부터 2010년까지 20년 동안 기대수명은 남자 77.39년에서 82.16년, 여자 81.29년에서 86.63년으로 남녀 각각 4.77년과 5.34년 증가했다. 이처럼 기대수명이 늘어난 것은 의학의 발전과 보건환경의 개선에 따라 각종 질환으로 인한 사망 등이 줄어들었기 때문이다.

<그림1.2>에 의하면 2010년 현재 15-64세 생산가능인구는 3,598만명으로 인구의 72.8%, 65세 이상 고령인구는 545만명으로 11%, 0-14세 유소년인구는 798만명으로 16.1%를 차지하고 있다. 2060년 생산가능인구는 49.7%, 고령인구는 40.1%, 유소년 인구는 10.2%를 차지할 것으로 보인다. 생산가능인구는 2016년 3,704만명으로 72.9%를 정점으로 하여 점점 감소되기 시작해서 2060년엔 2,187만명으로 49.7% 수준까지 떨어질 것으로 추계되고 있다. 고령인구 규모는 진입하는 코호트의 규모와 기대수명 향상 속도에 따라 변화하고 있다. 고령인구는 2020년까지 연평균 약 4%대로 성장하다가, 베이비부머가 고령층에 접어드는 2020년~2028년 사이에는 연평균 5%대로 급증한 후에 둔화될 것으로 보인다.

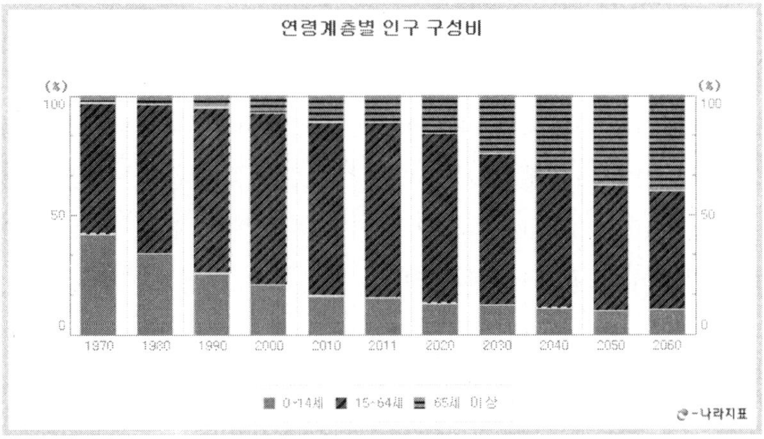

출처: 통계청, 장래인구추계(2011)

〈그림1.2〉 연령계층별 인구구성비 : 1960-2060

통계청은 인구추계에 미래의 불확실성을 반영하기 위해 장래 인구변동 요인(출산, 사망, 국제이동) 수준을 중위·고위·저위로 설정했는데, 낮은 정도의 인구성장을 예상해 계산된 것이 저위가정이라면 비교적 높은 정도의 출산율과 기대수명을 바탕으로 구성된 시나리오가 고위가정이라 할 수 있다. 고위가정은 2017년에 3,739만명을 정점으로 감소하기 시작하여 2060년에 2,692만명으로 감소하여 49.1% 수준에 이를 것으로 추계되고 있고, 저위가정은 2016년 3,678만명을 정점으로 감소하기 시작하여 2060년에 1,721만명으로 감소하여 49.9% 수준에 이를 것으로 보인다.

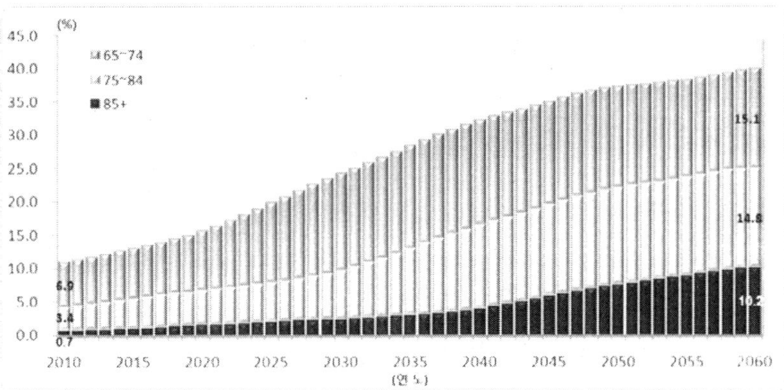

〈그림1.3〉 총인구 대비 연령계층별 고령인구 구성비, 2010-2060

<그림1.3>에 의하면 고령인구는 2010년 545만명으로 11%를 차지하고 있었으나, 2030년엔 1,269만명으로 24.3%로 2010년에 비하여 2.3배가 증가할 것으로 보이고, 2060년엔 1,762만명으로 40.1%에 이르러 3배이상 증가할 것으로 전망되고 있다. 고령인구가 고위가정은 2060년에 2,077만명으로 고령자 비중은 인구의 37.9%수준이고, 저위가정은 2060년 1,486만명으로 43.1%까지 증가할 것으로 보인다. 전체 인구중에서 고령인구의 비중이 7%를 넘으면 고령화 사회, 14%를 넘으면 고령사회, 20%를 넘으면 초고령사회로 구분된다. 이러한 구분에 의하면 우리나라는 2010년엔 이미 고령화사회, 2020년엔 고령사회, 2030년엔 초고령사회라고 볼 수 있다.

이와는 달리 유소년인구는 2010년에 798만명으로 16.1%를 차지하였으나, 2016년까지 1백만명 이상 급감하여 2060년엔 447만명으로 2010년의 56% 수준으로 감소할 것으로 전망되고 있다. 유소년 인구는 2030년 최대 813만명인 14.5%에서 최저 478만명인 9.9%가 될 것으로 보이고, 2060년엔 최대 709만명인 12.9%에서 최저 240만명인 7.0%까지 감소할 것으로 예측되고 있다.

고령인구를 연령계층별로 구분해서 2010년과 2060년을 비교해 보면 65-74세 인구는 고령인구 전체에서 62.4%에서 37.7%로 크게 감소하고, 75-84세 인구비중은 30.8%에서 36.9%로 약간 증가하고 85세 이상 초고령인구 비중은 6.8%에서 25.4%로 3.7배 이상 증가할 것으로 예측되고 있다. 각 연령대별 고령인구의 비중은 베이비부머의 진입 시기에 급격히 성장하고 있다. 65~74세의 비중은 2020년 57.6%에서 2030년 60.0%로 증가 이후 감소하고, 75~84세의 비중은 2030년 29.6%에서 2040년 38.5%로 증가하고, 85세 이상의 비중은 2040년 12.6%에서 2050년 20.6%로 증가할 것으로 보인다.

2010년 현재 65~74세의 성비는 여자 1백명당 남자 81.1명, 75-84세는 56.6명, 85세 이상은 34.9명으로 전망되어 고령인구의 성비는 연령이 증가할수록 감소할 것으로 전망되고 있다. 특히 남녀간 사망률 격차가 감소하면서 고령자 성비는 점차 높아져 65세 이상 고령인구 성비는 2010년 69.1에서 2060년 87명으로 증가하고, 85세 이상 성비도 2010년 34.9명에서 2060년 62.6명까지 증가할 것으로 보인다. 그러나 출생성비가 116명으로 남녀간 불균형이 심했던 1990년생 전후 코호트가 고령인구에 진입하는 2055년경부터 고령자 성비는 급속히 증가할 것이다.

〈표1.1〉 가정별 부양비 및 노령화지수, 1960-2060

(단위 : 생산인구 1백명당, 유소년인구 1백명당)

중위가정	1960	1970	1980	1990	2000	2010	2020	2030	2040	2050	2060
총부양비1)	82.6	83.8	60.7	44.3	39.5	37.3	40.7	58.6	77.0	89.8	101.0
유소년부양비2)	77.3	78.2	54.6	36.9	29.4	22.2	18.6	20.0	19.8	18.9	20.5
노년부양비3)	5.3	5.7	6.1	7.4	10.1	15.2	22.1	38.6	57.2	71.0	80.6
노령화지수4)	6.9	7.2	11.2	20.0	34.3	68.4	119.1	193.0	288.6	376.1	394.0

고위가정	1960	1970	1980	1990	2000	2010	2020	2030	2040	2050	2060
총부양비1)	82.6	83.8	60.7	44.3	39.5	37.3	43.2	63.2	80.6	93.4	103.5
유소년부양비2)	77.3	78.2	54.6	36.9	29.4	22.2	20.6	23.6	23.2	23.3	26.3
노년부양비3)	5.3	5.7	6.1	7.4	10.1	15.2	22.6	39.6	57.5	70.1	77.2
노령화지수4)	6.9	7.2	11.2	20.0	34.3	68.4	109.9	167.4	248.1	301.1	293.1

저위가정	1960	1970	1980	1990	2000	2010	2020	2030	2040	2050	2060
총부양비1)	82.6	83.8	60.7	44.3	39.5	37.3	38.1	52.2	71.7	86.6	100.2
유소년부양비2)	77.3	78.2	54.6	36.9	29.4	22.2	16.6	15.1	15.1	14.2	13.9
노년부양비3)	5.3	5.7	6.1	7.4	10.1	15.2	21.5	37.2	56.5	72.4	86.3
노령화지수4)	6.9	7.2	11.2	20.0	34.3	68.4	129.1	246.5	374.0	509.7	619.2

1) (0-14세 인구+65세이상 인구)/15~64세 인구 × 100
2) (0~14세 인구/15~64세 인구) × 100
3) (65세 이상 인구/15~64세 인구) × 100
4) (65세 이상 인구/0~14세 인구) × 100

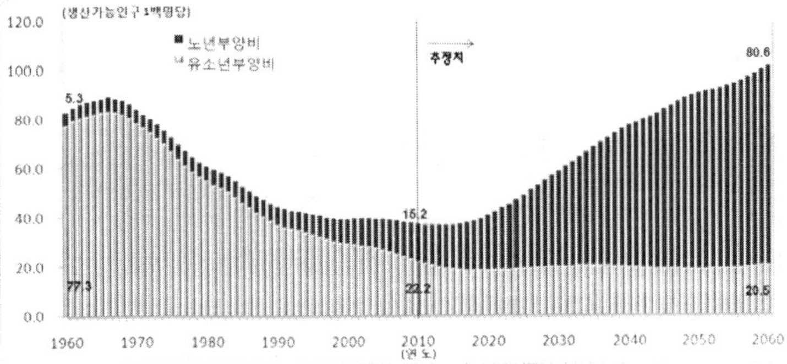

〈그림1.4〉 유소년부양비 및 노년부양비, 1960-2060

<그림1.4>와 <표1.1>을 보면 생산가능인구 1백명당 총부양인구는 2012년 36.8명까지 낮아진 후 증가하기 시작하여 2040년 77명, 2060년 101명으로 부양자보다 피부양

자가 많아질 전망이다. 인구성장 가정에 관계없이, 2020년 이후 총부양비는 증가하기 시작하여 베이비부머가 고령인구에 진입하는 2028년경까지 급증하다가 이후 완만한 추세로 증가할 것으로 예측되고 있다.

2040년의 총부양비는 1973년의 77.8명과 유사한 수준이나, 1970년대 초반은 피부양인구의 대부분이 유소년이었으나 2040년대는 고령자라는 점이 다르다. 유소년부양비는 1970년~1990년대까지 급격히 감소하다가 2010년 현재 22.2명에서 2019년 18.4명까지 낮아진 후 소폭 증가하여 2030년 20명이 되고, 2040년 이후 2050년까지 유소년부양비가 18.9명까지 단기적으로 감소한 이후 다시 증가하여 2060년 20.5명에 이를 것으로 전망되었다. 노년부양비는 2010년 현재 15.2명에서 베이비붐 세대가 고령인구로 진입하고 기대수명이 증가함에 따라 2030년 38.6명에서 2060년 80.6명 수준으로 급증할 것으로 보인다. 유소년인구 1백명당 고령인구를 의미하는 노령화 지수는 2010년 68.4명에서 증가하기 시작하여 2017년엔 104.1명으로 유소년수와 고령자수가 같아지고, 2030년엔 193명으로 2배 가까이 증가하고, 2060년 394명까지 급격히 증가할 것으로 보인다. 2060년 노령화지수가 고위가정은 293.1명으로 394명인 중위가정에 비하여 훨씬 적으나, 저위가정은 619.2명으로 고위가정의 2배가 넘고, 중위가정의 60%가 넘는 것을 알 수 있다.

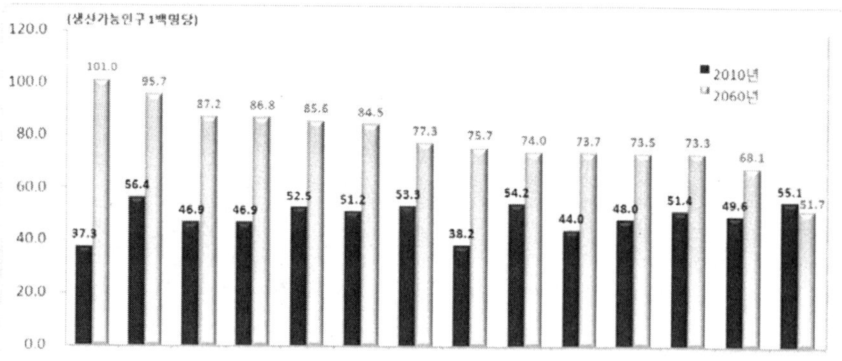

〈그림1.5〉 국가별 총부양비 추이, 2010-2060

UN 인구추계에 따르면, 2030년 전후 주요 국가들이 저성장 또는 마이너스 성장 단계에 진입할 것으로 보인다. 2010년대에 이미 일본과 독일이, 2030년대엔 한국, 스위스, 중국, 이태리 등이, 2060년대엔 인도와 스페인이 마이너스 성장을 할 것으로 예측되고 있다. <그림1.5>에서 생산가능 인구 100명당 총부양비를 보면 한국은 2010년 현재 37.3명으로 중국의 38.2명보다 낮은 수준이다. 2010년 현재 일본이 56.4명, 인도 55.1명, 프랑스 54.2명, 스웨덴 53.3명, 이탈리아 52.5명, 영국 51.4명, 독일 51.2명에 비해 현저히 낮다는 점을 감안한다면 고령화의 속도가 얼마나 빠르고 또 급격하게 진행되는지를 알 수 있다(통계청, 2011).

(2) 100세 시대의 특성

현재 한국인의 평균수명은 약 80세다. 영아 사망과 각종 유년기 사고사 등을 감안한 연령이다. 이 때문에 은퇴 관련 학자들은 한 해 사망자 중 가장 많은 수를 차지한 사망 당시 나이인 최빈(最頻)사망연령을 중시한다. 은퇴는 어릴 적 질병이나 사고를 피해간 보통 성인들의 문제이기 때문이다. 지난해 한국의 최빈사망연령은 86세였다. 우리투자증권 100세시대연구소에 따르면 2년마다 1년씩 연장되고 있다. 이런 추세라면 이론적으로 1970년생 중에서는 116세에 사망할 사람이 가장 많다. 현재 장년층 상당수는 은퇴 후 문상(問喪)을 갔을 때 고인의 나이가 100세 안팎일 가능성이 높다. 반갑든 끔찍하든 이미 '100세 시대'를 살고 있는 셈이다(이은우, 2012).

100세 시대가 도래하면서 고령사회에 대하여 근본적으로 패러다임을 전환할 필요가 제기되고 있다. <표1.2>에 제시한 것처럼 노인에 대한 인식이 80세 시대는 보살핌의 대상, 사회적 부담 등 부정적인 인식이 강했다면 100세 시대의 경우 노인이 생산적 존재로 사회적 자원으로 인식되어야 한다. 장수의 의미도 오래 사는 것에서 잘 사는 것으로 전환되어야 할 것이다. 고령층에 대한 복지부담도 취업자에서 취업자와 은퇴자가 공동으로 부담하는 것으로 바뀌어야 하고, 수동적이고 국가 시혜적 복지에서 개인, 정부, 지역사회가 함께 부담하는 형태로 바뀌어야 한다. 30세 이전에 집중되었던 교육이 평생교육으로, 일자리도 세대간 단절에서 공유로 바뀌고 정년제도 약화되어야 한다. 가족문화도 결혼과 가족의 개념이 약화되고 공동체가 강화되고, 세대구분이 없는 취향 중심의 문화로 바뀌고, 제조업이 쇠퇴하고 다양한 수요의 서비스업과 실버산업이 등장하고 생애주기별로 지원을 하는 금융이 등장할 것이다.

〈표1.2〉 80세 시대와 100세 시대 비교

구 분		80세 시대		100세 시대
고령화	노인에 대한 인식	시혜적 복지의 대상, 사회적 부담, 부정적 인식	⇨	생산적 존재, 사회적 자원
	장수의 의미	오래 사는 것 (living longer)		잘 사는 것(living well)
보건복지	고령층 복지 부담	취업자	⇨	취업자와 은퇴자 공동 부담
	복지 형태	수동적, 국가 시혜적		개인, 정부, 지역사회 결합
	노후대비	개인별 준비, 공적연금 보조		공적연금, 개인연금, 퇴직연금 등 다양한 보장체제 구축
교육고용	교육 수요	30대 이전까지 집중	⇨	전 세대에 걸친 교육수요
	교육 형태	교육, 경제활동, 여가의 직선형 패턴		세대 내에서 교육, 경제활동, 여가의 순환형 패턴
	일자리	세대 간 단절		세대 간 공유
	은퇴	정년제		정년제 약화
가족문화	가정 구성	부부 중심 개념	⇨	결혼, 가족 개념 약화, 1인 가구 또는 공동체 가정
	주거	노인 가구 고립		자생적인 노인공동체 형성
	문화적 향유	세대별 문화 콘텐츠		세대 구분이 없는 취향별 문화 콘텐츠
산업금융	산업	대규모 제조업 중심 수출 중심	⇨	제조업 쇠퇴, 다양한 수요의 서비스업 및 실버산업 등장
	금융	재산 증식의 수단		생애주기별 지원 수단

출처: 이수영(2011)

<그림1.6>에는 100세 시대의 정책방향이 제시되어 있다. 건강하고 활력있는 100세 사회의 목표는 건강한 삶, 안정된 삶, 일하는 삶, 풍요로운 삶으로 구성되어야 하고 이 모든 영역을 위한 가족문화정책이 수립되어야 한다. 건강한 삶과 안정된 삶은 보건복지정책을 통하여, 일하는 삶과 풍요로운 삶은 교육과 고용 정책을 통하여, 안정된 삶과 일하는 삶은 산업과 금융 정책을 통하여 이루어질 수 있다.

도시계획과 보건 등 다양한 분야를 아우르는 건강도시를 구현하고 다양한 계층을 고려한 여가시설과 공간을 확충해야 한다. 특히 건강증진과 휴양을 위한 도시내 건강과 치유의 숲을 조성하고 수변지역을 활용한 건강촉진형 활동공간을 조성하고 건강과 참여를 위한 도시텃밭 만들기, 의료서비스중심 주택, 여가중심 주택 등 다양한

고령자 전용 주택을 확대공급 할 필요가 있다(최영국, 2011).

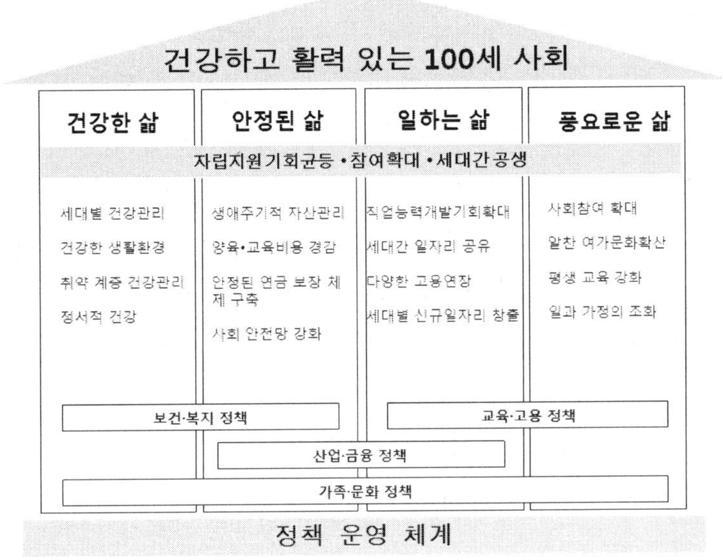

출처: 이수영(2011)

〈그림1.6〉 100세 시대 정책운영 체계

농어촌 지역의 노인들의 안정된 노후생활을 유지시키기 위하여 국민연금과 농지연금 지원을 확대하고, 고령 농어업인의 건강한 삶을 위하여 맞춤형 진료제도와 홀몸 노인을 위한 영양개선 프로그램을 강화해야 한다. 특히 노인들의 일자리를 창출하기 위하여 농어촌 공동체 회사 또는 사회적 기업을 육성해야 한다(박대식, 2011).

100세 시대 여가문화 활성화를 위한 정책방향은 일과 삶의 균형, 생애주기별 여가경력관리 및 공동체 활동을 활성화시켜야 한다. 보다 상세하게 설명하면 생애주기별 여가교육, 맞춤형 여가프로그램 제공, 여가활동 전문가를 양성하고, 여가문화 인식과 환경을 조성해야 한다. 동아리활동과 자원봉사 등 커뮤니티를 활성화하고 지역통화제도를 활용한 여가활동의 교환, 세대 통합 프로그램 제공 등 여가경력을 통하여 재능을 활용하고 사회적 자본을 축적해야 한다. 문화예술 체험과 창작, 교육 및 복지 등의 다기능 복합시설, 세대별 통합 및 지역 여가문화 활동 거점이 될 수 있도록 기존의 공공시설을 재구성하고 통합해야 한다(윤소영, 2011).

100세 시대 가정정책은 일과 가정의 양립정책을 확대하고 가족관계 증진 프로그램과 노인돌봄정책, 노인이 배우자나 손자녀를 돌보는 것을 지원하는 다양한 정책을 개발해야 한다(최인희, 2011). 또한 100세 시대를 대비하기 위하여 사전 예방적 건강 관리체계를 구축해야 한다. 구체적으로는 건강정보제공, 건강검진 사후관리 강화 및 수검 향상, 보건소 중심 통합건강관리체계 구축, 만성질환자 관리 프로그램 도입, 건강관리서비스, U-health 등이 이루어져야 한다(김남순, 2011).

노후설계를 체계적으로 함으로써 퇴직 후 사회참여 활동이 연속적으로 이루어질 수 있어야 하고, 작업장 연계, 지역사회 중심의 노후설계 시스템이 구성되어야 하고, 투잡(two-jobs)을 통한 커리어도 개발되어야 한다. 또한 퇴직 후 제 2 커리어를 성공적으로 이행할 수 있도록 기업 지원을 제도화해야 할 것이다. 노동시장에서 직업연계 교육 뿐 아니라 사회공헌, 여가개발형 일자리 등 포괄적인 직업능력을 개발하기 위한 평생교육시스템이 개발되어야 한다. 성공적인 노화 마일리지 제도를 도입하고 노인문화 바우처를 확대하고 노인기 1인 1여가를 활성화하기 위한 프로그램을 도입해야 한다(이소정, 2011).

100세 시대로 연착륙을 하기 위해서는 연금, 의료보험체계 등 복지후생 제도를 근본적으로 개선하는 동시에 우리나라 경제의 활력을 유지할 수 있도록 산업차원에서도 대응이 필요하다. 자기부담의 원칙에 입각한 헬스케어산업을 활성화함으로써 재정 부담을 줄일 수 있어야 한다. 제약, 의료기기, 의료서비스의 융복합 분야의 신기술을 개발하고 융복합에 적합한 인재를 양성해야 한다(장석인, 2011).

<그림1.7>에 의하면 경제전반에서 시장 수요구조의 변화를 촉진하게 되는데, 이 과정에서 특히 중소기업이 주로 담당하고 있었던 전통적인 산업부문에서 수요 감소에 따라 구조정의 압력을 받게 된다. 인구증감경제에서는 총수요가 증가하기 때문에 주기적인 경기변동에 따라 생산능력이 증가하기 시작한다. 이렇게 증가한 생산능력은 인구감소경제로 진입했음에도 불구하고 후행적으로 시장변화에 적응하게 됨에 따라 경착륙을 하게 되고 중소기업의 고통지수가 증가하게 된다. 100세 시대 복지는 중소, 벤처 기업계가 주축이 되어 생산적 복지시스템을 구축하고, 고령친화산업 육성방안에서 이들에 대한 지원을 확대해야 한다. 중고령 인력을 가장 많이 고용하고 있고 재고용을 가장 활발하게 추진할 수 있는 중소기업과 관련된 지원정책을 추진하여 고령자 스스로 자활할 수 있는 시스템을 구축해야 한다(홍길표, 2011).

100세 시대 준비는 출생기부터 사망 직전 세대까지 전 세대를 아우르는 종합적이고 체계적인 방향으로 구축되어야 한다. 자녀의 대학교 학자금 용도로 제한된 펀드에 대해서는 소득공제 등의 세제혜택을 부여하는 학자금 펀드를 도입해야 한다. 이는 조기은퇴 우려가구의 교육비 문제를 방지하고 노후생활의 부담을 완화하여 출산율 상승에도 기여할 수 있다. 또한 근로자가 퇴직연금을 추가로 납입하거나 연금 방식으로 지급받는 것에 대해서는 세제상 인센티브를 부여해야 한다(홍원구, 2011).

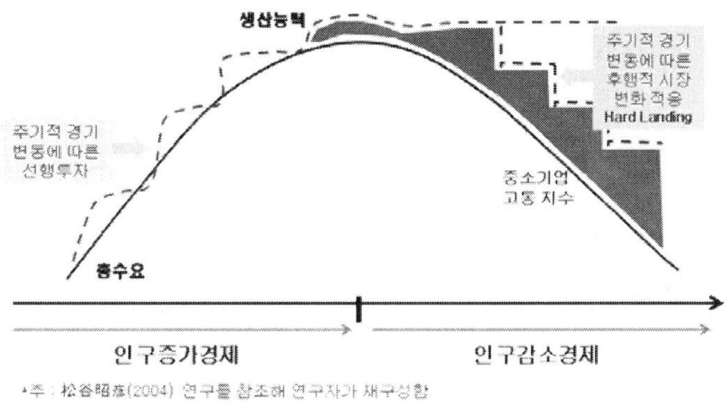

출처: 홍길표(2011)

〈그림1.7〉 인구증감에 따른 시장 수요구조의 변화

(3) 100세 시대를 대비한 은퇴준비

서울대 노년·은퇴설계지원센터와 우리투자증권이 최근 전국 가구주 6589명을 대상으로 100세 시대 준비지수를 조사했다. 평균으로 보면 기대수명 82세, 은퇴 후 매달 희망 소비액 245만원, 은퇴 후 예상 월소득 155만 원이었다. 현재의 방식으로 은퇴를 준비하면 75세 때 무일푼이 된다는 계산이 나온다. 기대수명을 적용하면 은퇴 후 7년, 100세 시대를 고려하면 생애 마지막 25년 동안 생계가 막막하다. 이를 해결하려면 1970년생 기준으로 매달 108만원(기대수명 기준) 또는 235만 원(100세 기준)을 추가로 저축해야 한다. 은퇴 후 경제 문제는 결코 간단한 사안이 아니다(이은우, 2012).

현재 한국 노인들은 고령사회에 우리보다 먼저 진입한 선진국과 비교했을 때 특히 돈이 없다. 자식에게 올인해서 다 주었기 때문이다. 특히 지나친 사교육열풍과 호화결혼 등으로 부모의 등골이 휠 정도이다. 70대까지 자산이 커지는 미국은 물론 총

가계 자산의 60% 이상을 가지고 있는 일본 노인에 비하여 매우 불쌍한 수준이다. 가계 자산 중 실물 자산이 76.8%로 금융 자산의 23.2%의 세 배 이상이다. 연령이 높을수록 부동산 쏠림 현상은 더 심하다. 부동산가격이 하락하면서 자산 쏠림이 가지고 있는 문제는 더욱 심각해지고 있다.

금융 이론을 종합하면 고령 인구는 위험 자산보다 안전 자산을 좋아한다. 나이가 들수록 위험 회피적인 행동을 하기 때문이다. 연령별 포트폴리오를 보아도 연령과 안전 자산은 비례한다. 자산 시장에서는 위험 자산 보유 비중을 '100-나이' 셈법으로도 소개한다. 연령 변화에 따라 편입 비중을 바꾸는 라이프사이클 펀드도 연령 증가와 안전 선호가 대전제이다. 생애주기 자산배분(Lifetime Asset Allocation)에 따르면 노인은 고수익 고위험의 특성을 가지고 있는 주식을 싫어한다. 즉, 은퇴에 가까워질수록 주식을 줄이고 저축을 늘린다. 근로소득이 있는 현역 세대는 그 반대이다. 고령화와 자산 구성에 대한 역U자형 주식 수요를 연구한 결과도 있다. 젊었을 때에는 주식 비중이 낮다가 40대에 정점을 찍은 후 은퇴 시점에 다시 줄어든다는 실증 결과이다. 자산 시장 붕괴 가설(Asset Market Meltdown Hypothesis)도 비슷하다. 베이비부머 등의 은퇴 이후 이들의 자산을 흡수할 후속 세대의 경제력 저하로 위험자산 선호도가 떨어질 것이라는 이론이다. 위험 프리미엄 증가설도 있는데 역시 노인일수록 안전 자산을 챙긴다고 본다. 요컨대 '고령자=안전 자산' 등식은 확고했었다.

그런데 요즘은 고령자가 위험 자산을 선호하면서 기존 이론을 깨뜨린 사례가 증가하고 있다. 그동안 소수 반론에 그쳤던 '고령자=위험 자산' 등식에 힘이 실리기 시작했다. 고령자가 위험 자산을 선호하는 것이 이상하지 않다는 연구결과도 원래 있었다. 과거의 특정 경험이 노인이 되었어도 위험 자산을 선호하게 한다거나(Cohort Effect), 자녀에 대한 유산동기가 위험 자산을 늘리는 유인 요소가 된다는 가설이다. 보유한 금융 자산이 많을수록 주식 비중이 높다는 연구 결과도 있다. 손실을 받아들이는 심리적 방어 수준이 달라서다.

최근에는 장수 리스크가 위험 자산을 받아들이도록 했을 가능성이 제기되고 있다. 100세 시대인데 60대 때 소득이 중단되면 이후 40년간 생존할 방법이 없기 때문이다. 이때 기대수익을 높이기 위하여 불가피하게 위험자산을 적극적으로 편입한다는 것이다. 노인 인구에게 더 두려운 것은 손실 위험보다 장수 위험이기 때문이다.

연령대별 주식 보유 현황을 보면 노인의 주식 선호는 확실히 대세이다. 주식 투자자 여섯 명 중 한 명이 노인이라는 말이 나돌 정도로 60세 이상 노인 주식투자가 급격하게 증가하고 있고, 노인 보유액이 시가총액의 33.7%를 차지해 55-59세의 14.8%, 50-54세의 14.7%보다 월등히 많다(한국거래소, 2010년). 특히 2009년의 24.6%보다 10%나 늘어났다. 연령별 1인당 평균 보유액도 60세 이상이 1억 2천 90만원으로 가장 많다. 현역 절정기인 40-44세의 4천 3백 80만원, 45-49세의 5천 3백 70만원의 두 배를 넘겼다(전영수, 2012).

이렇게 노인들이 위험자산에 투자하면서 노후준비가 자산관리시장의 핵심 트렌드로 자리 잡고 있다. 평균 수명이 점점 늘어나면서 이제 안정성이나 단기 고수익 등을 노리는 자산관리보다는 장기간 중위험 · 중수익을 추구하는 전략이 필요하기 때문이다. 주요 증권사들은 저마다 특화된 은퇴전문 자산관리 프로그램을 내놓고 있다. 예를 들면 우리투자증권은 지난해 9월 '100세시대연구소'를 출범한 데 이어, 4월에는 업계 최초로 한국인의 '100세 시대 준비지수'를 연구해 발표했다. 조사 결과에 따르면 우리나라의 평균 연령 44세 직장인의 기대수명은 82세, 은퇴 이후 희망 소비금액은 월 245만원이다. 그러나 기대수명까지 준비된 월평균 은퇴 후 소득은 155만원으로 지출액 대비 63.2% 밖에 준비가 안 된 것으로 나타났다(최재원, 2012).

100세 시대의 은퇴 설계

100세 시대의 도래는 인간의 수명이 늘어난 결과이지만, 이는 곧 일하는 기간보다 일하지 않는 기간이 더 길어지는 것을 의미하기도 한다. 출생률이 인구규모를 유지할 수 있는 2.1명 이하로 떨어지면서 후속세대의 부담은 더욱 커지게 됐다.

첫 번째로 돈 버는 시기의 풍요를 돈 쓰는 시기로까지 확장하는 지혜가 필요하다. 이를 위해선 생산 활동을 하는 젊은 시절동안 소비를 뒤로 미루는 절약정신이 요구될 수밖에 없다. 이른바 씀씀이의 절제다. 과도한 자녀교육 투자, 푼수를 망각한 과소비, 능력을 넘어선 주택소비등의 절제가 필요하다. 이를 통해 확보한 여윳돈은 연금이나 월지급식 상품에 가입해야 한다. 이미 선진국에서는 개인차원에서 은퇴이후의 경제자금 확보를 권장하고 있다. 그리고 특히 자녀교육에 대한 과도한 투자로 자신의 노후를 준비하지 못하는 행위는 결국 자녀에 대한 재무적 학대로 이어질 수 있다는 점을 명심해야 한다.

두 번째는 바쁜 생활의 절제다. 바쁜 일상에 쫓기는 현대인들은 거기서 받은 스트레스를 과음, 과식, 수면으로 해소하려는 경향이 짙다. 나이 들어 드는 질병은 나이 듦에 따른 자연스런 현상일 수도 있고 건강을 잘 지키고 있는 사람도 불의의 사고나 유전적 요인에 의한 질병으로부터 자유롭기는 힘들다. 특히 소득원이 없거나 취약한 노년기에 이러한 일이 닥치면 의료비 때문에 빈민층으로 전락하고 마는 '메디-푸어(Medi-Poor)'가 될 가능성이 높아진다. 이때를 대비해 보장성 보험을 가입해 둬야 한다.

세 번째는 관계의 전환이 필요하다. 회사형 사귐에서 사회형 사귐으로 점차적으로 바꿔보자. 회사형 사귐에 충실한 사람은 나중에 회사라는 고리가 끊어지는 순간 외톨이로 전락할 가능성이 크다. 각종 동호회, 종교단체, 봉사단체 등 회사형 사귐에서는 느낄 수 없는 인생의 다양성을 늘리는 것이 중요하다. 특히 가족과의 좋은 관계는 행복한 100세시대의 필수요건이다.

2. 경제환경 측면에서 본 가계재무관리의 필요성

1) 글로벌 경제위기

대한상공회의소(2012)의 발표에 의하면 2010년 우리나라의 GDP 대비 가계부채 비율은 81%로 OECD 평균인 73%보다 높았다. 이 비율은 현재 재정위기를 겪고 있는 스페인의 85% 수준과 비슷한 수준이며 그리스의 61%보다 20%나 높은 수치다. 가계부채의 증가 속도도 가파르게 오름세를 보였다. 2006년 이후 둔화되던 가계부채 증가율은 2010년 다시 높아져 2009년 대비 2.4%포인트 오른 9.8%를 기록했다. 같은 해 GDP 성장률인 6.3%보다 높은 수치이며 OECD 회원국 중 그리스(12.1%), 터키(10.8%)에 이어 세 번째로 높은 증가율이다.

이렇게 가계부채가 증가할 뿐 아니라 글로벌경제위기 이후 고용한파도 지속되고 있다. 2011년 신규취업자가 41.5천명 증가하고, 실업률이 3,4%로 떨어지는 등 지표상으로는 우리나라 경제가 완전고용 상태에 가까우나 구직단념자, 취업준비자 등 사실상 실업 상태에 놓인 사람들을 포함하는 사실상 취업자는 309.4만 명에 달하고 체감실업율도 11.3%에 이른다. 특히 5060세대의 고용한파가 가장 심하며, 구직단념자와 실업자가 급증하였다. 50세 이상 중고령층의 구직 단념자 증가율은 연평균 31.5%에 이르고 실업자 증가율도 16.3%에 달하고 있다. 2012년 들어서면서 다시 경기가 악화되고 사실상실업자가 최고치를 경신하고 청년층의 고용사정이 더욱 악화되고 있다(2012).

2012년 5월에 한국농수산식품 유통공사 및 통계청이 발표한 '소비자물가지수'에 따르면 지난 2005년에 비해 4월 기준으로 공공서비스 11.9%, 생활물가 24.1%로 등 지난 6년간 소비자 물가지수가 22.1%로 빠르게 증가한 것으로 나타났다(곽누아, 2012). 천정부지로 치솟는 기름값에 이어 난방용과 택시 연료로 쓰이는 LPG 가격도 사상최고가를 경신해 서민들의 어깨를 더욱 무겁게 누르고 있다(YTN, 2012). 현재 우리사회는 고유가현상으로 인해 기름값과의 전쟁을 벌이고 있으며 소비자물가가 계속 상승하여 경제상황이 악화되고 있다. 최근 유럽의 재정 위기 등 세계 경제의 불확실성 때문에 국내 경제도 몸살을 앓고 있다. 물가는 높아지고 금융 시장은 살얼음판을 걷는 듯하다(노컷뉴스, 2011).

가계는 국민경제와 상호작용을 통해 유지·발전하는 역동적인 체계임을 감안할 때 경제적 상황의 악화는 가정경제에 직·간접으로 영향을 미치며, 가족원이 느끼는 주관적인 가계의 재무건전성도 그에 따라 낮아지게 된다(계선자·정미선, 2007). 가족 구성원의 욕구를 최대한 만족시키기 위해서는 가계재무관리가 무엇보다 중요한데, 그 이유는 가계재무관리는 가계의 경제행위에 영향을 미치는 많은 요소를 고려하여 이루어지기 때문이다(계선자, 2000). 홍향숙과 이종혜(1999)도 가족원의 가치를 실현하고 목표를 달성하며 더 나아가 삶의 질을 높이기 위해서는 가계의 재무자원을 효율적으로 확보하고 관리하는 재무관리행동이 중요하다고 하였다.

2) 금융환경의 변화

허경옥외(2011)는 다음과 같은 금융환경의 변화가 가계재무관리의 필요성을 증대시키고 있다고 주장하였다. 첫째, 은행, 증권, 보험, 신용카드 등 금융권에서 전자금융이 확산되고 있다. 온라인 증권거래가 활성화되고 서비스가 향상됨에 따라 가입자가 해마다 2배 이상 증가하여 2010년 기준 전체 고객의 55% 이상이 온라인 거래를 이용하고 있다. 스마트폰 보급이 급증하면서 스마트폰을 이용한 모바일뱅킹이 새로운 트렌드가 되고 있다. 증권회사들도 홈트레이딩시스템(HTS)에서 모바일트레이딩

시스템(MTS)으로 전환하고 있고, 개인투자자들의 모바일 주식거래도 증가하고 있다. 초기에는 주식매매 서비스만을 제공하였으나, 해외주식 매매, 주식워런트증권, 주가연계증권 등과 같은 파생상품 매매서비스도 제공하고 있고, 일부 증권사는 소셜네트워크 기능을 접목하여 실시간 리서치나 1대1 투자 상담도 제공하고 있다.

둘째, 우리나라 금융시장이 개방화되면서 증권시장과 증권거래의 글로벌화가 이루어지고 있다. 우리나라 기업들은 외국증시에 상장을 하고, 외국인의 국내투자가 단계적으로 자유화되고 있고, 외국증권회사들이 우리나라에 점점 더 많이 진출하고 있다.

셋째, 1980년대 이후 환율, 금리 및 주가의 급변함에 따라 위험을 회피하기 위하여 국제금융시장에서 증권발행을 통하여 자금을 조달하는 경우가 크게 증가하였다. 이에 따라 기업의 직접금융, 금융기관의 유가증권 보유 비중, 해외부문 유가증권 매입, 고금리 유가증권연계 금융상품 등이 증가하고 있다.

넷째, 금융부문에서 자율과 경쟁을 바탕으로 하는 시장원리를 도입하여 금융 산업의 국제경쟁력을 강화하고 효율성을 제고하기 위하여 금융의 자율화가 이루어졌다. 우리나라에서 금융자율화는 1980년대 중반에 시작하여 1990년대 본격화되었고, 2007년에 자본시장과 금융투자업에 관한 법이 제정되어 2009년 2월부터 시행됨으로써 본격화되었다. 이 법은 금융상품에 대한 규제를 대폭 완화하고, 기능별 규제체제를 도입하고, 금융회사간 업무의 장벽을 없애고, 투자자 보호를 강화하기 위하여 고객에게 설명을 의무화하고 투자권유제도를 도입하는 것을 주요 내용으로 하고 있다.

다섯째, 금융시장의 자율화와 개방화가 진전되면서 금융시장의 효율성은 증대되었으나 자금의 급속한 이동에 따른 금융시스템과 금융시장의 불안정성이 커짐에 따라 금융감독을 강화하게 되었다. 그리고 정부는 미등록 사업체로부터 금융소비자를 보호하기 위하여 2007년에 이자제한법을 시행함으로써 금전대차에 관한 최고이자율을 연 30%로 제한하고, 전자금융 소비자의 권리를 보호하기 위하여 전자금융사고가 발생했을 때 사업자의 무과실 책임원칙을 적용하고 있다.

마지막으로 녹색성장과 저탄소 녹색성장을 지원하는 녹색금융에 대한 관심이 증가하고 있다. 예를 들면 은행이 대출심사를 할 때 기업의 환경위험을 반영하거나, 탄소시장사업과 관련된 다양한 사업을 활성화하는 것이다.

가치투자의 현인들

투자에는 일반적으로 금융자산투자와 부동산투자로 분류한다. 주식을 포함한 각종 금융상품을 활용한 금융자산투자는 최근 십여년간 우리 사회의 초미의 관심사였다. 가히 투자열풍이라고 할 수 있는데 그 중심에 투자의 귀재 또는 현인이라고 불리운 워렌 버핏이 있다. 워렌 버핏의 투자방법으로 널리 알려진 '가치투자'방법을 알아보자.

가치투자는 시장에서 거래되는 기업의 가격, 즉 주가와 기업 고유의 내재가치 간의 차이에서 이익을 내는 전략이다. 내재가치보다 주가가 저평가된 주식을 사들인 뒤 주가가 내재가치만큼 상승했을 때 팔아 이익을 남긴다. 이 때문에 기업의 내재가치를 정확히 평가하기 위해 끊임없이 노력한다. 대표적인 가치투자의 전략으로는 첫째, 자산가치 투자법은 과거에 벌어들인 수익 덕분에 곳간이 두둑하지만 최근 실적은 별로여서 주가가 낮은 기업을 찾아 투자하는 것이다. 둘째로, 현재 높은 수익성을 내고 있지만 여러 이유로 주가가 저평가된 기업의 주식을 합리적 가격에 매입하는 수익가치 투자법이 있다. 셋째, 과거·현재의 성적이 다 좋지 못하지만 미래의 잠재력이 큰 기업에 투자하는 성장가치 투자법도 있다.

가치투자 대가들의 투자 사례를 살펴보면 우선 필립 피셔라는 사람이 있다. 필립 피셔는 미국 뉴욕 월가에서 '성장주 영국 일간지 더타임스'가 선정한 역사상 최고의 투자자 10인 중 한 사람이자 워렌 버핏의 스승으로 널리 알려진 인물이다. 그는 1950년대에 모토로라에 처음 투자해 2000년대까지 무려 반세기가량 보유했다. '투자의 원조'로 불리며 세계 최초로 성장주라는 개념을 만들어 일반 투자자들에게 소개했다. 미래에 장기간 성장이 기대되는 기업을 찾아 합리적인 가격에 주식을 매수한 뒤 일반인의 상상을 초월하는 장기투자를 한 사례이다. 버핏의 또 다른 스승이자 가치투자의 창시자로 불리는 벤저민 그레이엄은 대표적인 자산가치 투자자다. 그레이엄은 어느 기업을 청산했을 때 주주에게 돌아갈 몫이 현재 주식가치보다 훨씬 높은 기업에만 투자하는 전략을 취하고 성장에는 그리 큰 의미를 부여하지 않았다.

'오마하의 현인'이라 불리며 생존하는 투자자가운데 가장 유명하다. 버핏의 투자원칙 중 '매력적인 기업은 적절한 성장을 유지해야 한다'든지, '기업의 가치는 숫자로 계산이 가능해야 하며 매수 가격은 기업의 가치보다 현저하게 낮아야 한다'는 원칙이 있다. 가치투자의 본질은 기업의 가치보다 현저히 낮은 가격에 주식을 매수하는 데 있다는 것이다. 아무리 잘 나가는 기업의 주식이라 해도 이미 주가가 많이 올랐다면 이미 기업가치보다 고평가된 주식 가격일 것이다. 가치투자는 기업과 경제를 분석하는 펀더멘털(거시경제지표) 분석을 근간으로 삼는 투자법이다. 가치투자는 어떻게 모래속의 진주(가치주)를 알아볼 수 있는 눈을 개발하고 활용하느냐에 달려있다.

3) 고령화로 인한 경제성장률 위축

<그림1.8>에 의하면 연령, 학력, 생산성 등을 감안한 노동력 규모를 추정한 결과 2018년부터 노동력 증가율이 1% 이하로 떨어지고, 경제성장률도 마이너스가 될 것이라고 추정되고 있다. 특히 2020년대 중반 이후에는 노동력 또한 마이너스 성장을 하게 되어 경제성장률이 더욱 위축될 것이라고 전망되고 있다(박명수, 2011). 4050세대의 은퇴 가속화에 대비하여 자립역량을 강화하기 위하여 고등교육 수요를 충족시키고 평생교육의 저변을 확대할 필요가 있다(이소정, 2011). 이들이 교육을 통하여 재취업을 하여 소득을 창출하면 가계도 안정되고 연금재정과 복지수요도 줄어들게 되어 가계 뿐 아니라 국가의 재정 건정성도 제고시킬 수 있다.

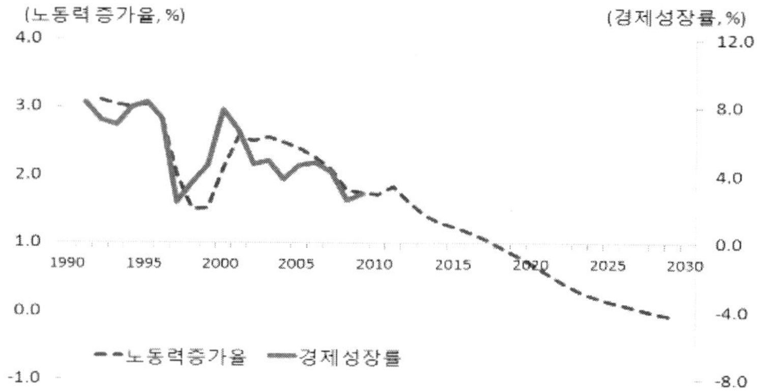

주) 경제성장률은 실적치(한국은행)의 3개년 이동평균치

〈그림1.8〉 노동력 증가율과 경제성장률

4) 노후소득보장 체계의 불안정한 구조

우리나라의 공적 노후소득보장제도는 겉으로는 복지선진국처럼 다층구조의 형태를 띠고 있다. 노후소득보장체계는 소득자를 대상으로 한 국민연금과 특수직역연금의 양대 소득 비례형 공적연금이 중추를 담당하고, 최근에는 고용주가 부담하는 법정 퇴직연금이 급속히 성장하며 국민연금에 버금가는 공적제도로 자리 잡고 있다. 이와는 별도로 사회수당식의 기초노령연금이 기여여부와 상관없이 조세부담에 의해

제공되고 있으며, 연금제도는 아니나, 국민기초생활보장제도에서 저소득 노인들의 생계보장이 부분적으로 이루어지고 있다.

〈표1.3〉 연금제도별 특징 비교

구분	국민연금	기업연금	개인연금
운영주체	국가 (국민연금관리공단)	각 기업체	개인
가입대상	전국민	근로자	개인
목적	국민 최저생계 보장	기업의 지원	개인의 선택
책임원칙	사회계약에 의한 연대책임	기업의 사회적 책임원칙	자기책임원칙
책임주체	국가	기업	개인
수단	공적연금	퇴직금, 퇴직연금	개인연금
급여결정	소득비례 및 가입년수	소득 및 근속년수	개인결정

그러나 OECD 최고의 노인 빈곤율과 OECD 평균을 수십 배 웃도는 노인 자살률이 말해주듯, 우리나라 공적노후소득보장제도는 제 기능을 잘 못하고 있는 실정이다. 저소득계층 노인 뿐 아니라 중산층 은퇴자와 노인들 또한 의지할 수 있는 노후소득보장제도를 갖추고 있지 못한 실정이다. 앞으로 국민연금이 발전한다 하더라도, 지금 세대 가입대상자의 상당수는 노후소득보장의 사각지대에 빠지게 될 것으로 보인다는 더 큰 문제도 가지고 있다. 2010년 12월 31일을 기준으로, 경제활동인구 2,198만 명 중에서 국민연금 적용대상자인 1,923만 명 중 보험료를 납부하지 못하는 가입자가 1,246만 명으로 납부율이 65%에 불과하기 때문이다. 미납자가 167만 명에 달하고 510만 명에 달하는 납부예외자의 규모도 줄어들지 않고 있기 때문이다. 연금 보험료를 납부하여 연금수급권을 확보하였으나, 연금액이 적어 노후 빈곤에 노출 될 계층도 저소득계층을 중심으로 광범위하게 형성되어 있다(양재진, 2012).

1955년부터 1963년 사이에 태어난 사람들을 의미하는 '베이비부머'는 실직 등으로 보험료 납부상태가 매우 부진해서 70%가 노후에 국민연금을 받지 못할 가능성이 있는 것으로 조사됐다. 국민연금공단에 따르면, 2012년 8월 현재 베이비부머 전체 인구 732만753명 중 국민연금 가입대상자는 487만7706명이며 이 중 국민연금 10년 이상 가입자는 222만1791명인 30%에 그쳤다. 국민연금을 받기 위해서는 가입 기간이 10

년 이상 되어야 하는데, 베이비부머 168만7001명은 국민연금에 가입했지만 납부 기간이 10년 미만이었으며, IMF 외환위기와 세계경제 불황 등의 영향으로 96만8811명은 실직과 사업 실패로 연금 납부를 못하는 상황이다. 전체 베이비부머 가운데 244만3150명은 전업주부 또는 공무원·군인연금 등 특수연금 가입자로 국민연금 가입 대상에서 제외됐다. 특수연금 가입자는 약 40만 명에 불과한 것으로 추정되었다.

베이비부머의 평균 국민연금 수령액도 매우 낮은 것으로 조사됐다. 10년 가입 기간을 채워 연금수령이 가능한 베이비부머 222만1791명이 60세까지 계속 보험료를 납부한다고 가정할 때 이들 가운데 78%인 173만5000명의 월 수령액이 2012년 기준으로 한 최저임금인 95만7000원이 못될 것으로 예상됐다. 또 이 중 절반에 가까운 47%는 예상 수령액이 1인 가구 기준 2012년 기준으로 한 최저생계비인 55만3000원에도 못 미쳤다(안석배, 2012).

Chapter 2

성경적 개인재무관리와 교육의 필요성

일반적인 가계재무관리의 목표는 성숙한 그리스도인의 가계재무관리의 궁극적인 목표가 될 수는 없다. 예수님께서는 하나님과 재물을 함께 섬길 수 없다고 하셨기 때문이다. 성숙한 그리스도인의 가계재무관리의 목표는 하나님의 영광을 위하여 사는 것이다(박정윤, 2003).

하나님을 모르는 사람들은 말할 것도 없고 그리스도인들에게도 돈은 결코 무시해 버릴 수 있는 것이 아니다. 오늘날 한국의 그리스도인들로 하여금 범죄하도록 유혹하는 것들 가운데 돈만큼 무서운 힘을 가진 것이 없다. 그러므로 그리스도인들이 돈을 지혜롭고 조심하게 다루어야 한다. 예수님께서도 돈이 하나님을 대신하는 우상이 될 수 있다는 점을 역설하셨다. 이러한 사정에도 불구하고 한국인 그리스도인들은 가정에서 돈을 어떻게 관리하고 써야 하며 경제생활을 어떻게 해야하는가에 대하여 성경적으로 구체적인 교육을 받지 못하고 있다. 매우 일반적이고 추상적인 원리 아니면 그저 열심히 일해서 저축하고 연보를 많이 해야 한다는 것, 절약하고 사치하지 말라는 것 정도만 알고 있다(Burkett 저, 조성표 역, 1992; 손봉호 추천의 글 중에서).

가정의 영적 지도자로서 가장의 기본적인 의무는 자기 가정을 잘 다스리는 것이다(디모데전서 3장 4절-5절). 주님께서는 우리가 이 땅에서 청지기 직분을 얼마나 잘 수행하였는가에 따라 다음 세상에서 상급을 결정한다고 말씀하셨다(마태복음 25장 14절-30절). 그러므로 우리가 재물을 잘 관리하지 못하면 하나님께 진정으로 충성을 다했다고 할 수 없다. 우리의 적 사탄은 이 사실을 잘 알고 있기 때문에 그리스도인 가정들을 낭비와 무분별, 부채와 염려 등 재물과 관련된 문제에 빠뜨려 실족하게 하려고 온갖 방법을 다 동원하고 있다. 우리는 지혜롭게 재물을 관리함으로써 하나님께 영광을 돌릴 수 있고 염려하지 않는 삶을 향한 발걸음을 시작할 수 있을 것이다(Burkett 저, 조성표 역, 1992; 존 F. 맥아더 추천의 글 중에서).

1. 신앙과 밀접하게 연관되어 있는 경제문제 해결

한국교회와 신학은 신앙과 물질생활이 무관하다고 보는 잘못된 이원론과 물질세계를 악마시하고 경제를 타락한 인간 이성의 영역에 내맡김으로써 경제문제에 대하여 상대적으로 관심을 적게 가졌다. 그러나 1990년대 말의 외환위기를 비롯하여 2009년부터 다시 시작된 경제위기가 심화되기 시작하면서 다음과 같은 이유로 경제문제에 대한 한국교회의 관심이 증가하고 있다(조용훈, 1999).

1) 경제는 그리스도인과 교회의 삶의 현실

그리스도인도 다른 종교를 가진 사람들이나 종교가 없는 사람들과 마찬가지로 경제행위의 주체로서 경제행위를 하면서 살아간다. 즉 그리스도인을 포함한 우리 모두는 소비자, 노동자, 자본가, 기업경영인, 노조원, 실업자로서 다양한 경제영역에서 관련을 맺고 살아가고 있다. 교회도 헌금을 관리하고 운용하며, 교회 재산이나 부동산을 구입, 관리, 매각하고, 교회에서 사용하는 다양한 물건들을 사고, 직원들에게 월급을 주는 것 등과 같은 경제활동을 한다. 예수님이 제자들에게 가르쳐준 주기도문을 보면 기독교인들은 영적인 삶을 위해서 뿐 아니라 물질적인 삶을 위해서도 기도해야 한다. 주기도문에서 일용할 양식의 문제가 바로 경제문제이기 때문이다.

2) 경제 분야는 하나님의 통치가 미치는 영역

창세기에 나타나 있는 다음과 같은 문화위임 명령(cultural mandate)은 인간이 하나님 앞에서 창조에 대한 청지기로서의 책임을 가지고 있음을 말해주고 있다. 청지기라는 용어는 경제와 밀접하게 관련되어 있기 때문에 그리스도인은 경제역역에서도 하나님의 뜻을 따르고 그 뜻이 성취되도록 책임 있는 삶을 살아야 한다.

> 그들에게 이렇게 복을 내리셨다. '딸 아들 많이 낳아 그 후손들이 온 땅 위에 퍼져라. 땅을 정복하여라. 내가 바다에 사는 물고기와 하늘에 날아다니는 새와 땅 위에 기어다니는 온갖 짐승들을 다스릴 권한을 너희에게 주마. 너희는 그것들을 잘 다스리고 관리하여라'
> 또 덧붙여서 '내가 또 온 땅 위에서 나는 풀과 나무를 너희에게 준다. 낟알이 열리는 풀과 씨가 들어 있는 과일나무를 너희 먹거리로 삼아라. 또 땅위의 모든 짐승과 하늘에 날아다니는 새와 살아 기어 다니는 모든 생물에게는 푸른 풀을 먹을 것으로 준다' 하시자 말씀하신 대로 이루어졌다.
> /창세기 1장 28-30절
>
> 여호와 하나님께서는 사람을 에덴동산에 데려다 놓으시고 그 동산에서 농사도 짓고 또 동산을 돌보게도 하셨다.
> /창세기 2장 15절

아담 스미스는 이기심을 강력한 동기유발 요인으로 활용하고자 하였는데, 인간에게는 '공감력'(sympathy)이 있어서 지나친 이기주의적 행동은 잘 나타나지 않을 것으로 보았다. 만약 지나친 이기주의적 행동이 나타난다면 국가가 법에 의해 제제를 가해야 한다고 하였다. 이런 계몽된 이기심의 작용은 경쟁시장에 의해서 공동선으로 귀결된다고 보았다(이재율, 2009)[1]. 하지만 아담 스미스의 이기주의에 대한 낙관적

1) 아담스미스의 이기심에 대한 철학은 몇가지 점에서 비판받을 수 있다. 첫째, 공감력에 대하여 상당히 낙관

전망은 비현실적이다.

3) 경제영역은 기독교 사회선교의 긴급한 과제

현재 우리나라 뿐 아니라 전 세계적으로 소득과 소비에서 양극화가 심화되고 있다. 또한 절대빈곤에서 살아가고 있는 사람들이 매우 많고, 우리나라는 과거에 비하여 생활수준이 많이 높아지기는 했으나, 상대빈곤으로 박탈감을 느껴 자신을 불행하게 생각하고 있는 사람들도 매우 많은 실정이다. 절대빈곤으로 인한 비인간적인 상황은 경제문제인 동시에 종교적인 문제가 된다. 하나님의 형상으로 만들어진 인간은 하나님과 마찬가지로 존엄한 존재이기 때문이다. 성경은 사회적 약자들, 특히 가난한 사람들에 대하여 많은 관심을 보이고 있다. 성경에는 가난의 개념과 원인에 대하여 여러 가지 다양한 견해가 있지만 하나님은 가난한 자의 생존권을 보호하신다는 점과 가난을 강요하는 부자들의 억압과 착취의 구조를 문제 삼고 계신다는 점은 공통적으로 강조되고 있는 사실이다(Hope 저, 나요섭 역, 1992; 서인석, 1979).

> 사랑하는 형제들이여, 여러분에게는 이미 자유가 주어졌습니다. 그 자유는 서로 사랑하고 섬기는 자유입니다. /갈라디아서 5장 13절

자유주의 시장경제가 양육강식의 경제행태를 극복하기 위해서는 자유, 자기책임, 사익이라는 개인적 근본가치들이 사회적 책임, 연대, 공공복리와 같은 사회적 근본가치들과 조화를 이루어야 한다. 사회적 책임이 없는 개인의 절대적 자유, 사회적 의무를 망각한 절대적 사유재산권, 공공복리를 파괴하는 사익추구는 공동체를 붕괴시키게 된다. 하나님의 아가페 경험과 하나님의 아가페의 경험에 대한 응답으로 기독교인은 이웃을 내 몸과 같이 사랑할 수 있고 사랑해야 한다. 신자인 우리들은 자신의

하고 있다는 점이다. 현실에서는 공감력을 뛰어 넘는 남을 해치기까지 하는 이기심이 존재하고 있다. 국가에 의해서도 통제하기 어려울 정도의 사기, 폭력, 부정부패 등이 존재한다. 둘째, 그가 생각한 이상으로 시장실패 요인이 존재하는데 독과점이나 환경오염, 빈곤문제가 그 예이다. 셋째, 이기심이 강력한 동기유발 요인으로 작용하여 경제발전을 촉진하지만 인간의 참된 행복은 이기심의 극복, 사랑에서 발생한다. 넷째, 스미스는 분배적 정의는 고려하지 못하고 있다.

소유권을 행사할 때 이웃 특히 가난한 사람들과 자연세계, 미래세대와의 관계를 염두에 두어야 한다. 땅에 있는 모든 재화는 전 인류와 미래세대, 모든 자연생명을 위한 것이기 때문이다. 업적 지향적인 시장경제는 경쟁력과 생산능력이 있는 사람들에게는 더 많은 권리와 자유를 주나, 실업자, 병자, 신체적 혹은 정신적 장애인, 노인이나 어린이 등과 같이 업적이 저조하거나 경제활동을 할 능력이 없는 사람들도 인간답게 살 권리가 있다. 다음과 같은 성경의 가르침대로 짐을 서로 나누며, 업적에 따른 정의만 아니라 필요에 따르는 정의도 고려해야 한다.

> 사랑하는 형제들이여, 만일 어떤 그리스도인이 죄에 빠져 있거든 성령을 따라 사는 여러분이 부드럽고 겸손한 마음으로 그를 도와 바른길로 돌아오게 하십시오. 그리고 혹시 여러분 자신도 악한 길에 빠져 들지 않을까 늘 주의하십시오.
>
> /갈라디아서 6장 1절
>
> 그들은 사도들의 가르침을 받고 기도회에 날마다 빠짐없이 참석하여 서로 교제하면서 함께 음식을 나누어 먹었다. 사람마다 하나님을 경외하는 마음이 생겨났고 사도들은 많은 기적을 베풀었다. 신도들은 함께 모여 살면서 모든 것을 공동으로 소유하였으며 재산과 물건을 팔아서 필요한 사람에게 나누어 주었다. 그리고 날마다 정해진 시간에 성전에 모여 예배를 드리고 서로의 집에 번갈아 모여서 기쁨과 감사에 넘쳐 음식을 나누며 하나님을 찬양하였다. 이를 본 예루살렘의 모든 시민들이 그들에게 호감을 가졌으며 하나님께서는 구원받는 사람이 날마다 더 늘어나게 하셨다.
>
> /사도행전 2장 42-47절

4) 경제주의가 현대사회의 새로운 이데올로기로 기능

경제주의란 사회생활의 모든 현상들을 주로 경제 합리적인 것과 물질적인 생산성의 관점에서 판단하는 것으로 경제 그 자체가 자연법칙처럼 인정될 뿐 아니라 다른 모든 것의 판단기준으로 기능하는 것을 의미한다. 경제주의가 지배하는 사회에서 인간은 경제인 혹은 소비인으로 규정된다. 경제인은 물질적 욕망을 충족하는 것이 최고의 가치가 되고, 자신의 경제적 이익을 극대화하기 위해서 경제적으로 합리성을 추구하고 행동하는 인간이다. 소비인은 인간을 물질의 소유와 소비를 통해서만 삶의 의미와 행복을 발견하는 일차원적인 존재로 본다. 경제인과 소비인에게는 돈과 재화가 수단으로써의 가치를 넘어 목적 자체가 됨으로 물신숭배에 빠지게 된다.

개인 뿐 아니라 사회도 경제주의의 영향을 받고 있다. 지난 대선에서 이명박 후보는 경제를 살리겠다는 공약으로 대통령이 되었고, 현재 미국 대선도 경제가 중요한 이슈가 되고 있다. 경제적 가치관은 경제영역을 넘어 교육영역을 포함한 사회전체 영역에 영향을 미침으로써 이데올로기화 하고 있다. 이러한 경제이데올로기는 하나님의 창조질서에 어긋난다. 하나님이 원하시는 경제의 우선목적은 섬김과 삶의 섬김이기 때문이다. 경제가 목적이 될 때 인간을 비인간화시킴으로써 악마적이 되기 때문이다.

성경에는 부를 비판하는 구절이 많이 있다. 그러나 이러한 비판은 그리스도인의 삶의 목표가 경제적인 가난이 아니며 가난 자체가 정신적이고 도덕적인 질을 갖는다는 것을 의미하는 것이 아니다. 즉 우리가 경제를 최고의 목표로 삼고 경제를 통해 삶의 의미와 행복을 발견하려고 할 때 하나의 우상이 된다는 점을 강조한다. 예수님은 부의 문제를 단순히 물질적 차원이 아니라 영적인 의미로 해석하였다. 부가 우상이 되는 것을 엄격하게 금지하면서 하나님과 재물을 동시에 섬길 수 없다고 하셨다. 그러므로 경제적 관점을 절대화하면 하나님께 죄를 짓게 되는 것이고, 하나님께 영광을 돌리기 위해서는 경제의 힘에 대하여 저항할 수 있어야 한다.

> 아무도 하나님과 돈이라는 두 주인을 함께 섬길 수는 없다. 한 편을 미워하며 다른 편을 사랑하거나 한 편을 극진히 위하며 다른 편을 업신여기게 될 것이기 때문이다.
>
> /마태복음 6장 24절

5) 모든 경제의 성공여부는 욕구의 안정에 기초하므로 종교와 관련

경제학의 목표는 한정된 자원을 효율적으로 이용함으로써 경제인이나 소비자의 욕망을 최대한으로 달성시키는 것이라는 점에서 몰가치적이다. 즉 주류경제학에서는 희소성의 문제와 무한한 인간의 욕망문제를 그저 주어진 것으로 그대로 받아들여

져야 하는 것으로 묵시적으로 가정하고 있다. 인간의 욕구는 무한하다 하더라도 무조건 모두 충족되어야 하며 무한히 충족될 수 있다고 믿기 때문에 무한한 인간 욕망의 윤리적 도덕적 문제는 경제학자가 전혀 관여할 문제가 아니라고 외면하고 경제학의 논의대상에서 제외되었다.

우리가 살고 있는 지구는 제한되어 있기 때문에 제한이 없는 우리의 욕망을 다 충족시킬 수 없고, 욕망은 주관적이어서 행복의 객관적 척도가 될 수 없다. 경제 자체가 문제가 아니라 인간의 삶의 의미와 목적이라는 정신적이고 영적인 문제가 더 중요한 의미를 가지게 되었다는 점에서 경제문제는 신앙과 밀접하게 관련되어 있다고 결론을 내릴 수 있다. 성경은 물질의 소유와 탐욕으로부터 해방을 강조하고 있다.

> 군중 속에서 어떤 사람이 말하였다. '선생님, 제 형더러 제 몫의 유산을 나누어 주라고 말씀해 주십시오.' 그러자 예수께서 '누가 나를 그런 것이나 판결해 주는 재판관으로 세웠느냐?' 하시고 사람들을 향해 말씀을 하셨다. '욕심을 부리지 말라. 참생명과 참삶은 우리가 얼마나 재산을 가지고 있느냐 하는 것과는 상관이 없다.' 그러고 나서 비유로 말씀하셨다. '어떤 부자가 기름진 농토를 가지고 있었는데 풍년이 들었다. 그래서 곳간을 가득 채우고도 곡식이 남아 더 넣어 둘 데가 없었다. 그는 어떻게 할까 궁리하다가 속으로 이렇게 말하였다. '곳간을 헐고 더 크게 지어야겠군. 그러면 충분히 쌓아둘 수 있겠지. 그리고 내 영혼에게 이렇게 말하리라. 나는 물건을 몇 해 동안 쓰고도 남을 만큼 쌓아 두었다. 이제는 편안히 쉬면서 먹고 마시며 즐기자.' 그러나 하나님께서 그에게 말씀하셨다. '어리석은 자야! 오늘밤에 내가 네 영혼을 찾아가리라. 그러고 나면 네가 모은 재산이 다 누구의 차지가 되겠느냐?' 그렇다. 재물을 하늘에 쌓아 두지 않고 땅에 쌓아 두는 사람은 모두 이와 같이 어리석은 사람이다.' 예수께서 제자들을 향해 말씀하셨다. '먹을 양식을 충분히 쌓아 두려고 하거나 입을 옷을 넉넉히 장만해 두려고 염려하지 말라. 생명이 음식과 의복보다는 훨씬 더 중요하다. 까마귀를 보라. 뿌리지도 않고 거두지도 않고 곳간에 쌓아 두지도 않으나 아무 탈없이 지낸다. 하나님께서 길러 주시기 때문이다. 그런데 너희는 그 어느 새보다도 훨씬 더 소중하지 않느냐! 게다가 너희가 염려를 한다고 해서 무슨 소용이 있느냐? 너희가 염려를 한다 해서 단 하루인들 생명을 늘일 수 있단 말이냐? 염려를 해봐야 지극히 작은 일 하나도 해결할 수 없는데 왜 여러 가지 일로 염려하느냐? 백합화를 보라. 실을 짜지도 않고 베도 짜지 않으나 솔로몬이 누린 모든 영화도 그 꽃 하나만큼 화려하지는 못하였다. 늘 피었다가 내일 없어질 꽃들

도 하나님께서 이렇게 입히시는데 하물며 너희야 더 잘 입히시지 않겠느냐? 믿음이 적은 자들아! 그러므로 무엇을 먹을까 무엇을 마실까 염려하지 말라. 이 세상 사람들은 날마다 양식을 끌어 모으느라 애쓰지만 하늘의 아버지께서는 이미 너에게 필요한 것을 다 알고 계신다. 그러니 너희는 먼저 하나님의 나라를 구하라. 그러면 하나님께서는 너희에게 날마다 필요한 모든 것을 덤으로 주실 것이다. 그러므로 작은 무리들아, 두려워하지 말라. 너희 아버지께서 그 나라를 너희에게 주시기를 기뻐하신다. 너희가 가진 것을 팔아 필요한 사람에게 주라. 이것이 하늘에 재물을 쌓아 두는 것이 된다. 하늘에 쌓아둔 재물은 없어지거나 좀이 쓸 일이 없다. 너희의 재물이 있는 곳에 너희 마음과 생각도 있는 것이다.

/누가복음 12장 13절-34절

진정한 부자가 되기를 원합니까? 만일 그대가 지금 행복과 만족을 느낀다면 그대는 이미 부자입니다. 우리는 세상에 태어날 때 일전 한푼 손에 들고 나오지 않았습니다. 또 우리가 세상을 떠날 때 역시 빈손으로 갈 것입니다. 먹을 것과 입을 것만 있으면 모든 것이 만족입니다. 그런데도 사람들은 돈을 모아 부자가 되려고 서슴지 않고 온갖 악한 짓을 저지릅니다. 그러고는 낭패를 당하고 마음이 악해져서 마침내 지옥으로 끌려가고 맙니다. 그러므로 돈을 사랑하는 것은 온갖 죄의 길로 빠지는 첫걸음입니다. 돈을 사랑하여 하나님을 떠나 버린 탓으로 결국 극심한 고통을 당하는 사람들도 있습니다.

/디모데전서 6장 6절-10절

하나님과 주 예수 그리스도의 종 야고보가 나라 밖에 흩어져 사는 이스라엘 열두 지파에게 문안을 드립니다. 사랑하는 형제들이여, 여러분이 많은 어려움과 시련을 겪고 있습니까? 그렇다면 기뻐하십시오. 험난한 길은 여러분에게 인내를 기를 수 있는 기회이기 때문입니다. 인내력을 기르십시오. 여러 문제가 닥쳐올 때 거기서 빠져 나오려고 몸부림을 치지 마십시오. 인내력이 충분히 길러지면 여러분은 완전히 성장해서 어떤 일에도 굴하지 않는 강한 성격의 소유자가 될 것입니다. 만일 하나님께서 여러분에게 무엇을 바라시는가 알고 싶거든 하나님께 여쭈어 보십시오. 그러면 하나님께서 기꺼이 여러분에게 가르쳐 주실 것입니다. 하나님께서는 지혜를 구하는 사람에게는 누구에게나 후하게 나누어 주시기 때문입니다. 그 일로 결코 여러분을 꾸짖지는 않으실 것입니다

/야고보서 5장 1절-5절

2. 재물을 우상으로 섬기지 않기 위하여

재물은 NIV성경에서는 화폐(money)로, NKJV성경에서는 맘몬(mammon)으로 번역하고 있다. 힐과 피츠(Hill과 Pitts) 저 허령 역(2004)에서는 맘몬은 다음과 같은 영향력을 행사하고 있다고 설명한다.

첫째는 돈에 대한 염려와 근심이다. 부자나 가난한 사람이나 많은 사람들이 돈에 대한 근심과 두려움을 가진다. 부자는 가지고 있는 돈을 잃을 것을 걱정하고 가난한 사람은 돈이 부족한 것에 두려움을 가진다.

예수께서 말씀하셨다. '어떤 부자가 있었다. 그는 화려한 옷을 입고 잔치를 벌이며 사치스러운 생활로 날을 보냈다. 그 집 대문 앞에는 나사로라는 병든 거지가 누워 부자의 밥상에서 떨어지는 부스러기로 허기를 채우려고 하였다. 그러나 개들이 와서 그의 헌데를 핥고 갈 뿐이었다. 어느 날 그 거지는 죽어 천사들에게 이끌려 의로운 사람들이 가는 장소에 가서 아브라함과 같이 있게 되었다. 그 부자도 죽어서 땅에 묻혔는데 그는 지옥으로 갔다. 그는 거기서 고통을 겪다가 아득히 먼 곳에 나사로가 아브라함과 같이 있는 것을 보았다. 그가 소리쳤다. '아버지 아브라함이여, 나를 불쌍히 여겨 주십시오. 나사로를 여기 보내어 그 손가락에 물을 찍어 내 혀라도 시원하게 해주십시오. 나는 이 불 속에서 몹시 고통을 받고 있습니다.' 아브라함이 그에게 말하였다. '아들아, 네가 세상에 살던 때를 생각해 보아라. 너는 가지고 싶은 모든 것을 다 가져 보았으나 나사로는 아무 것도 가진 것이 없었다. 그래서 지금 그는 여기서 위안을 받고 있고, 너는 거기서 고통을 받고 있는 것이다. 그뿐 아니라 우리와 너 사이에는 큰 구렁텅이가 가로 놓여 있어서 아무도 여기서 그리로 가려고 해도 가지 못하고 이리로 건너오지도 못한다.' 그러자 그 부자가 말하였다. '오, 아버지 아브라함이여, 그러면 제발 그를 내 아버지 집으로 보내 주십시오. 내게는 다섯 형제가 있는데 그들에게 경고하여 그들이 죽을 때에는 이 고통 받는 곳에 오지 않도록 해주십시오.' 아브라함이 말하였다. '성경이 그들에게 경고하고 있다. 네 형제들이 마음만 있으면 언제든지 그 성경을 읽을 수 있을 것이다.' 그 부자가 대답하였다. '아닙니다. 아버지 아브라함이여, 그들은 성경을 읽으려고 하지 않습니다. 만일 죽었던 사람을 보내면 그들이 자기들의 죄에서 돌아설 것입니다.' 아브라함이 말하였다. '만일 그들이 모세와 예언자들의 말을 듣지 않는다면 죽었던 사람이 일어나서 간다 해도 듣지 않을 것이다'

/누가복음 16장 19절-31절

둘째는 돈을 잘못 관리하는 것이다. 많은 사람들이 자신들이 사용한 돈에 대한 기록과 계획이 없다. 어떤 사람들은 하나님이 우리의 공급자이시기에 아무런 기록이나 계획도 할 필요가 없다고 잘못 생각하고 있다. 다음의 달란트 비유를 보면 잘 알 수 있다.

하늘나라는 마치 어떤 사람이 먼 나라로 길을 떠나면서 자기 종들을 불러 돈을 맡긴 것에 비유할 수 있다. 그는 각자의 능력에 따라 한 사람에게는 다섯 달란트를, 한 사람에게는 두 달란트를, 또 한 사람에게는 한 달란트를 주고 여행을 떠났다. 다섯 달란트를 받은 사람은 곧 그 돈으로 장사를 하여 다섯 달란트를 더 벌였다. 두 달란트를 받은 사람도 그렇게 하여 두 달란트를 더 벌었다. 그러나 한 달란트를 받은 사람은 땅을 파고 그 돈을 안전하게 묻어 두었다. 얼마 뒤에 주인이 여행에서 돌아와 자기 돈을 셈하려고 그들을 불렀다. 다섯 달란트를 받은 사람이 열 달란트를 주인에게 가지고 왔다. 주인은 그가 일을 썩 잘해 낸 것을 보고 이렇게 말하였다. '네가 이 작은 일에 충성을 다하였으니 이제 내가 더 큰일을 너에게 맡기겠다. 자, 어서 와서 나와 함께 기쁨을 나누자.' 다음에는 두 달란트를 받은 사람이 와서 보고하였다. '주인님이 주신 두 달란트를 제가 배로 남겼습니다. 주인은 그에게도 '잘하였다. 너는 착하고 충성스러운 종이다. 네가 이 작은 일에 충성을 다하였으니 이제 내가 더 큰일을 너에게 맡기겠다. 자, 어서 와서 나와 함께 기쁨을 나누자' 하고 말하였다. 이번에는 한 달란트를 받은 사람이 와서 말하였다.

'주인님, 저는 주인님이 씨를 뿌리지도 않은 곳에서 거두어들이고 심지도 않은 데서 모아들이는 인색하고 매정한 분이신 줄을 잘 알고 있지요. 그래서 제가 이익을 남기더라도 빼앗아 갈 것이므로 돈을 다만 땅속에 감추어 두었다가 그냥 가지고 왔습니다!' 그러자 주인은 그 종에게 호통을 쳤다. '이 악하고 게으른 놈아! 네가 나를 그런 매정한 사람으로 알고 있었다면 너는 적어도 내 돈을 이자놀이하는 사람에게 맡겨 두어 내가 이자라도 받을 수 있도록 해주었어야 할 것이 아니냐? 여봐라, 이자가 가진 돈을 빼앗아 열 달란트를 가진 사람에게 주어라. 자기에게 주어진 것을 잘 활용하는 사람은 더 많이 받아서 풍족하게 될 것이고 책임을 다하지 못하는 사람은 가지고 있는 것마저도 빼앗길 것이다. 이 쓸모없는 인간을 바깥 어두운 곳에 내쫓아라. 거기서 가슴을 치며 통곡할 것이다.

/마태복음 25장 14절-30절

셋째는 계속적인 재정결핍이다. 대부분의 사람들은 돈이 충분하다고 생각한 적이 없다. 월급을 받으려면 많은 시간이 남았음에도 불구하고 늘 돈이 남아있지 않다고 느낀다.

넷째, 돈이 없으면 살수 없다는 사고방식이다. 돈으로 모든 것을 할 수 있다고 생각한다. 사랑과 우정도 돈으로 살 수 있고, 돈이 없으면 아무리 고귀한 것도 아무런 의미가 없다고 생각한다.

배우자의 조건

배우자의 조건은 가장 분명하게 자신의 가치관을 반영한다. 한국 싱글 남녀들이 가장 중요하게 생각하는 배우자의 조건은? 배우자를 고를 때 한국 여성은 경제력을, 남성은 외모와 성격을 더 중시하는 것으로 나타났다. 이 같은 결과는 글로벌 결혼정보사이트 커플닷넷(Couple.net)이 2008년 8월부터 이달까지 한국 등 전 세계 121개국 싱글 남녀 8만2천417명을 대상으로 배우자 선택 시 남녀 조건을 조사한 데 따른 것이다(매일신문 2012년 9월 28일).

커플닷넷이 경제력, 외모, 가정환경, 성격 등 4가지로 각각의 배우자 선호도를 조사해 응답자가 30명 이상인 국가를 대상으로 순위를 산출한 결과 한국 여성은 경제력을 가장 중시하고, 외모를 가장 적게 본다고 응답했다. 배우자의 경제력을 중시한다고 답한 한국 여성은 36.2%로 중국(2위 32.6%), 프랑스(3위 32.5%), 미국(4위 32.0%)을 따돌리고 1위를 차지했다.

이에 반해 외모를 중시한다고 답한 한국 여성은 13.8%로 조사 대상 국가 여성 중 가장 낮았다. 외모는 독일(29.1%) 여성이 가장 선호했고 이어 가나(27.3%), 나이지리아(26.5%), 영국(26.0%) 등의 순이었다. 한국 남성의 배우자 조건은 여성과 정반대 양상을 보였다. 배우자의 경제력을 중시한다고 답한 한국 남성은 21.4%로 상대적으로 낮았다. 반면 외모(31.4%)와 성격(28.4%)은 비교적 높았다.

그리스도인은 배우자의 조건으로 무엇을 가장 우선시 할 것인가? 성경적 결혼관을 정립하기 위한 사이트로, 젊은이들에게 결혼에 대한 올바른 가치관을 제시해 주는 인터넷사이트 '나의 아름다운 가정'(bookstory.pe.kr)이 폭넓은 인기를 모으고 있다고 한다. "남자가 혼자 있는 것이 좋지 않으니, 그를 돕는 사람, 곧 그에게 알맞은 짝을 만들어 주겠다." (창2:18, 새번역)는 하나님의 뜻에는 미완성의 삶이 돕는 배필로 인해 완성되어 간다는 간단하지만 심오한 진리가 담겨 있다. 경제력만이 그리스도인의 삶을 완성시킬 수 없음은 자명하다.

다섯째는 충동적 구매이다. 맘몬의 영향권 안에 있으면 구매에 대한 욕구를 이길 수 없다. 많은 사람들은 꼭 필요 없는 온갖 종류의 물건을 사며, 물건을 사는 과정에서 쾌감을 느끼는 경우도 있다.

여섯째, 인색함이다. 십일조나 주는 것을 두려워하는 것은 맘몬의 영에게 단순히 순복하고 있다는 증거이다. 인색함은 재정형편과 상관이 없다. 인색함이란 단순히 나 자신의 필요를 채울 충분한 돈이 없을 것에 대한 두려움이다.

일곱째, 욕심이다. 무엇이든지 취하고 소유하겠다는 과도한 욕망을 가지게 된다. 부자에게 얼마가 있으면 충분한지를 물어본다면 대답은 항상 '조금만 더'일 것이다.

여덟째, 불만족이다. 돈이 부족함으로 인한 불만족은 일반적인 것이지만 부자들일지라도 돈에 대하여 불만족하는 경우가 많다. 돈의 영향권에 있으면 바울과 같이 궁핍하거나 풍부하던지 형편에 상관없이 불만족이 없는 상태가 되는 것은 불가능하다.

> 내 처지가 어렵기 때문에 이런 말을 하는 게 아닙니다. 나는 가진 것이 많든 적든 즐겁게 살아가는 법을 배웠습니다. 가난을 이겨낼 줄도 알고 부유를 누릴 줄도 압니다. 배가 부르거나 배고프거나, 넉넉하거나 궁핍하거나 어떤 경우에도 만족하는 법을 몸에 익혔습니다. 내게 힘을 주고 강하게 하시는 그리스도의 도움으로 나는 하나님께서 원하는 것을 다할 수 있습니다.
>
> /빌립보서 4장 11절-13절

아홉째, 빚의 멍에이다. 어떤 사람의 삶에서 맘몬의 영이 다스리고 있을 때 그 사람은 종종 빚에 대한 이자의 무게로 재정적인 노예상태에 있게 되거나 자주 기다리는 훈련이 되지 않아 원하는 물건을 당장 사야 만족하게 된다.

열째, 돈에 대한 과장과 그것이 가지고 있는 힘에 대한 과대평가이다. 많은 사람들이 말하는 것을 들어보면 대부분이 돈과 관계있다. 돈을 가진 사람을 아주 중요하게 생각하며 돈을 어떻게 벌 수 있는지에 대하여 자주 말한다. 많은 사람들이 돈이 있으면 많은 권력을 갖고 있으며 돈이 없는 사람들은 무력하다고 생각한다. IMF 외환위기를 경험하면서 돈이 우리사회의 중심가치가 되었다. 이러한 상황을 반영하듯 MBC의 '호주머니 속 세상 돈', 경인방송의 '돈과 행복의 비밀', KBS의 '부자의 탄생' 등과 같이 돈과 관련된 다양한 다큐멘터리와 드라마가 자주 반영되고 있고, 적은 돈으로 돈을 벌 수 있는 재테크관련서적이 베스트셀러가 되고 있다. “부자 되세요” 라는 광고문고도 등장할 정도이다. 우리나라 고등학생들은 미국, 일본, 중국의 고등학생들보다 부자를 존경하고 돈이 있으면 무엇이든 할 수 있고, 돈을 벌기 위해서는 어떤 수단도 사용해도 괜찮다고 생각하고 있는 것으로 나타났다(경향신문 2008년 4월 3일).

'부채 경제'를 통찰하는 철학 에세이 〈부채인간〉

크게 작게 우리는 '빚 권하는 사회'에서 살고 있다. 하루에 서너 번쯤, 기계적으로 지워도 여전히 차고 넘친다. 'X천만 원까지 24시간 긴급대출!' 따위의 메일이나 문자 메시지 말이다. 프로야구 중계의 막간도 온갖 대출광고가 점령해 버렸다. 그 요란함이 야구장의 응원열기 못지않다. 지하철을 올라타도, 구석에는 '급전'이라고 쓰인 큼지막한 종이쪼가리가 붙어 있기 일쑤다. 어느새 일상 곳곳의 대출광고는 익숙한 일이 되었다. 그들은 손짓한다. 가벼운 마음으로, 간편하게, 돈을 빌리라고.

그렇다고 대출광고에게만 책임을 물을 수는 없다. 부채의 대부분은 '필요에 의해서' 만들어지기 때문이다. 교육과학기술부에 따르면, 한국장학재단에서 학자금을 대출한 인원이 2011년에만 73만 명을 넘어선다. 한 해 등록금이 천만 원을 웃도는 상황에서, 부채 이외의 다른 해결책을 찾기는 힘겨울 테다. 졸업을 한다고 빚낼 일이 사라지는 것도 아니다. 언론에서는 부동산 시장의 침체라 시끄럽지만, 서민 입장에서 주택가격은 여전히 큰 부담이다. 결국 '내 집 마련'은 부채 없이 꿈꾸기 어렵다. 총부채상환비율(DTI) 완화로 대표되는 정부의 정책도 부채를 권장하는 꼴이다.

그리고 남겨진 것은 워킹푸어, 하우스푸어 같은 신조어들이다. 한국사회를 상징하는 열쇳말 중 하나로도 '가계부채 1000조 시대'가 꼽힌다. 일자리도 구하고 내 집까지 마련했건만, 어째서인지 이자 갚기도 급급하다. 원금 상환은 생각할 겨를조차 없다. '금수저를 입에 물고 태어난' 사람이 아니고서야, 삶 전반에 부채의 그늘이 짙게 깔려 있다. 개인만 부채에 시달리는 것도 아니다. 최근에는 공기업을 포함한 한국의 국가부채 역시 1000조를 넘어섰다는 보도도 등장했다. 모두가 채무자로 살아가는 시대, 무엇이 우리를 이 지경으로 몰아넣었을까.

계속되는 금융 위기는 우리에게 '부채인간' 혹은 '빚을 진 사람', 즉 채무자의 형상을 난폭한 방식으로 드러내보였다. 이 '채무자'의 형상은 이전에도 이미 존재하고 있었지만 이제는 공공 영역 전체를 점령해 버린 주체의 형상이다. (…) 이 책이 제시하는 것은 '부채인간', '즉

'빚을 진 인간'이 주체적·경제적 차원에서 어떻게 만들어지는가에 대한 하나의 탐구이자 계보학이다.

– 이탈리아의 사회학자이자 철학자인 마우리치오 라자라토 〈부채인간〉
(허경·양진성 옮김, 메디치 펴냄), 머리말에서

3. 천민자본주의적 가치관의 극복

천민자본주의적 가치관은 현세중심주의, 인본주의, 물질만능주의로 나타나는 세속주의적 가치관이라고 할 수 있다. 그러므로 천민자본주의적 가치관은 기독교정신이 추구하는 금욕적이고 절제된 생산과 소비활동과는 거리가 있는 가치관이다. 즉 천민자본주의적 가치관은 현대사회에서 기독교의 금욕적 합리주의 정신이 없는 곳에 자본주의가 도입될 때 나타나는 현상으로 성경의 창조론보다는 다윈의 진화론, 영원한 내세보다는 일시적인 현세적인 삶, 영혼보다는 육신중심적인 가치관에 바탕을 두고 있다. 현재 우리나라는 시민의식 수준과 법과 도덕 수준이 낮고, 연고주의가 강하고 봉사정신이 낮아서 천민자본주의적 가치관이 팽배해 있다고 볼 수 있다.

특히 사회 전반에 걸쳐 도박, 복권, 증권투자 등을 통해 땀 흘리지 않고 일확천금을 꿈꾸는 한탕주의가 성행하고 있고, 부동산투기와 과소비와 같은 물질만능주의가 판치고 있다. 물질만능주의적 가치관은 현세중심적이고 육신중심적이며, 과정보다 결과만을 중시하는 가치관이다. 즉 권력과 부가 성공의 중요한 기준이 되기 때문에 물질만능주의적 가치관을 가진 사람들은 수단과 방법을 가리지 않고 부를 축적하려고 하는 경향이 강하게 된다. 물질 소유 자체를 인생의 중요한 목표로 삼게 되면 물질이 많은 사람은 그 많음으로 인하여 타락한 생활을 하게 되고, 물질이 적은 사람들은 그 결핍 때문에 고생을 하면서 결국 모든 사람들이 물질 때문에 불행한 삶을 살게 된다.

이러한 천민자본주의적 가치관을 극복하게 위해서는 인간의 생각과 마음 즉 가치관은 영적 존재들의 영향을 받고 있다는 사실을 인식시키는 영적 교육이 이루어져야 한다. 인간의 탐욕문제는 영적인 문제이기 때문에 법이나 정치 또는 일반적인 교육으로는 온전하게 해결할 수 없기 때문이다(김관수, 1995; 2011; 2012). 성경적 재무관리교육을 통하여 청지기 사상과 금융적 합리주의 정신을 함양함으로써 우리가 살고 있는 이 세계에서 그리스도의 의를 구현할 수 있을 것이다.

Chapter 3

성경적 개인재무관리의 차원과 교육

전문적인 문제들이 많이 나타나고 있는 현대사회에서 하나님의 말씀을 삶의 구체적인 영역에 적용하기 위해서는 그 분야를 전공하는 그리스도인 전문가들의 많은 연구와 조언이 필요합니다. 교회가 그리스도인들의 삶에 구체적인 부분까지 성경적인 지침을 제시해 주기 위해서는 우리 같은 전문인들이 각자의 분야에서 성경적인 지침을 연구해야 합니다. 더 나아가서 모든 그리스도인들은 자기가 처한 삶의 영역에서 성경적으로 살기 위해서 그 분야에 대해 성경을 연구하고 적용하려는 노력을 계속해야 합니다.

저는 성경에서 돈과 관련된 말씀을 연구하면서 하나님의 축복을 많이 받았습니다. 축복을 많이 받았다는 것이 돈을 많이 벌었다는 의미는 아닙니다. 돈에 대해 상당한 자유함을 누릴 수 있게 되었고, 나눔의 기쁨과 더불어 하나님의 채우심도 경험할 수 있었습니다.

최근 우리나라는 가정경제가 매우 부실합니다. 신용불량자가 많을 때는 400만 명 가까이 되었습니다. 노인과 어린이들을 제외한 돈 버는 사람들을 경제활동인구라고 하는데 우리나라 경제활동인구 2천 5백만 명 중 4백만명이 신용불량자라면 예닐곱 명 중 한 명이 신용불량자라는 말입니다.

이런 이야기를 어느 교회에서 했더니 분위기가 싹 가라앉더군요. 교회 다니는 사람들 중에도 신용불량자가 많다는 말입니다. 여섯 명 중 한 명이 신용불량자인데, 가장이 신용불량자이면 한 가족이 모두 신용불량자가 되기 때문에 우리나라 가정경제가 상당히 심각한 수준입니다.

따라서 우리는 재정에 대하여 건전한 상식을 알아야 합니다. 그러므로 성경의 재물관과 더불어 재산관리 상식에 대하여 다루려고 합니다. 돈 버는 법도 알아야 하고, 투자하고 소비하는 법도 알아야 하는데, 이에 대한 성경적인 가르침은 어떤지 함께 생각해 봅시다.

- 조성표의 「알수록 행복해지는 돈의 비밀에서」

1. 개인재무관리의 차원과 교육

1) 효율적인 재무관리를 어렵게 만드는 요인

일반적으로 개인이 효율적으로 재무관리를 하는 것은 매우 어려운 과제로 인식되고 있다. 그 원인은 여러 가지가 있을 수 있겠으나 다음과 같은 요인들이 중요하게 여겨지고 있다.

첫째, 재무관리의 영역이 매우 다양하고 광범위하다는 것이다. 재무관리는 소득의 획득과 구매, 소비 등 경제적 기능과 화폐수단의 이용 등 금융적 기능이 긴밀하게 연관되어 있어 금전관리, 저축관리, 지출관리, 자산관리 등 다양한 영역에서 장단기에 걸친 의사결정으로 이루어진다. 따라서 경제활동과 금전자산관리활동의 각 영역에 대한 정보와 지식을 갖추고 종합적으로 판단하는 것은 어려운 작업으로 인식된다.

둘째로, 개인 재무관리가 경제 환경의 변화에 민감하게 영향을 받는다는 사실이다. 거시경제적 변화요인인 인플레이션, 금리변동, 환율변동, 조세정책 등의 변화에 따라 개인의 재무관리는 크게 영향을 받을 수밖에 없는데 이러한 변화추이를 면밀하게 이해하고 대처하는 것은 비전문가에게는 상당히 어려운 작업이다.

셋째로, 재무관리자가 가지고 있는 경제적 자원 및 재무관리에 필요한 지식과 정보의 제한성 때문이다. 금융자본주의가 성숙단계에 접어들면서 매우 다양한 금융상품이 시장에 출현하고 새로운 금융상품은 여러 가지 기초자산을 혼합하여 설계되는 등 복잡성이 날로 증가하였다. 2009년 자본시장통합법의 시행으로 자본시장내의 금융회사 간 장벽이 사라지고 새로운 투자상품의 설계에 대한 법률적 제약이 거의 제거되었다. 이처럼 투자회사들간의 무한 경쟁 상태에서 매우 다양하고 복잡한 투자상품이 등장할 경우 비전문가인 일반인들이 이에 대한 정보를 완벽하게 탐색해서 합리적인 선택이 이루어지게 하는 것은 현실적으로 한계가 있다.

개인재무관리와 재테크는 다른 개념이다.

개인재무관리와 유사한 개념으로 사람들이 가장 많이 사용하는 말이 재테크이다. 재테크는 '재무'와 '테크널러지(technology)'의 합성어로서 기업에서 본래의 영업활동과 별도로 금융수익을 얻기 위해 벌이는 재무활동으로 인식되다가 개인이나 가계에서 이용하는 수익극대화의 재무활동으로 사용되고 있다. 현재 재테크라는 용어는 일반적으로 여유자금을 활용하여 수익률을 극대화하는 모든 활동을 칭하는 것으로 사용되고 있으며 세테크(절세전략), 차테크(자동차관리에 들어가는 비용을 절약하는 전략) 등의 용어가 생겨날 정도로 일반화되어 있다.

재테크는 개인재무관리와 구별되는 특성이 있다. 첫째, 개인의 목표를 달성하기 위하여 자원을 활용하고 인생을 설계하는 과정인 소비자재무설계와 달리 재테크는 투자수익률의 극대화에 초점을 두고 있다. 따라서 소비자재무설계는 인생의 다양한 목표달성이 궁극적인 결과인 반면 재테크는 단순히 투자수익률의 극대화가 궁극적인 결과가 된다. 여기에 중요한 차이점이 존재한다. 소비자재무설계의 목표는 구체적으로 도출되지만 투자수익률의 극대화는 구체적으로 설정될 수 없기 때문이다. 흔히 대박으로 불리는 투자수익률의 극대화는 상대적이고 구체적이지 않기 때문에 목표의 달성여부가 확실하지 않다. 둘째, 접근방법에서의 차이이다. 소비자재무설계는 인생의 다양한 목표설정에서 시작하는 반면 재테크는 일반적으로 상품의 선택에서 시작한다. 투자에 대한 올바른 지식을 바탕으로 하지 않고 투자수익률이 좋은 인기상품에 대한 선택을 시작으로 자산증식을 한다면 목표달성 여부를 가늠하기 힘든 재테크라고 할 수 있다. 인생의 목표달성에 있어 투자의 의미를 고려하지 않고 단지 투자수익률이 좋은 상품을 선택하여 자산증식에만 관심을 둔다면 인생목표의 달성과는 거리가 멀어질 가능성이 높다고 할 수 있다.

출처: 박광수 외(2010), 개인재무설계, p12-13.

2) 개인재무관리의 분야

개인재무관리는 소비자나 개인의 재무를 둘러싼 다양한 영역을 다루고 있는데, 일반적으로 현금흐름 및 소득관리, 세금설계, 위험관리, 투자설계, 노후설계, 상속설계를 포함하고 있다(김영주, 박혜원, 서정희, 송영주, 송혜림, 허은정, 2012).

(1) 현금흐름 및 소득관리

개인과 가계는 전 생애에 걸쳐 다양하게 소득을 획득하기 위한 활동을 하게 되고 이렇게 획득한 소득은 개인재무관리의 기본이 된다. 소득은 현금흐름의 중요한 수단이 된다는 점에서 개인재무관리에서는 현금흐름 및 소득관리가 가장 기본이 되는 영역이다. 현금흐름과 소득관리에는 신용과 부채관리가 포함된다. 신용은 미래에 대가를 지불할 것을 약속하고 현시점에서 상품이나 현금 또는 서비스를 제공받기로 하는 일종의 계약행위로서 구체적으로 대출을 받거나 신용카드를 사용하는 등의 형태로 나타난다. 부채는 다른 사람이나 금융기관에서 빌린 것으로 단기부채와 장기부채가 있다. 2011년 가계금융조사결과에 따르면 가구당 평균부채액은 5천205만원이고 담보대출은 전체 부채의 54.8%이며 부채보유가구는 62.8%에 달했다. 연령별로 볼 때 40대가 75%로 가장 많고 그 다음이 30대와 50대로 71% 수준이었다(통계청, 2011).

(2) 세금설계

세금설계는 개인재무관리의 모든 영역과 밀접하게 관련되어 전반적으로 개인재무관리를 지탱해주는 역할을 한다. 소득과 관련된 소득세, 다양한 금융 및 부동산 투자 상품 및 거래와 관련된 세금, 상속 및 증여와 관련된 세금 등은 소비자나 개인의 재무행동이나 거래에서 중요한 위치를 차지하고 있다.

소비자 개인의 측면에서 보면 세금은 소득과 재산을 감소시키는 효과를 초래한다.

다시 말하면, 세금은 증권투자나 부동산투자의 투자수익률을 감소시키고, 소득세는 가처분소득을 감소시키며, 상속세는 자녀에게 상속할 수 있는 재산을 감소시키는 결과를 가져온다. 이와 같이 세금은 근로소득, 사업소득 및 투자이익 등의 효율성을 평가할 때 중요한 변수가 되므로, 재무관리행동을 할 때 세금을 어느 정도 내야하는지를 미리 파악하고 이에 대처하여 법의 테두리 안에서 절세한다면 투자수익률을 향상시키고 재산형성에 도움을 줄 수 있다[2].

생전증여가 유리한지 사망 후 상속이 유리한지 여부는 가족 구성상황과 피상속인의 건강상태 등을 고려해 종합적으로 판단해야 한다. 단순히 세부담 측면에서만 본다면 상속세와 증여세의 세율이 같기 때문에 비교적 상속공제액이 큰 상속으로 재산을 물려주는 것이 다소 유리하다. 그러나 만일 상속재산가액이 상속공제액을 초과해 상속세를 부담할 것으로 예상되는 경우에는 장기적인 절세계획을 세워서 살아생전에 분산해 적절하게 증여하는 것도 절세의 한 방법이다. 또한 생전에 증여를 받게 되는 경우 증여세 납부의무가 있으며, 이 경우 수증자인 자녀가 당해 증여 전 최근 10년 이내에 다른 증여 받은 재산이 없다면 직계존속으로부터 증여 받은 재산의 과세가액에서 3000만원(미성년자인 경우 1500만원)을 공제받을 수 있으며, 그 초과하는 금액에 대해 증여세가 과세된다.

(3) 위험관리

개인재무관리 과정에서 개인은 다양한 위험에 노출되어 있다. 외부의 위험으로부터 자신의 신체, 자산, 사회적 책임 등에 대한 보호 및 대비는 개인의 재무환경을 보호해주는 지붕과 같은 역할을 한다. 위험은 전통적으로 불확실성이란 용어로 정의되어 왔는데, 일반적으로 위험은 '기대하거나 바라는 바람직한 결과와 반대되는 결과

2) 매년 변화하는 세금관련 법규를 주목할 필요가 있다. 2013년에는 이자소득과 배당소득의 합계액으로 4,000만원이던 금융소득종합과세 기준 금액은 2,000만원으로 인하되었다. 이 법률의 시행 시기는 2013년 1월1일 이후 지급받는 분부터 적용되어 2013년도 귀속소득이 2,000만원을 초과하면 2014년5월에 종합소득세를 신고하게 된다. 2,000만원 인하에 따른 세 부담 효과는 개인별 종합소득 규모 및 종합소득 공제에 따라 달라지겠지만, 금융소득만 있는 경우라면 종합과세되더라도 추가적인 세금 부담이 없는 금액은 7,000만원 후반대가 되고, 동 금액은 종전보다 2,000만원가량 낮아졌다. 그리고 종전에 비해 최대 2,000만원이 추가로 종합소득 과세 대상에 해당되어 누진세율과 원천징수세율의 차이에 대해 세금을 더 부담하게 된다. 또 추가적으로 건강보험료 부담이 늘어날 수도 있다.

가 발생할 수 있는 가능성'을 의미한다. 이러한 위험과 관련된 부정적인 측면은 손실이 발생한다는 것이다. 화재가 나서 집이 불타거나 가장이 질병에 걸려 회사를 더 이상 다니지 못할 경우 거기에는 재무적 혹은 비재무적 손실이 따르게 된다. 위험발생에 따른 손실에 대비하기 위해 보험을 통해 위험을 이전하기도 하고 그렇지 못할 경우에는 위험을 통제하기도 한다.

외환위기 이후 10년이 지났지만 대다수의 국민들은 아직도 다양한 위험에 무방비로 노출돼 있다. 실질적 파산상태에 이른 사람이 400만명에 달할 정도로 재무위험이 심각하며, 교육위기, 노년위기 등 비재무위험의 징후들도 도사리고 있다. 사회 전반적으로 재테크에 대한 관심이 높아졌지만, 재산을 불리는 데만 관심을 쏟고 위험을 간과한다면 자산운용에 결코 성공할 수 없다.

(4) 투자설계

소비자는 자산을 증식시키기 위해 포트폴리오를 구성하고 부동산이나 금융상품 등에 자산을 배분하는 것을 투자설계라고 한다. 투자는 현재의 소비를 희생하고 이에 대한 보상으로 불확실한 미래의 수익을 바라는 행위이다. 과거에는 대부분 저축을 통해 재산을 형성하였지만 금리가 낮아지고 물가가 상승하면서 상대적으로 수익률이 높은 투자상품에 대한 관심이 높아지고 있다. 주식, 채권, 펀드 및 금융상품 등에 투자할 경우 투자수익률과 이에 수반되는 위험을 고려하여 투자를 결정해야 한다. 부동산설계의 경우 개인이 재산증식을 위한 재무적 목표인 경우와 거주, 보유 등 비재무적 목표를 실현하기 위한 경우를 구분하여 설계해야 한다. 예를 들어 매경이코노미 선정 '2012 대한민국 대표 자산 컨설턴트 20인'의 투자 조언을 보면, 펀드 인기가 확실히 시들해졌다. 대신 파생상품, 그중에서도 주가연계증권(ELS·Equity Linked Securities)이 대세로 떠올랐다. 컨설턴트 의견을 종합하면 최적의 포트폴리오는 펀드 27%, 파생상품 22%, 채권 12%, 현금성 자산 11%, 보험 9%, 주식 직접투자 7%의 분산투자다. 펀드는 여전히 자산 포트폴리오에서 1위의 투자 자산이지만 미국 신용위기와 유럽 재정위기가 분위기를 확 바꿔 놓았다. 주식이 세계 경제에 민감한 위험자산이라는 인식이 널리 퍼지면서 주식형 대신 채권형 펀드를 추천하는 비율이 높아졌다(매일경제 2012년 10월 29일.).

(5) 노후설계 및 상속설계

은퇴 후의 안정된 생활을 위한 노후설계와 효과적인 부의 이전을 위한 상속 및 증여 설계는 소비자 재무목표와 밀접한 관련을 가지고 있다. 우리나라 사회가 저출산·고령화사회로 진입함에 따라 안락한 노후를 위한 개인의 노후설계가 더욱 중요해지고 있다. 노후설계는 다른 재무목표와 마찬가지로 구체적으로 설정할 필요가 있다. 은퇴시점을 결정하고, 노후생활기간을 예측한 뒤 은퇴 후의 생활자금을 계산해보고 준비된 자금이 부족한 경우에 다양한 방안을 통해 은퇴자금을 준비하도록 노후설계를 해야 한다. 연금을 이용하여 노후소득을 보장하는 방법과 관련하여 '3층 노후생활보장체계'가 있는데, 제 1층은 공적연금(국민연금)을 통해서 노후를 보장하고, 제 2층은 기업의 퇴직금과 퇴직연금을 통해서 담당하고, 제 3층은 개인이 저축(연금저축)을 통해서 준비하는 것이다.

상속설계는 자아실현을 포함한 노후인생설계, 자녀간 갈등을 예방하고 세대간 부의 효율적 이전 등을 하기 위한 재산분할설계, 그리고 상속세 재원마련을 포함한 상속세 절세를 위한 방안 등이 상속설계의 재무적 목표와 관련된다.

이러한 소비자재무설계 분야를 그림으로 표현하면 <그림3.1>과 같다. 소비자재무설계의 6가지 분야는 유기적으로 연결되어 집을 건축하는 것과 같다고 할 수 있다.

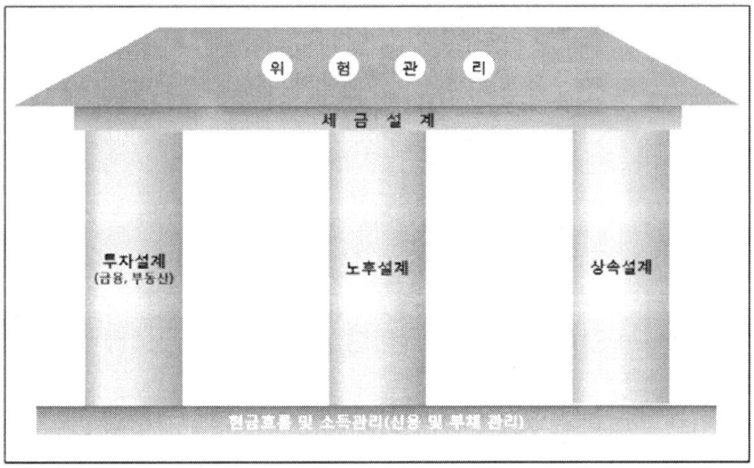

출처: 박광수 외(2010), 개인재무설계, p10

〈그림3.1〉 소비자재무설계의 분야

3) 생애주기별 재무목표 및 재무관심

〈표3.1〉 생애주기별 재무목표와 재무관심

생애주기	재무목표	재무관심
사회초년기	결혼자금 준비	직장선택, 소비지출관리, 저축 시작, 부채발생 시 부채관리, 결혼자금 마련
가족형성기	주택구입 자금 마련 출산/육아비용 마련	주택구입 자금 마련, 생활비 관리, 육아비 관리, 교육자금 마련, 자산증식에 대한 관심, 부채관리, 위험관리
가족확장기/ 자녀양육기	자녀교육비 마련 집 크기 늘리기	자녀교육비 관리, 자산증식에 대한 관심 증가, 자녀양육 및 교육자금 관리, 지출확대로 인한 소비지출관리, 은퇴설계에 대한 관심 시작
가족성숙기/ 중년기	노후설계 자금 확보 목돈운용	자녀 대학교육자금 및 결혼자금 관리, 수입의 규모가 최대로 커지므로 효과적인 자산증식방법에대한 관심, 부채관리, 은퇴설계 본격화
은퇴/ 노후생활기	노후생활비 마련 의료비 마련 상속준비	은퇴생활비 관리, 건강 및 의료비 증가에 대한 관심, 상속준비 시작, 효과적인 은퇴생활을 위한 비재무적 설계에 관심

출처: 한국FPSB(2009). 재무설계 개론, p 20 발췌

개인과 가계는 자신의 연령대와 생애주기 단계에 따라 다양한 재무목표를 설정하고 재무문제에 관심을 가지게 된다. <표3.1>에는 생애주기별 재무목표와 재무관심이 제시되어 있다. 사회초년기의 가장 중요한 재무목표는 결혼자금을 준비하는 것이다. 이 목표를 달성하기 위하여 직장을 선택해서 취직을 하고, 소득과 소비지출을 관리하고, 저축을 하고 자금을 모은다. 가족형성기에는 주택구입 자금과 출산과 육아 자금을 마련하는 것이 중요한 재무목표가 되고, 생활비, 육아비, 위험 및 부채를 관리하고, 자산증식에 관심을 기울이게 된다. 가족확장기에는 자녀교육비를 마련하고 집을 확장하는 것이 가장 중요한 목표가 되고, 자산증식에 대한 관심이 증가하고, 지출확대로 인한 소비지출관리, 은퇴설계에 대한 관심을 가지기 시작해야 한다. 가족성숙기에는 노후설계자금을 확보하고 목돈을 운영하는 것이 중요한 목표가 되고, 자녀의 대학교육자금과 결혼자금을 관리하고, 수입이 가장 많은 시기이므로 효과적으로 자산을 증식할 수 있는 방법에 관심을 가지고, 은퇴설계를 본격적으로 해야 한다. 노후생활기에는 의료비를 포함한 노후생활비를 마련하고 상속을 준비하는 것이 중요

한 목표가 되고, 은퇴생활비를 관리하고 효과적인 은퇴생활을 위하여 비재무적 설계에도 관심을 가져야 한다.

소비자가 관심을 두는 재무설계분야

〈미국소비자들이 재무설계사를 고용하는 10가지 이유〉

재무설계사를 고용하는 이유	응답빈도(%) – 중복응답허용
1. 은퇴자금 마련	62
2. 일반적인 개인재무에 관한 도움 필요	48
3. 저축목표 달성	41
4. 투자목표 달성	36
5. 단기목표와 장기목표의 절충	28
6. 상속설계	27
7. 현금 및 부채관리	27
8. 세금설계	21
9. 위험관리	17
10. 학자금 마련	16

출처 : CFP Board(2009), 2009 National Consumer Survey on Personal Finance

〈한국소비자들이 상담받고 싶어하는 분야〉

1. 펀드 등의 간접투자방법
2. 주택 마련이나 부동산 투자
3. 노후설계방법
4. 주식, 채권 등 직접투자방법
5. 절세방법
6. 목돈 마련을 위한 저축
7. 사업을 위한 자금 마련 및 운용방법
8. 소득 및 생활비관리
9. 위험관리 및 보험설계방법
10. 대출상환 및 개인 신용관리방법
11. 상속이나 증여방법

출처 : 한국투자자교육재단(2007), 2007 간접투자자조사

출처: 한국FPSB(2009). 재무설계개론, p24

4) 개인재무관리에 관한 선행연구

개인재무관리분야의 선행연구들을 보면 학자들마다 약간의 차이가 있는 것을 알 수 있다. Dwyer(1989)와 Garman(1994)과 같은 외국 연구자들은 개인재무관리의 영역

을 소득과 지출관리(예산관리), 세금관리, 차용관리, 소득과 자산의 보호, 소득과 자산의 증대, 노후 자산관리로 나누고 있다. 신창용(1994)은 재무관리의 영역을 세금관리, 퇴직자금관리, 투자관리, 예산관리, 상속계획, 특별자금준비, 보험관리의 일곱항목으로 나누고 있다. 이정우와 정진희(1999)는 도시주부들이 소득문제, 지출문제, 자산문제, 부채문제, 노후 긴급자금 문제 순으로 가계의 재정문제를 경험하고 있기 때문에 이러한 영역에 대한 재무관리가 필요하다고 주장하였다. 정운영, 황덕순, 홍은실(2002)은 투자의 선택이나 은퇴계획 등이 중요한 재무관리행동의 영역으로 중요시되는 외국과는 달리 우리나라는 소득문제와 지출문제 등 극히 기본적인 재무관리행동영역에 대한 요구도가 높았다고 하였다.

김성일 등(2005)은 예산관리, 세금관리, 지출관리, 신용관리, 보험관리, 투자관리, 은퇴설계의 일곱 항목으로 구분하고 있다. 윤정혜 등(2001)의 연구에 따르면 재무설계 또는 재무상담과 관련된 국내의 기존 연구들은 개인재무관리의 영역을 가계의 재무상태 평가, 가계의 전반적인 재무관리과정 및 자산증식 · 차용 · 은퇴준비 등의 분야별 재무관리행동, 재무문제 진단 및 대처행동에 관한 주제들로 분류하였다.

재무관리행동을 측정한 연구들의 하위차원을 살펴보면 다음과 같다. 정운영(2001)은 현금과 지출관리, 세금관리, 차용관리, 위험관리, 저축 및 투자관리를 포함했고, 배희선과 최현자(1996)는 화폐관리행동, 자녀교육비 대비행동, 노후준비행동을, 홍향숙(1999)은 소득관리, 세금관리, 지출관리, 부채관리, 투자관리, 위험관리 등을, Parrotta와 Johnson(1998)은 현금, 신용, 위험, 은퇴와 유산, 자본 축적, 일반 재무관리 등을 포함하였다.

장윤옥과 정서린(2008)은 금융상품을 이용한 저축, 증권투자, 부동산 투자의 효과적인 이용과 관련된 행동들이 포함된 투자관리행동, 가계소득의 실질적인 증가를 위하여 지출의 효율적 배분과 사용 등이 포함된 소득과 지출관리행동, 질병, 사고, 실업 등으로 인한 위험으로부터 소득과 자산으로 보호하기 위하여 이용하는 보험과 관련된 행동 등이 포함된 위험관리행동으로 분류하였다.

김정현과 최현자(2012)는 수입과 지출의 관리, 신용과 부채관리, 저축과 투자, 위험관리와 보험, 은퇴설계, 금융시장 환경과 재무관리의사결정과 같은 6개 하위영역이 소비자재무관리역량의 하위차원이라고 하였다. 우리나라 소비자들을 대상으로 조사한 결과 가지고 있는 지식역량에 비하여 기능역량이 뒷받침되지 못하고 있었다. 그러므로 소비자들의 재무관리역량을 증진시키기 위해서는 재무관리에 관한 지식을 주입시키기 보다는 자신이 알고 있는 지식을 재무관리에 적용하고 실현할 수 있는 방안을 제시해 주는 것이 훨씬 더 효과적이라고 하였다. 또한 우리나라 소비자들은 특히 노후설계, 위험관리, 저축과 투자에 관련된 영역에서 역량이 부족한 것으로 나타났다.

더욱 난해해지는 금융시장에 대한 일반 소비자들의 이용능력을 향상시키기 위하여 세계 각국에서는 금융이용자에 대한 금융교육을 국가적 차원에서 지원하고 있다. 우리나라에서도 금융감독원이나 (사)금융교육협의회, 그리고 투자자교육협회를 중심으로 학교교육 및 사회단체교육을 통한 지원을 활발히 진행하고 있다. 이들 단체들의 재무관리 교육내용은 주로 개별 금융영역 및 상품별로 진행이 되고[3] 일회성으로 이루어지는 경우가 대부분이므로 다양하고 복잡한 시장 환경에 비해 교육과정이 체계적이지 못하며 지나치게 전문지식전달위주라는 비판을 받는다.

다양한 금융교육 영역에 대한 일반 소비자들의 요구에 있어서 기존연구결과들은 금융이용자의 특성에 따라 교육요구정도와 내용이 차이가 있다는 것이다. 기혼여성의 재무관리교육요구를 조사한 홍향숙(1997)의 연구결과에 따르면 저축영역에 대한 교육적 요구도가 가장 많았고 그 다음이 보험과 주택 및 부동산, 세금이 많았다. 상대적으로 지출계획과 부채관리, 금전자원의 획득, 지역사회자원에 대한 교육요구정도는 낮았다. 인터넷 재무상담 사례를 분석한 연구(김경자, 2001)에 따르면 저축과 투자에 대한 상담이 가장 많았고 그 다음으로 재무설계 요령과 평가에 대한 질문이 많았으며 대출 및 부채관리에 대한 상담과 보험의 선택과 가입에 대한 상담의 비중은 상대적으로 적었다. 그리고 가장 많은 상담요청이 있었던 저축과 투자에서도 목돈마련, 여유자금운용, 주택분양저축, 연금에 대한 문의가 많았다.

반면에 대학생의 재무관리교육요구를 조사한 국내외 연구들(김경자 · 홍정하, 2002; 서인주, 2002; 백은영외, 2004; 김효정, 2005; 정운영 · 황덕순, 2006; Baek, 2001;

---

3) 한 예로 금융감독원의 금융교육 실시 내용의 예시를 보면 '합리적인 소비생활 및 신용관리사금융피해 예방요령, 금융시장과 금융감독의 이해, 은행·신용카드, 증권 거래시 유의사항 및 분쟁사례, 보험자동차보험 가입시 유의사항 및 분쟁사례, 라이프싸이클과 재무설계, 은행상품을 통한 효율적 자산관리, 알기쉬운 펀드투자, 증권·투신상품을 통한 효율적 자산관리, 전자금융거래의 개념 및 이용시 유의사항, 상속 등 금융생활법률 해설' 등이다(http://edu.fss.or.kr/edu/edu/edu4.jsp).

Lyons and Hunt, 2003)에 따르면 국내 대학생의 경우 합리적인 지출계획과 예·결산, 부동산 투자, 대출과 부채관리와 같은 신용관리에 대한 요구도가 높았는데 장단기 재무목표를 잘 세우지 못하는 것으로 나타났다. 반면 외국 대학생은 재무자원 및 지출, 건강보험, 은퇴계획에 대한 관심이 높았으며 부채상환의 어려움과 충동구매의 문제를 많이 겪는 것으로 나타나 지출 및 신용교육 분야의 교육이 필요한 것으로 나타났다.

김경자(2001)는 성인 대상 재무상담의 주요 내용에서 재무설계요령과 가계상황 진단을 위해서 첫째, 예산설정의 방법, 가계상황진단방법 등에 대한 교육이 필요하며, 저축과 투자영역에서는 상품별 금리 비교, 금융자산포트폴리오 평가, 노후 예상 연금상품들에 대한 내용이 포함될 수 있다고 하였다. 또 그는 보험선택과 관련해서는 긴급자금의 마련, 보험상품선택, 보험가입방법, 보험해약방법 등이 주요 내용이며, 대출 및 부채관리에서는 이자상환방식, 부채상환방법, 신용도 평가 및 관리 등의 내용이 포함될 것을 제안하였다.

정운영과 황덕순(2006)은 대학생들을 위한 재무관리교육 프로그램의 주요 내용에 돈에 대한 이해 및 재무관리의 필요성 인식, 재무설계 과정 및 계획세우기, 소득과 직업과의 관계, 세금의 종류, 합리적인 소비분석과 지출계획, 신용에 대한 이해와 부채상환, 금융기관의 종류 및 투자원리, 위험관리와 보험상품, 은퇴준비계획과 상속 등의 내용을 포함하였다.

최현자와 이지영(2005)은 서울과 수도권에 거주하는 학생들을 대상으로 금융소비자교육에 대한 요구도를 분석하였다. 금융소비자교육에 대한 요구점수는 4점만점에 2.8점으로 비교적 높은 편이었고, 금융소비자교육의 하위영역 중 소득의 이해영역에 대한 요구도가 가장 높았고, 저축과 투자영역, 화폐관리, 지출과 부채의 순으로 요구도가 높았다. 금융교육에 대한 요구도에 영향을 미치는 변수는 사회인구학적 특성보다는 재무관련 변수들이었다.

손주영(2008)은 서울소재 대학생 500명을 대상으로 소비자재무교육 요구도를 조사하였다. 재무교육 내용을 경제환경, 재무설계, 신용, 보험, 예금, 투자, 세금으로 구분하여 조사한 결과 일반적인 재무설계와 예금상품에 대한 요구도가 가장 높았다. 소비자재무교육 요구도에 영향을 미치는 관련변수를 분석한 결과 인구학적 특성변

수 중에서는 성별과 자취여부가 유의하였고, 재무설계나 투자영역에서는 재무지식이 높을수록 교육에 대한 요구도가 높게 나타났다.

이순호(2012)는 금융소비자의 금융역량을 강화하기 위하여 금융지식교육이 필요하다고 주장했다. 금융지식교육은 금융소비자의 책임감, 합리성 등을 향상시키고, 신용·보험·저축·투자 등 금융자산 축적에 대한 동기부여를 강화함으로써 소비자 후생의 제고, 국민경제의 안정 등을 달성하기 위하여 필요하다. 금융지식교육은 금융소비자로 하여금 자산, 은행업무, 투자, 신용, 보험, 세무 등에 관하여 인식하고, 교육받고, 정보를 습득하게 하는 과정이다. 금융지식교육은 특정 기관에 의해, 특정 소비자계층을 위해서가 아닌 전 국민의 금융역량을 강화하기 위한 것이므로 교육기관, 교육대상, 교육내용 등의 다양성이 확보될 필요가 있다.

학년별, 영역별로 실과 교과서 내용을 분석한 김은정(2012)에 의하면 각 교과서별로 금융소비자교육과 관련한 내용의 차이는 크지 않으며, 초·중·고 교과서 전체적으로 합리적인 소비자를 양성하기 위한 교육 내용에 초점을 두고 있다. 다만 중학교 수준에 '개인재무관리' 내용을 포함시켜 중학교 기술·가정과 고등학교 가정 과학 교과서에서의 금융소비자교육 관련 내용의 체계성이 어느 정도 갖추어지게 되었다. 그러나 고등학교 수준의 기술·가정 교과서에는 금융소비자교육과 관련한 내용이 거의 포함되어 있지 않아, 중학교 금융소비자교육 내용의 연속성이 단절되고 있었다. 또한 금융소비자교육 내용이 대부분 포함되어 있는「가정 과학」과목은 선택과목이어서 비선택자들은 이 교육을 접할 기회가 없다는 문제가 있다.

김정호(2011)는 우리나라 초등학교, 중학교 및 고등학교에서 시행할 수 있는 금융교육 표준안을 구성하였다. 이 안은 초, 중, 고등학생들이 고등학교를 졸업할 때 갖추기를 기대하는 금융이해력과 금융역량 및 책임감 있는 금융행동을 목표로 하여 5개 대영역과 13개 중영역, 90개 성취기준으로 구성되었다. 대영역에는 금융과 의사결정, 수입과 지출관리, 저축과 투자, 신용과 부채관리, 위험관리와 보험이 포함되었다.

2. 성경적 개인재무관리의 차원과 교육

개인재무관리의 가장 중요한 목적은 개인이 원하는 생활양식을 달성하고 안정적이고 풍족하게 생활을 영위하는데 있다. 이 목적을 달성하기 위해서는 돈이 필요하므로, '어떻게 돈을 벌 것인가'와 '돈을 어떻게 쓸 것인가'가 가장 핵심이 된다고 볼 수 있다. 하지만 '어떻게 돈을 벌 것인가'라는 문제에는 얼마만큼 돈이 필요한가에 대한 질문이 수반되어야 한다. 또 돈을 어떻게 쓸 것인가라는 문제에는 본인의 욕구충족만을 전제로 하는 것인지 아니면 타인의 욕구충족을 포함할 것인지에 대한 물음도 수반되어야 할 것이다. 성경적 재무관리에서는 이러한 물음의 궁극적인 기준이 성경에 있다.

돈에 대한 가치와 태도는 개인의 철학과 종교 등의 배경에 따라 다양하다. 가령 금욕주의, 쾌락주의, 중용주의, 공리주의와 같은 철학적 배경에 따라 돈을 어떻게 축적하고 사용하는 지는 달라질 것이다. 그리고 재무관리의 실천적 상황에서는 자신이 가진 종교적 가치관에 따라 크게 좌우될 가능성이 크다. 종교는 세상과 자신을 이해하는 방식을 결정하기 때문이다.

박정윤(2005)은 청소년들에게 교육하기 위하여 잠언을 전반부(잠언 1장 - 9장)와 후반부(10장 - 31장)로 나누어 가계재무관리의 원리를 각각 7가지로 도출하여 정리하였다. 전반부의 원리에는 (1) 여호와를 경외하라, (2) 불의한 방법으로 재물을 추구하지 말라, (3) 게으르지 말고 부지런히 일하라, (4) 음녀를 멀리하고 아내를 가까이 하라, (5) 타인을 위하여 채무보증을 서지 말라, (6) 네 재물과 소산물의 처음 익은 열매로 여호와를 공경하라, (7) 자선을 베풀며 살아라, 등이 포함되어 있다.

후반부의 원리에는 (1) 항상 여호와를 경외하며 재무계획을 수립하라, (2) 의로운 청지기로서 일하라, (3) 화목한 가정을 만들고 지혜로운 소비를 하라, (4) 빚의 위험을 피하고 저축과 투자를 하라, (5) 여호와를 공경하며 구제의 삶을 살아라, (6) 적절한 보험을 들어라, (7) 재물과 함께 지혜를 유산으로 남겨라, 등이 포함되어 있다.

박정윤(2003)은 성숙한 그리스도인은 하나님의 말씀을 통하여 가계재무관리의 원리를 찾으려고 노력하고, 인생의 행복이 재물의 과다에 있지 않고 오직 예수 그리스도 안에 있다는 것을 깊이 인식하고 있어야 한다고 주장했다. 성숙한 그리스도인들이 적용해야 하는 가계재무관리의 내용을 아래와 같이 '재무팔복'으로 요약하였다.

예수 그리스도 안에서 하나님만 섬기는 자가 행복하도다.
하나님만 섬기는 자는 그분이 생활에 필요한 모든 것을 제공할 것이기 때문이다.
정직하고 충성된 청지기가 행복하도다.
하나님께서 부요와 재물을 그 집에 있게 하실 것이기 때문이다.
예산을 세우며 생활하는 자가 행복하도다.
월급날 직전에도 여유가 있을 것이기 때문이다.
무슨 일을 하든지 마음을 다하여 주께 하듯 일하는 자가 행복하도다.
저는 항상 넉넉하여 결코 궁핍함을 보지 않을 것이기 때문이다.
빚지지 않고 생활하는 자가 행복하도다.
채권자로부터 멱살을 잡히며 감옥에 갈 염려가 없기 때문이다.
저축하여 미래를 준비하는 자가 행복하도다.
경제적 불황기에도 가족의 필요를 채워줄 수 있기 때문이다.
분산투자를 하는 자가 행복하도다.
한 곳의 투자가 실패하더라도 다른 곳의 투자수익으로 생활할 수 있기 때문이다.
가난한 가족과 이웃의 필요를 채워주는 자가 행복하도다.
저는 천국 국민은행의 주인으로부터 영원한 배당을 받을 것이기 때문이다.

성경에는 재물에 관한 직·간접적인 언급이 거의 700절이나 된다. 따라서 그리스도인들 가운데 재물에 대한 하나님의 메시지를 듣지 못한 사람은 없을 것이다. 그럼에도 불구하고 많은 기독교인들은 재물에 대한 하나님의 뜻이 무엇인지 명확히 알지 못하는 듯하고, 알고 있는 경우에도 생활현장에 이를 적용하지 못하는 부조화를 겪고 있다.

최근 우리나라에서는 1990년대 중반을 기점으로 '청지기'개념을 중심으로 성경에 나타난 재물관과 재무관리에 대한 해석을 시도한 사례가 점차 증가하고 있다. 김동윤(2005)은 부자가 되기 위한 성경적 투자방법을 제시하기 위하여 생각을 다스리는 청지기, 물질을 다스리는 청지기, 가정을 다스리는 청지기, 부자를 꿈꾸는 청지기의

4부로 구성하였다. 김동호(2001)는 신앙과 돈, 돈에 대한 성경적 자세, 돈지갑의 회개, 청부의 길을 제시하였다. 래리 버켓(1992)은 돈을 지혜롭게 사용하는 방법, 가정의 중요한 재정문제, 자녀들의 재정훈련, 성공적인 투자에 관한 내용이 포함된 책을 출간하였다. 조성표(2008)는 회계학을 전공하는 교수로써 돈이 하나님의 선물인가 아니면 우상인가, 부에 대한 열망과 불안 심리, 돈이 주는 영적 풍성함을 누리기 위한 조건, 돈의 사용과 투자 등이 포함된 책을 출판하였다.

김도일(1999)은 돈은 이중성이 있기 때문에 돈을 대하는 사람들이 바른 생각을 가지고 사용할 수 있도록 다음과 같이 가르쳐야 한다고 주장하였다. 첫째, 돈이 어디서 온 것이며, 누구의 것인가를 확실하게 가르쳐야 한다. 욥기 41장 11절에 있는 것처럼 "온 천하에 있는 것이 다 내 것이니라" 라는 구절은 돈도 하나님의 소유임을 분명히 밝힌 것이다. 그러므로 우리는 하나님의 소유인 돈을 잘 관리해야 할 청지기로서의 사명이 있다. 내가 가지고 있는 돈이 하나님의 것임에도 불구하고 내 욕심 때문에 가난한 이웃들에게 나누어주지 않는 것은 그리스도인들의 바른 태도가 아니라고 가르쳐야 한다.

둘째, 성서를 바르게 해석하지 않고 편향되게 해석함으로써 자신들의 이해관계와 맞아떨어지는 구절만을 인용해서는 안 된다. 예를 들면 가진 자들은 누가복음 6장 20-26절에 있는 평지설교보다는 가진 자들에게 덜 도덕적으로 들리는 마태복음 5장 3-12절의 산상설교를 더 선호함으로써 하나님의 의도를 왜곡해서는 안 된다. 부자들은 이 세상에서 받을 수 있는 위로를 이미 받았기 때문에 불행이 닥친다는 말이 괴롭게 들리기 때문이다.

> 마음이 가난한 사람들은 행복하다. 하늘나라가 그들의 것이다. 슬퍼하는 사람들은 행복하다. 그들이 위로를 받을 것이다. 온유한 사람들은 행복하다. 그들이 땅을 차지할 것이다. 올바르게 살려고 애쓰는 사람들은 행복하다. 그들이 만족할 것이다. 친절과 자비를 베푸는 사람들은 행복하다. 하나님이 그들에게 자비를 베풀 것이다. 마음이 깨끗한 사람들은 행복하다. 그들이 하나님을 볼 것이다. 평화를 위하여 일하는 사람들은 행복하다. 그들이 하나님의 아들이라 불릴 것이다. 올바른 일을 하다가 박해받는 사람들은 행복하다. 하늘나라가 그들의 것이다. 나의 제자라는 이유로 모욕당하고 박해받고 터무니없는 말로 비난받을 때 너희는 행복하다. 그럴 때 행복해하고 즐거워하라. 너희가 받을

> 큰 상이 하늘에 마련되어 있다. 옛 예언자들도 이같이 박해를 받았다는 것을 생각하라.
>
> /마태복음 5장 3-12절
>
> 예수께서 제자들을 향해 말씀하셨다. '가난한 너희는 복이 있다. 하나님 나라가 너희의 것이다. 지금 배고픈 너희는 복이 있다. 너희가 만족하게 될 것이다. 지금 울고 있는 너희는 복이 있다. 너희가 기뻐하며 웃을 날이 올 것이다. 내 제자라는 이유로 사람들에게 미움을 받고 배척을 당하고 욕을 먹고 억울하게 누명을 쓰는 너희는 복이 있다. 그런 일이 너희에게 있거든 기뻐하고 즐거워하라. 하늘에서 큰 상을 받을 것이다. 옛 예언자들도 그같은 일을 당하였다. 그러나 너희 부자들은 화가 있다. 너희는 이미 이 세상에서 온갖 행복을 다 누리고 있다. 너희 배부른 자들은 화가 있다. 너희는 지금 살이 찌고 호강을 하지만 비참하게 굶주릴 날이 닥쳐올 것이다. 지금 웃고 있는 자들은 화가 있다. 너희가 지금 태평하게 웃는 그 웃음은 실상 슬픔을 예고하는 것이다. 사람들에게 칭송받는 자들은 화가 있다. 거짓 예언자들도 언제나 찬양을 받아왔다.
>
> /누가복음 6장 20-26절

특히 믿음으로만 구원을 받는다는 교리와 육체의 구원은 무시한 채 영혼의 구원만 강조하는 교리가 현실의 삶에서 돈의 올바른 사용도 신앙생활에 결정적으로 영향을 미친다는 사실을 간과하게 만드는 경향이 있다(오덕호, 1998). 그러나 성경을 보면 그리스도께서 비유하신 38가지 중에서 16가지가 물질에 관한 것이다. 특히 신약에서는 천국과 지옥을 합친 것보다 더 많이 물질에 대하여 이야기 하고 있고, 기도보다 물질을 5배가량 더 많이 다루고 있다. 기도와 믿음에 대한 절은 500여개인데 반하여 돈과 소유물에 관한 절은 2천여 개가 있다. 그러므로 돈과 물질에 관하여 성경적으로 올바르게 가르침으로써 그리스도인들이 돈을 현명하게 또 사려 깊게 사용할 수 있어야 한다.

셋째, 기독교인들이 교회에 드리는 십일조나 헌금과는 별도로 기부를 의도적으로 지속적으로 할 수 있도록 교육해야 한다. 즉 수입을 다른 일에 쓰기 전에 첫 열매로 기부해야 하고, 정기적으로 기부해야 하고, 목적이 분명한 일에 의도적으로 기부해야 한다.

마지막으로 자녀들에게 어릴 때부터 돈을 관리하는 방법을 가르쳐야 한다. 자녀들이 집안일을 했을 때 용돈을 주는 부모들이 있다. 집안일은 가족구성원으로서 해야 하는 의무이지 용돈을 받아야 하는 일은 아니라는 점을 자녀들에게 교육을 해야 한다는 점을 간과하고 있다. 집안일이나 숙제를 잘 했을 때 보다는 이웃집 할머니를 돕거나 동네 청소를 했을 때 용돈을 줌으로써 선행을 장려할 수 있다.

김성숙(2009)은 개인재무관리의 영역별로 성경적 가치관과 실천 내용을 고찰하고 이를 토대로 성경적인 개인재무관리교육내용을 개발하기 위해 기존연구들에서 나타난 재무문제들과 개인재무관리교육 요구정도와 성경적 경제윤리 내용을 참고로 하여 네 가지 개인재무관리 영역-개인재무관리가치영역, 직업선택영역, 저축 및 투자관리 영역, 소비지출관리 영역을 선정하였다. 각 개인재무관리영역에서 성경적 재물관, 직업관, 부자관, 소비관이라는 가치체계의 주요내용을 추출하였으며 성경적 재무관리 가치체계를 바탕으로 실생활에 적용할 수 있는 실천내용을 다음과 같이 발굴하였다. 첫째, 성경적 재물관을 토대로 한 재무관리의 목표는 청지기적 삶, 돈의 구속에서 자유로운 삶, 자족하는 삶이다. 둘째, 성경적 직업관에 기초하여 한 직업선택의 기준은 '선한 일'이었으며 직장생활의 태도는 근면과 충성으로 집약된다. 셋째, 성경적 투자관을 토대로 한 투자활동에 대한 태도는 상업적 이익을 추구하는 투자활동 자체를 부인하지 않으며 투자의 목적을 선한 사업과 궁극적인 나눔에 두었다. 넷째, 성경적 소비관을 기초로 한 성경적인 소비생활은 타락적 소비를 경계하고 공동체 안에서 주고받는 나눔의 생활화에 있었다.

그리스도인들이 경험하는 재무적 어려움이나 교육요구정도도 일반인들과 크게 다르지는 않을 것이다. 그러나 그리스도인은 일반인과 다른 창조관과 세계관을 가지고 있기 때문에 같은 재정문제에 대하여 느끼는 주관적인 인식이 차이가 날 수 있다. 따라서 성경적인 가치체계에서 개인재무관리와 관련된 교육내용은 일반인을 대상으로 하는 교육과는 차별되어야 한다. <표3.2>에는 재무관리에 대한 선행연구를 바탕으로 각 재무관리영역에서 포함되어야 교육내용의 주요 내용을 일반재무관리와 성경적 재무관리로 구분하여 정리하였다.

〈표3.2〉 재무관리영역에 따른 교육내용

<table>
<tr><th>개인재무관리영역</th><th>일반 재무관리교육 내용</th><th colspan="2">성경적 재무관리교육내용</th></tr>
<tr><td>재무목표와 가치</td><td>부자에 대한 태도, 계획과 기록 등</td><td colspan="2">재물관, 재무목표의 설정</td></tr>
<tr><td>직업과 소득</td><td>직업선택의 결정과정, 직업의 종류, 직업관련 정보탐색방법</td><td colspan="2">소득의 원천, 직업의 목표, 소명론과의 관계</td></tr>
<tr><td>저축과 투자관리</td><td>저축의 적정량, 적정 이자, 투자 상품, 부동산</td><td rowspan="2">저축/투자관리</td><td>투자와 이윤추구의 허용여부, 부의 축적 의 목적</td></tr>
<tr><td>위험관리</td><td>보험, 은퇴준비, 상속과 기부</td><td>위험과 미래 준비</td></tr>
<tr><td>지출관리</td><td>예산관리, 충동적 구매, 세금</td><td rowspan="2">소비지출관리</td><td>소비문화(욕망조절과 절약, 검소와 인색함), 나눔의 실천(나눔의 이유, 방법, 결과)</td></tr>
<tr><td>신용(부채)관리</td><td>과다부채문제 및 상황방법, 신용관리방법</td><td>빚의 허용 여부, 보증문제</td></tr>
</table>

출처: 김성숙(2009)

Chapter 4

성경적 재물관을 기초로 설계한 재무관리가치 교육

물질만능주의가 급속하게 확산되면서 정신적 가치를 확대시켜야 할 출판계가 온 국민을 상대로 돈 벌기 열풍을 불어넣고 있다. 그리스도의 몸이라고 고백되고 있는 교회도 세속사회로부터 밀려들어오는 베금주의를 막기에는 역부족인 것처럼 보인다. 물신주의를 극복하기는커녕 다른 사회집단과 마찬가지로 상업화 또는 시장화가 되어가고 있는 교회의 지상목표는 종교적이고 영적인 것에서 경제적이고 물질적인 것으로 바뀌고 있다. 오늘날 많은 기독교인들조차도 성경적인 '재물관'에 대하여 정확한 지식과 신념을 가지고 있지 못하다. 개인의 재무관리과정에서 첫 번째 단계인 성경적인 재무목표의 설정은 재무관련 가치관에 의해 절대적인 영향을 받는다. 재무관련 가치관을 올바르게 정립하기 위해서는 성경에 바탕을 둔 올바르고 균형 잡힌 성경적인 재물관을 확립해야 한다.

기독교인들이 기독교적 재물관을 분명하게 정립하기 위해서는 기독교인의 신앙생활에 표준이 되는 성서가 재물에 대하여 어떤 입장을 가지고 있는가를 먼저 살펴보아야 한다. 구약과 신약 성서는 재물에 대한 일관적인 견해를 제시하지 않고 있다.

구약성서와 신약성서에서 재물은 긍정적인 측면만을 가지고 있거나 부정적인 측면만을 가지고 있는 것이 아니라 양면을 모두 포괄하고 있다. 성서에서 재물은 하나님이 내려주신 축복의 선물일 뿐 아니라 하나님과 대립하는 절대화된 악한 세력이기도 하다.

재물에 대한 성서의 상반된 입장은 신학자들의 재물이해에도 그대로 반영되고 있다. 즉 어떤 신학자들은 재물에 대한 긍정적인 성서구절에 입각해서 재물의 긍정적인 면만을 부각시키는가 하면 이와 반대의 입장을 가진 신학자들은 부정적인 성서구절에 근거해서 부정적인 측면만을 강조하는 경우도 있고, 긍정적인 면과 부정적인 면을 나열하는데 그치는 신학자들도 있다. 재물에 대한 긍정적 관점과 부정적 관점의 문제는 재물의 영적 중립성을 인정하는가 여부에 달려 있다. 재물을 긍정적으로 보는 입장은 재물이 신앙적으로 중립적이므로 재물에 대한 소유자의 태도가 재물의 선악을 결정한다고 본다. 재물을 소유한 사람의 태도가 선하면 재물도 선하고 악하면 재물도 악하다고 보는 입장이다. 이와는 달리 재물에 관하여 부정적인 입장을 취하는 사람들은 재물이 영적으로 중립적이지 않기 때문에 재물은 소유자의 태도와 관계없이 악하다고 규정한다. 이러한 양극단적인 관점과는 달리 통합적이고 균형적인 재물관을 정립하려는 학자들도 있다(이혁배, 2011).

1. 성경적 재물관

1) 긍정적 재물관

성경적인 재물관에 있어서 가장 오래된 주제는 하나님께서 재물의 사적 소유를 인정하셨는가에 대한 것이다. 이에 대한 기존 연구들의 어느 정도 공통된 결론은 하나님이 부의 사적 소유를 인정하고 계시다는 것이다. 우선 창세기에 나오는 여러 가지 정황은 '사적 소유'의 인정을 가정한 구절이 많다.

여호와께서 우리 주인님에게 큰 복을 내려 주셔서 큰 부자가 되게 하셨습니다. 우리 주인님은 양떼와 소떼, 은과 금, 남종과 여종, 그리고 낙타와 나귀 등 엄청난 재산을 가지고 있습니다. 우리 주인님 아브라함의 부인이신 사라가 늘그막에 아들을 낳으셨지요. 그리고 우리 주인님께서 그 아들에게 그 많은 재산을 모두 물려주셨습니다.

/창세기 24장 35-36절

그해 이삭은 그 땅에서 농사를 지어 다른 해보다도 백배나 더 소출을 거두어들였다. 여호와께서 그에게 복을 내리신 까닭이다. 그는 농사가 계속 잘 되어 재산이 자꾸 불어나 큰 부자가 되었다. 이렇게 양떼와 소떼가 자꾸 불어나고 또 종들도 많아지자 그 땅에 살고 있던 블레셋 사람들이 이삭에게 샘을 내었다. 결국 블레셋 사람들은 이삭의 아버지 아브라함이 살아 있을 때 그 종들이 파놓은 우물을 다 메워 버렸다. 그 즈음 아비멜렉이 이삭에게 말하였다. '이보게, 이제 우리 땅에서 떠나 주었으면 좋겠네. 자네가 우리보다도 재산이 더 많게 되니 좀 곤란하네' /창세기 26장 12-16절

그는 심부름꾼들에게 이렇게 일러 보냈다. '너희는 내 형님 에서에게 이렇게 말씀드려다오 형님의 아우 야곱은 지금까지 외삼촌 라반의 집에 머물러 있었는데 어찌어찌하다 보니 고향으로 되돌아가지 못하고 이렇게 지냈습니다. 또 이때껏 지내면서 소 떼와 나귀와 양떼와 종들을 많이 얻게 되어서 형님께 인사를 드리니 너그러운 마음으로 못난이 아우를 어여삐 봐 주십시오' /창세기 32장 4-5절

이렇게 함으로써 솔로몬 왕이 세상의 어떤 왕보다도 더 부유하고 슬기로운 통치자가 되자, 세상의 모든 사람이 그를 찾아와서 그의 말을 듣고 하나님께서 그에게 주신 지혜를 배우려고 하였다. 찾아오는 사람마다 솔로몬에게 금그릇과 은그릇들, 의류와 갑옷, 향료와 말과 노새 같은 귀중한 선물들을 갖다 바쳤고 이런 일은 해마다 되풀이 되었다.

/열왕기상 10장 23-25절

초대교부인 알렉산드리아의 클레멘트는 예수가 '부자 세리들인 삭개오 및 마태와 식사를 하시면서 그들에게 그들의 재물을 포기하라고 결코 말씀하시지 않았다'고 지적한다. 또 '가진 것이 없으면 자신의 재물을 나누어 줄 수 있는 기회가 있겠는가?' 그러므로 '우리는 우리 이웃에게 이득을 줄 수 있는 재물을 포기해서는 안된다. 단지

소유되었기 때문에 "소유"라고 불린다.'라고 하였다(죠셉 켈리, 방성규 역, 2002 p.280). 그러나 성서는 결코 무제한적인 사유재산의 축적을 허용하지 않았다. 재산은 공동소유와 사유재산제도로 나뉘나 이스라엘 포로기 이전까지는 공동소유개념이 전승되다가 그 이후 계급이 분열 되어 사유재산제도가 생기게 되었다(채수일 편, 1993).

성경 특히 구약성서에는 재물에 대한 긍정적인 언급이 많이 등장한다. 많은 성경구절에서 부유함은 하나님께서 주시는 축복 또는 선물이라는 점이 반복되어 언급되고 있다. 창세기 24장 35-36절, 26장 12-14절 뿐 아니라 욥기, 잠언서 및 전도서에서도 강조하고 있다.

> 여호와께서는 욥이 여생을 살아가는 동안 그가 어려움을 당하기 전보다 더 많은 복을 내려 주셨다. 그래서 그의 재산은 양이 1만 4천 마리, 약대가 1천 마리, 소가 1천 쌍, 나귀가 1천 마리나 되었다.
> /욥기 42장 12절
>
> 사람이 땀흘리며 애쓴다고 부자가 되겠느냐? 오직 여호와께서 복 주셔야 부자가 되는 법이다.
> /잠언서 10장 22절
>
> 나는 그래서 하나님께서 목숨을 허락해 주신 그 짧은 동안 아무리 세상사가 힘들어도 먹고 마시고 즐겁게 사는 것이 제일 좋다는 것을 깨달았다. 그것이 바로 하나님께서 사람에게 주신 분복이기 때문이다. 하나님께서 부와 재물을 주시고 그것을 누릴 건강까지도 허락해 주셨거든 누구든 그것을 자신의 분복으로 알고 감사하면서 수고한 보람을 즐기라. 그것은 하나님의 선물이다.
> /전도서 5장 18-19절

이 말씀은 두 가지 중요한 점을 의미하는데 먼저 재물 혹은 부유함은 복으로 간주되고 있다는 점이다. 성경말씀에 여호와께서 주시는 복은 사람을 부하게 하고 근심을 겸하여 주지 아니하시고(잠언10:22) 또 지혜 있는 자의 집에는 귀한 보배와 기름이 있으며(잠언 21:20). 그리고 겸손과 여호와를 경외함의 보응은 재물과 영광과 생명(잠언 22:4)이라고 하였다. 인간이 하나님으로부터 받을 수 있는 복의 한 종류로서 재물과 부유함을 인정하는 말씀이다. 솔로몬시대에는 부유함이 하나님으로부터 얻을 수 있는 복의 상징이며 지혜로움과 하나님의 경외함으로 인해 얻을 수 있는 것으로 인정되었다.

성경은 재물이나 부유함이 "하나님으로부터 온다"는 사실을 강조하고 있다. 잠언 3장 16-17절 말씀에서는 "그 우편에는 장수가 있고 좌편 손에는 부귀가 있나니, 그 길은 즐거운 길이요. 그 첩경은 다 평강이니라"라고 적혀있다. 또 잠언 8장 18절에도 "부귀가 내(하나님)게 있고 장구한 재물과 의도 그러하니라"라고 하였다. 칼빈도 이 점을 강조하고 있는데 그는 "사람의 소유는 우연히 생긴 것이 아니라, 만물의 최고의 주인이신 분이 분배해 주셨다는 것을 우리는 생각해야 한다"고 하였다(이은선, 2007, p151). 하나님께서 부유함의 원천이시라는 점은 특별히 중요한데 이는 부의 획득이 개인의 노력에 기인하지 않으며 재물의 소유권은 하나님께 있음을 의미한다. 그리고 부귀를 하나님이 가지고 있으시고 상으로 분배해주실 만큼 특별히 좋은 것을 암시한다.

지나치게 긍정적인 재물관을 수용한 기독교인들의 일부는 현대사회의 물질적인 풍요로움을 추구하는 자본주의문화를 적극적으로 수용하여 물질적 축복을 구원의 표시로 생각하는 경향을 낳았다. 그래서 신앙을 물질적 풍요나 개인적 성취로 측정하려고 하는 기복신앙도 나타나게 되었다. 물질적 풍요와 건강을 기독교의 복으로 둔갑시키는 성공적인 기독교운동이나 짐 베이커와 지미 수웨거 등 텔레비전 전도사(televangelists)는 기독교로 포장된 세속적 문화를 추구한다는 면에서 문제가 된다고 볼 수 있다(신국원, 2003).

재물의 긍정적인 면을 강조하는 신학자들은 재물 자체가 영적으로 선하지도 악하지도 않은 중립적인 사물이기 때문에 그것을 사용하는 소유자의 자세에 따라 재물은 선한 것이 되기도 하고 악한 것이 되기도 한다고 주장한다. 이러한 주장의 대표적인 예로 청부론을 들 수 있다. 김동호 목사의 청부론에 따르면 재물에는 하나님이 정해주신 세 가지 몫이 있다. 첫째는 하나님의 몫이고, 둘째는 다른 사람의 몫이고, 셋째는 자신의 몫이라는 것이다. 그리스도인들이 하나님의 몫과 다른 사람의 몫에 욕심을 부리지 않고 그것을 올바르게 사용한다면 그 다음에 남는 자신의 몫은 그것이 아무리 많더라도 정당한 것이라고 한다. 그러나 재물에 대한 욕심 때문에 하나님의 몫과 다른 사람의 몫까지 자신의 몫으로 삼으려고 할 때 그 재물은 부정한 것이 된다고 주장한다. 돈은 선도 아니고 악도 아니다. 복도 아니고 화도 아니다. 돈은 그냥 돈이다. 돈은 선과 악 그리고 화와 복이 될 만한 것이 못 된다. 정직하게 벌고 하나님의 뜻대로 바로 쓰면 돈은 선이 되고 복이 된다. 그러나 정직하게 벌지 않고 하나님의 뜻대로 쓰지 못하면 악이 되고 화가 된다. 악과 선, 화와 복은 사람에게 달려 있는 것이지 돈 자체에 달린 것은 아니다(김동호, 2001).

청부론은 많은 사람들의 호응을 받았고 교회의 성장을 이끌어 거대하고 웅장한 대형교회들이 생길 수 있는 기반이 되었다. 반면 작은 개척교회들은 문을 닫게 됨으로써 전체적으로 개신교인의 수가 감소하고 있는 추세이다. 돈이 현대사회의 신이 되었는데, 교회마저 유일하신 하나님을 섬기기보다는 돈을 신으로 섬기려는 경향이 있다. 돈을 섬기는 것이 우상숭배의 형태로 직설적으로 표현되지는 않는다. 사탄은 인간에게 일용할 양식을 공급해주고 인간의 미래를 보장해 주는 것은 하나님이 아니라 돈이라는 사실을 넌지시 암시함으로써 재물의 신이 하나님의 자리를 차지하게 된다. 재물의 신은 하나님의 자리를 찬탈한 후에 인간을 더욱 교묘하게 속이기 위해서 인간 자신이 신앙하는 종교적 행위를 계속하도록 자유를 허용한다(Bieler, 1985).

한국교회에서는 돈을 복의 증표 또는 신앙의 척도라고 생각하는 경우가 있다. 부흥회식 교회 성장을 경험한 한국교회의 성도들은 '잘 믿으면 복 받는다.' 라는 가르침 때문에 돈을 은혜와 동일하게 생각하는 경향이 있다. 누가복음 16장 14절에서 바리새인들은 돈을 좋아해서 돈과 신앙을 동일시했고, 율법을 잘 지키고 신앙이 좋은 사람은 하나님의 복을 받아 부자가 된다고 생각했다. 우리가 현재 추구하는 신앙이 바리새인들이 추구하는 신앙과 동일하지는 않는지 반성해야 한다.

예수님께서는 가난한 자, 소외된 자, 병든 자, 귀신 들린 자들을 치료하고 그들과 함께 하셨으며 그들을 돌보셨다. 그런데 오늘날 가난하고 소외되고 병든 자들이 대형교회의 웅장한 문을 두드릴 수 있을까? 오히려 돈이 없어 보이고 초라해 보이면 거대하고 웅장한 대형교회의 문이 열리지 않을 것 같은 착각마저 들 수 있다(진환주, 2011). 돈은 힘도 가지고 있고 폐단도 가지고 있지만 돈을 다스리는 것은 사람의 몫이다. 돈이라는 객관문화가 주체의 세련과 내면화에 기여할 수 있는가, 아니면 인간위에 군림하는 지배자가 될 수 있는가 하는 문제는 더 이상 돈이 아니라 인간에게 달려있다는 주장도 있다(신용철, 2009).

2) 부정적 재물관

6세기까지 초대교회는 사회경제적 삶에 부정적인 태도를 취했다. 이들은 로마시대의 초기 기독교인들처럼 세상을 등지는 것을 바람직하게 생각했고, 공리적인 경제관에 반대하여 금욕적인 경제관을 기독교인들이 가져야 한다고 생각했다. 가난이 공로로 구원을 받는다고 인식했던 공로주의적 금욕주의 등 수도원운동도 이러한 유형의 경제관을 가졌다. 그러나 수도원 운동을 통하여 금욕주의는 활기를 띠었지만 수도원의 금욕주의는 모순을 안고 있었다. 즉 개인의 재산소유는 엄격하게 금지하였으나 수도원의 재산은 허락되었다. 결국 수도원이 부를 축적하게 되자 수도원 본래의 정신과 기강은 문란하게 되었고 물질을 향한 개개인의 탐욕은 수도원이라는 공유적 관계 속에서 비정상적인 방법으로 표출되게 되었다(이상규, 1991).

현대 우리나라에서는 '바늘귀를 통과한 부자'를 통하여 청빈론의 대표적인 주자가 된 김영봉(2002; 2003)의 견해가 여기에 해당된다(김승욱, 2008). 김영봉(2003)은 부가 다음과 같은 위험성을 내포하고 있다고 주장하였다. 첫째, 부를 쥐고 있으면 거기에 관심을 가지게 되어 영적 생활이 고갈된다. 둘째, 부를 소유하면 할수록 더 많이 소유해서 안전을 누려야겠다는 조바심 때문에 결국 불안감이 커진다. 셋째, 부는 자기 혼자 즐기는 일에 빠져 다른 사람의 아픔을 보지 못하게 만든다. 넷째, 돈으로 사람의 마음까지 살 수 있으니 하나님의 자리에 돈이 자리 잡게 된다. 마지막으로 돈을 잘 관리해야 할 청지기의 사명을 다하지 못하면 심판을 받는다.

청빈론을 주장하는 사람들은 물질적인 부보다 영적인 부를 더 강조한다. 마태복음 8장 29절에서 예수님은 머리 둘 곳도 없다고 하셨으며, 누가복음 9장 57절에서는 재물을 버리는 것이 예수님을 따르는 제자의 길이라고 했다. 즉 예수님을 닮은 삶을 살기 위해서 청빈을 실천하며 가난을 유익하게 보내기도 하고 가난을 통하여 긍휼하게 여기는 마음과 작은 것에 감사하며 살아있는 생명의 존귀함을 배울 수 있다고 청빈론에서는 주장한다. 우리가 우리의 것을 나눔으로 도움을 받는 사람들이 기뻐하는 모습을 볼 때 많은 물질을 가지고 개인의 기쁨을 누리는 것보다 몇 배의 기쁨을 누릴 수 있다고 주장하고, 간증하는 교인들이 많이 있다(진환주, 2011).

이처럼 자발적 가난을 독려하고 있는 영성적 가난론은 가난의 유형을 세 가지로 분류한다(김영봉, 2003). 첫째는 나태하고 안일한 생활 태도나 사회적 환경 때문에 겪게 되는 가난을 의미하는 탁빈이 있다. 두 번째는 청빈으로 정직하고 정의롭게 살려고 하는 확고한 태도 때문에 당하는 가난이고 마지막은 영성적 가난으로 분에 넘치게 재물을 모으려고 애쓰지 않고 자신의 재물을 가난한 사람들과 나누면서 이르게 되는 가난이다. 영성적 가난론이 추구하는 것은 마지막 유형의 가난이다. 영성적 가난론은 어떤 형태의 가난이든 가난은 그리스도인에게 많은 유익을 준다고 주장한다. 가난한 사람들은 자신의 한계를 알고 하나님께 의지할 줄 알고, 도움의 손길을 감사하게 생각하고 다른 사람들을 도울 줄도 안다는 점에서 기독교인들을 겸손하게 만든다.

현재 재물의 긍정적인 면보다 부정적인 면을 강조하는 신학자들 중에서 대표적인 인물인 Foster(2006)는 재물의 긍정적인 면을 강조하는 신학적 흐름은 두 가지 잘못을 범하고 있다고 하였다. 하나는 하나님의 풍성이란 성서적 가르침의 한 측면을 성서 전체의 메시지로 간주하는 일반화의 오류를 범하고 있다는 점이다. 긍정적인 재물관에서는 재물을 하나님이 내리시는 축복의 표시로 이해하고 있다. 그러나 이러한 면을 지나치게 강조하면 기독교는 한낮 번영의 종교로 전락할 위험이 있다고 Foster는 경고한다. 그는 예수님이 재물 자체가 하나님의 은총에 대한 보증이 될 수 없음을 분명히 하셨다고 강조하고 있다. 다른 하나는 긍정적 재물관이 가진 악마적 힘을 간과하고 있다는 점이다. 긍정적인 재물관을 강조하는 흐름은 재물을 영적으로 중립적이고 비인격적인 것으로 간주하면서 기독교인들에게 재물을 하나님의 뜻에 맞게 제대로 사용하는 청지기의식만을 고취하고 있다. 그러나 Foster는 이러한 생각이 신앙인들로 하여금 타락하여 하나님과 대립되는 정사들과 권세에 의하여 지배되고 있는 재물의 영적인 속성을 직시하지 못하게 하는 문제가 있다고 주장하였다.

Foster는 마태복음의 기자가 재물을 지칭할 때 사용한 아람어 맘몬은 비인격적인 사물이 아니라 하나님과 대립하는 영적인 존재를 의미한다고 보았다. 영적인 존재인 맘몬은 인간에게 안일함을 주고 죄의식을 유발시킬 수 있을 뿐 아니라 자유를 가져다주고 힘을 주며 어느 곳에나 존재하는 것으로 보인다. 맘몬의 가장 큰 문제는 그것이 지고의 위치를 점유하려는 속성이 있고, 인간이 가치 있게 여기는 다른 것들과 나란히 머무르려고 하지 않고 그것들을 밀쳐내면서 최고의 자리를 차지하려고 한다는 점이다. 이러한 점에서 맘몬은 우상이 된다.

또한 Foster는 누가복음의 기자가 재물을 불의의 재물로 표현하고 있다는 점에 주목하였다. 대부분의 그리스도인들은 재물에는 인간을 지배하려는 어떠한 힘이나 권위도 없다는 점을 믿고 싶어 한다. 그러나 누가복음의 기자는 재물이라는 단어 앞에 불의한 이라는 형용사를 위치시킴으로써 이러한 순진한 생각을 차단하고 있다. 즉 재물은 자체로 불의한 것이기에 소유자의 태도와 상관없이 영적으로 악한 존재라고 Foster는 결론을 내렸다.

Ellul(1991)도 맘몬은 다음과 같이 4가지의 특성을 가지고 있다고 보았다.

첫 번째 특징은 불의이다. 이는 맘몬이 하나님의 의와 전혀 일치하지 않는다는 것을 의미한다. 정직하게 얻은 부가 있을 수 있기 때문에 많은 기독교인들이 누가복음의 구절을 불의하게 얻은 재물에만 해당되는 것으로 보는 경향이 있다. 그러나 이러한 견해는 성서 본문의 진정한 의도에서 벗어난다. 누가복음이 진정으로 의도하는 것은 불의가 맘몬의 필연적인 속성이라는 점이다. 불의에서 나와 불의를 상징하는 것이 맘몬이다.

두 번째 특징은 별것 아님이다. 기독교의 하나님은 유일신이기 때문에 기독교적 존재론에서 선신과 악신의 이원론은 성립할 수가 없다. 그러므로 맘몬은 결코 하나님에게 대항할 수 있는 신적 존재가 아니다. 맘몬은 형태적 측면에서 하나님과 대립하지만 결코 하나님과 대등해질 수 없는 별것 아닌 존재이다. 맘몬은 하나님 손안에 있기 때문에 궁극적으로는 제거될 수밖에 없는 존재에 불과하다.

세 번째 특징은 거짓이다. 맘몬은 어둠의 세상에 속해 있고 인간을 어둠으로 인도하는 거짓 세력이다. 맘몬은 인간으로 하여금 자기가 결코 만족시키지 못하는 욕구를 가지도록 유혹하고 이러한 기만적인 행태의 욕구 때문에 인간으로 하여금 맘몬을 숭배하게 한다. 그 결과 인간은 하나님 사업의 거짓 복사체인 맘몬의 사업을 믿음과 소망과 사랑을 가지고 받아들이게 된다.

마지막 특징은 사탄에의 예속성이다. 맘몬은 사탄에 속해 있기 때문에 인간은 결코 맘몬 곧 재물을 소유할 수 없다. 재물은 우리에게 매여 있지 않기 때문에 우리 손에서 빠져나가기 마련이다. 재물을 조정하는 주체는 사탄이다. 재물의 주인으로서 사탄은 재물을 이용하여 인간마저 소유함으로써 인간의 주인으로까지 승격하려고 한다(이혁배, 2011).

성경에서 재물 또는 부자에 대하여 부정적으로 서술한 부분도 많다. 우선 디모데전서 6장 10절에는 "돈을 사랑함이 일만 악의 뿌리가 되나니 이것을 사모하는 자들이 미혹을 받아 믿음에서 떠나 많은 근심으로써 자기를 찔렀도다"라고 경고할 만큼 돈에 대한 사랑을 강력히 배척하고 있다. 또 아모스는 부자들을 가난한 자들을 착취하는 살찐 암소로 표현하고 있다(아모스 4장 1절).

마가복은 19장 24절에서는 "다시 너희에게 말하노니 낙타가 바늘귀로 들어가는 것이 부자가 하나님의 나라에 들어가는 것보다 쉽다"고 하였고, 누가복음 12장 15절에서는 "삼가 모든 탐심을 물리치라 사람의 생명이 그 소유의 넉넉한 데 있지 않다"고 하였고, 16장 19절에서는 "불의의 재물로 친구를 사귀면 그 재물이 없어질 때 그들이 너희를 영주할 처소로 영접한다"고 하였다. 또 누가는 누가복음 6장 20-25절에서 예수께서 가난한 자와 부요한 자를 대비하면서 각각 복과 화를 선포하심을 전하고 있다.

> 돈을 사랑함이 일만 악의 뿌리가 되나니 이것을 사모하는 자들이 미혹을 받아 믿음에서 떠나 많은 근심으로써 자기를 찔렀도다 . 오직 너 하나님의 사람아 이것들을 피하고 의와 경건과 믿음과 사랑과 인내와 온유를 좇으며 믿음의 선한 싸움을 싸우라 영생을 취하라 이를 위하여 네가 부르심을 입었고 많은 증인 앞에서 선한 증거를 증거 하였도다.
>
> /디모데전서 6장 10절~12절
>
> 예수께서 가라사대 네가 온전하고자 할진대 가서 네 소유를 팔아 가난한 자들을 주라 그리하면 하늘에서 보화가 네게 있으리라 그리고 와서 나를 좇으라 하시니. 그 청년이 재물이 많으므로 이 말씀을 듣고 근심하며 가니라. 예수께서 제자들에게 이르시되 내가 진실로 너희에게 이르노니 부자는 천국에 들어가기가 어려우니라. 다시 너희에게 말하노니 약대가 바늘귀로 들어가는 것이 부자가 하나님의 나라에 들어가는 것보다 쉬우니라 하신대
>
> /마태복음 19장 21절~24절
>
> 한 부자가 있어 자색 옷과 고운 베옷을 입고 날마다 호화롭게 즐기더라. 그런데 나사로라 이름하는 한 거지가 헌데 투성이로 그의 대문 앞에 버려진 채 그 부자의 상에서

떨어지는 것으로 배불리려 하매 심지어 개들이 와서 그 헌데를 핥더라. 이에 그 거지가 죽어 천사들에게 받들려 아브라함 품에 들어가고 부자도 죽어 장사되매 그가 음부에서 고통 중에 눈을 들어 멀리 아브라함과 그의 품에 있는 나사로를 보고 불러 이르되 아버지 아브라함이여 나를 긍휼히 여기사 나사로를 보내어 그 손가락 끝에 물을 찍어 내 혀를 서늘하게 하소서 내가 이 불꽃 가운데서 괴로워하나이다. 아브라함이 이르되 얘 너는 살았을 때에 좋은 것을 받았고 나사로는 고난을 받았으니 이것을 기억하라 이제 그는 여기서 위로를 받고 너는 괴로움을 받느니라.

/누가복음 16장 19절~25절

성경에서는 하나님의 소유권과 '재물의 공급하심'을 명백하게 선언하고 있다. 하나님은 욥에게 "온 천하에 있는 것이 다 내 것이니라"(욥기 41장 11절), 모세에게는 "세계가 다 내게 속하였나니"(출애굽기 19장 5절), 시편기자에게는 "땅과 거기 충만한 것이 여호와의 것이로다"(시편 24편 1절), 구약 율법에 "토지는 다 내 것임이로다"(레위기 25장 23절)라고 말씀하셨다. 하나님은 모든 것에 대한 소유만을 선언하신 것이 아니고, 하나님의 공급하심도 마찬가지로 선언하고 계시다. 마태복음에서 볼 수 있는 그리스도인들의 돈에 대한 염려와 걱정은 하나님의 공급하심을 인정하지 못함에 기인한다고 하고 있다.

누가 먼저 내게 주고 나로 갚게 하였느냐 온 천하에 있는 것이 다 내 것이니라.

/ 욥기 41장 11절

세계가 다 내게 속하였나니 너희가 내 말을 듣고 내 언약을 지키면 너희는 열국 중에서 내 소유가 되겠고

/출애굽기 19장 5절

땅과 거기 충만한 것과 세계와 그 중에 거하는 자가 다 여호와의 것이로다.

/시편 24편 1절

땅을 아주 팔지는 못한다. 땅은 나의 것이다. 너희는 내 곁에 머무르는 이방인이고 거류민일 따름이다.

/레위기 25장 23절

그러므로 음식과 의복을 쌓아 두려고 걱정하지 말라. 왜 그런 것에 마음을 쏟고 자랑을 늘어놓는 이방인처럼 되려고 하느냐? 하늘에 계신 너희 아버지께서는 그것이 너희에게 필요하다는 것을 너무나도 잘 알고 계신다. 만일 너희가 하나님의 나라를 어떻게 이룰까, 하나님께서 원하시는 바른 일을 어떻게 실천할까 고민하면서 그분을 생활의 중심에 모시고 살면 그분은 너희에게 이 모든 것을 더불어 주실 것이다. 그러므로 내일 일을 걱정하지 말라. 하나님께서 너희의 내일 일도 돌보아주실 것이다. 한 날의 괴로움은 그날의 것으로 족하다.

/마태복음 6장 31-34절

모든 것에 대한 하나님의 소유권을 인정하게 될 때 우리는 청지기적 삶을 수용할 수 있다. 그리스도의 '청지기' 역할은 우리는 우리에게 주어진 능력(달란트)을 사용하고 재물을 관리하며 나중에 이를 하나님께 다시 돌려드려야 하는 것을 말한다. 재물을 나를 위하여 땅에 쌓아두었다가 도적질 당하지 말고, 하늘에 쌓아두라고 명령하셨고, 하나님과 재물을 함께 섬기지 못한다고 하셨다.

돈이 가지고 있는 다양한 폐단에도 불구하고 돈은 현대인의 모든 영역의 삶의 물적 경제적 토대가 된다는 점에서 지나치게 부정적인 재물관은 비판을 받고 있다. 바울도 거룩함에 대한 요구는 엄격했지만 금욕주의를 지지하지 않았다. 자발적으로 가난을 택하여 물질의 문제를 해결하려는 것은 문제로부터의 도피이며, 현실세상에서 살아가야 하는 그리스도인은 부를 포기하는 것이 아니라 그리스도인다운 방식으로 사용해야 한다(진환주, 2011).

이 땅위에 재물을 쌓아두지 말라. 땅에서는 좀이 먹어 없어지거나 도둑을 맞기 쉽다. 그러므로 그것들을 하늘에 쌓아 두라. 거기서는 그 가치를 잃어버리는 일도 없고 도둑이 들어와 훔쳐 갈 염려도 없다. 너희의 재물이 있는 곳에 너희의 마음도 있다. 눈은 몸의 등불이다. 그러므로 네 눈이 깨끗하면 네 온몸이 밝을 것이고 네 눈이 악한 생각과 욕망으로 흐려져 있다면 너는 심한 어둠 속에서 헤매게 될 것이다. 그 어둠을 어찌 이루 다 말하랴! 아무도 하나님과 돈이라는 두 주인을 함께 섬길 수는 없다. 한편을 미워하며 다른 편을 사랑하거나 한 편을 극진히 위하며 다른 편을 업신여기게 될 것이기 때문이다. 그러므로 내가 전정으로 말한다. 먹고 마시고 입고하는 것으로 염려하지 말라. 너희는 이미 생명과 몸을 가지고 있다. 그것은 먹고 마시는 것보다 훨씬 더 중요하지 않느냐? 공중의 새들을 보라. 새들은 씨를 뿌리거나 거두어들이거나 양식을 곳간에 모아들이지 않으나 먹을 것을 걱정하지 않는다. 하늘에 계신 너희 아버지께서 기르시기 때문이다. 그런데 너희는 새들보다 훨씬 더 귀하지 않느냐? 너희가 걱정한다고 해서 그 걱정이 너희 목숨을 한 순간이라도 연장시킬 수 있겠느냐? 너희는 왜 의복 때문에 걱정하느냐? 들의 백합화를 보라! 백합화는 수고도 길쌈도 하지 않으나 입을 것을 걱정하지 않는다. 그러나 온갖 영화를 누린 솔로몬왕도 그 꽃만큼 아름답게 옷을 입지는 못하였다. 믿음이 적은 자들아! 오늘 피었다가 내일 아궁이에 던져질 꽃들도 하나님께서 이렇게 잘 돌보아주시는데 하물며 너희야 더 잘 돌보아주시지 않겠느냐?

/마태복은 6장 19-30절

3) 통합적 재물관

중세교회는 양극단적인 재물관을 통합함으로써 성경을 근거로 교회가 경제영역도 지배하려고 하였다. 그러나 중세교회는 돈이 헌금통에 떨어지는 순간 거룩해지며 재물도 교회의 권위 아래에서 세례를 받으면 거룩해진다고 인식함으로써 성숙한 재물관을 가지지 못했다. 특히 부의 창출방식보다 사용방식에 더 관심을 가져서 노동은 신앙생활과 무관하다고 여겼고, 무역과 같은 상업 활동을 천시하고 이윤추구를 탐욕이라고 비난했다. 예를 들면 성 제롬(St. Jerom)은 상인이 하나님을 기쁘시게 하는 일은 거의 없다고 했다. 성 어거스틴(St. Augustine)도 기업은 그 자체로 악한 것이고, 상업 자체를 여우가 썩은 고기를 탐하는 것에 비유하면서 상업은 속이고 뺏는 것이고 부당한 이익을 얻는 행위라고 했다(김승욱, 2008).

종교개혁자인 칼빈은 재물의 세계에서도 그리스도의 주권이 회복되도록 하는 일에 관심을 가졌다. 재물을 가지고 하나님과 이웃을 섬기는 청지기의 의무를 강조하였고, 하나님의 섭리를 완성시키는데 사용되는 도구로써 돈에 공리주의적 가치와 자녀를 생존케 하시는 은총의 표시로 영적인 가치를 가지고 있다고 보았다. 그리고 부요함을 내세의 풍요한 삶의 전조가 된다. 그러나 돈이 하나님으로부터 왔다는 점을 인정하면 은총의 표시가 되지만 그렇지 않고 사용하면 저주가 된다. 타락 때문에 돈도 왜곡되어 인간의 마음속에서 하나님의 지위를 차지하게 되었다. 예수 그리스도의 보혈의 공로로 거룩하게 된 하나님의 백성들은 돈을 정복하고 돈으로 하나님께 경배드림으로써 돈의 노예가 되지 않고 돈으로 하나님을 섬기며, 구속받은 인간 사이에 물질로 서로 돕고 상호 교환함으로써 영적 연합을 이루어야 한다. 이렇게 칼빈은 물질생활을 신학적으로 정당화시켰고, 검소하고 자선을 베푼다는 전제하에 부의 소유를 정당화했다. Kyper(1987)는 모든 삶은 궁극적으로 종교의 확산에 종사하는 예배와 같고, 삶이 종교이므로 교육, 정치, 경제 등 구체적인 삶의 영역을 기독교적으로 변혁하는 것이 구원받은 그리스도인의 사명이라고 주장했다(김승욱, 2008).

기독교인은 하나님의 축복으로서의 재물에 대하여 긍정적인 태도를 가지면서 스스로 무조건적인 부유함의 추구를 지속적으로 경계해야 하는 부정적인 태도를 동시에 가지고 있어야 한다. 이는 기독교인은 재물 혹은 돈의 구속에서 벗어나야 함을 의미한다. 현실적으로 볼 때 돈의 구속은 지나친 가난이나 지나친 부유함에 기인한다. 지나친 가난은 부채를 지게 하는데 빚을 진 자는 결국 채주의 속박에서 벗어나기 어렵게 되어(잠언 22장 7절) 결코 하나님께서 주시는 평강을 누리기 어렵다. 또 성경에서는 부채를 지고도 갚지 않는 자를 악인이라고 하였다(시편 37장 21절). 반면에 부유함으로 인한 구속은 욥의 고백 속에서 잘 드러나는데 그는 31장에서 "내가 언제 금으로 내 소망을 삼고 정금더러 너는 내 의뢰하는 바라 하였던가, 언제 재물의 풍부함과 손으로 얻은 것이 많음으로 기뻐하였던가." (24-25절)하면서 이러한 것들은 위에 계신 하나님을 배반하는 것으로 간주하였다(28절). 이에 따르면 부유함으로 인한 구속 증상은 금(재물)에 대한 소망, 의뢰함, 기쁨으로 나타난다.

이러한 모습은 누가복음 12장 6절 이하에 있는 '어리석은 부자'의 비유와 유사하다. 이 '어리석은 부자'는 여러 해 열심히 일해서 물건을 많이 쌓아두었으니 이제 할 일은 평안히 쉬고 먹고 마시고 즐거워하는 일만 남았다고 생각한다. 여기에 나타난 어리석은 부자의 모습은 젊은 시절 열심히 일해서 돈을 벌어 인생의 중년기이후에는 즐기면서 살고자 하는 현대인들의 물질에의 전적인 의존 증상과 다를 바가 없다. 어리석은 부자에게 있어 부 축적의 목적은 평안히 쉬고 먹고 마시고 즐거워하는 일이었다. 하나님은 이러한 생각의 어리석음에 대하여 "네 영혼을 도로 찾으리니 그러면 네 예비한 것이 뉘 것이 되겠느냐"고(20절) 꾸짖으셨다. 현대 그리스도인들의 재무 목표는 궁극적으로 부를 축적하되 재물에 대한 소망, 의뢰함, 기쁨을 배제하는 것이어야 한다.

성경에서는 그리스도인의 재물에 대한 적합한 목표로 '자족'의 삶을 제시하고 있다. 디모데 전서 6장 7-8절에서 "자족하는 마음이 있으면 경건이 큰 이익이 되느니라. 우리가 세상에 아무것도 가지고 온 것이 없으매 또한 아무 것도 가지고 가지 못하리니 우리가 먹을 것과 입을 것이 있은 즉 족할 줄로 알 것이니라"라고 하였다. 이 말씀은 자족의 기준은 먹을 것과 입을 것이라고 문자적으로 적혀있다. 풍요의 시대에 살고 있는 현대 그리스도인의 눈으로 볼 때 이와 같은 자족의 기준은 지나치게 엄격한 것일지도 모른다. 또한 먹을 것과 입을 것이 생계를 유지할 정도의 최저 생활수준을 의미한다고 해석하는 것도 무리가 있다고 생각한다. 바울의 생존 당시는 굶주리는 가난한 이들이 주변에 항상 있었을 정도로 생존을 유지하는 정도가 보편적인 경제수준이었을 것이다. 그런 상황에서 소위 먹을 것과 입을 것을 걱정하지 않는 생활수준이라는 것은 생계수준을 넘어선 사회생활이 어느 정도 가능한 상태라고 볼 수 있다. 바울은 여기서 더 나아가 적극적으로 '자족된 삶'으로의 훈련의 가치를 언급하고 있다. 빌립보서 4장 12-13절에 "내가 비천에 처할 줄도 알고 풍부에 처할 줄도 알아 모든 일에 배부르며 배고픔과 풍부와 궁핍에도 일체의 비결을 배웠노라. 내게 능력 주시는 자 안에서 내가 모든 것을 할 수 있느니라"고 하였다. 자족의 상태는 여호와께서 복을 주시므로 사람으로 부하게 하시고 근심을 겸하여 주지 아니한(잠 10:22) 상태가 된다.

이혁배(2011)는 적정한 수준의 재물은 신앙적으로 중립적이지만 그 정도가 지나치면 영적으로 중립적일 수 없다고 보고, 재물의 적정 수준은 객관적인 조건과 주관적 조건에 의하여 결정된다고 주장하였다. 객관적인 조건은 포괄성과 제한성을 가진다. 포괄성은 가지고 있는 재물의 정도가 소유자를 비롯하여 가족구성원들의 기본적인 욕구를 충족시키는 것을 의미한다. 즉 기본생계비를 포함하여 문화적, 교육적, 종교적 생활에 필요한 비용을 충당할 수 있는 수준이다. 제한성은 재물의 크기가 소유자와 가족의 기본적인 욕구충족의 범위를 초과하는 불필요한 소비활동까지 가능하게 해서는 안 된다는 것을 의미한다. 주관적인 조건에는 제어가능성과 반성가능성이 포함된다. 제어가능성은 소유자가 자신의 부를 통제할 수 있는 영적 능력으로 재물에 대한 탐욕으로부터 거리를 둘 수 있는 신앙적 능력을 의미한다. 반성가능성은 재물의 규모가 소유자의 통제 능력의 범위 안에 있는가를 비판적으로 검토할 수 있는 정신적 능력을 의미한다.

2. 성경적 재무목표

그리스도인들은 부유함에 대한 구복이나 경제적인 위협의 극복을 위하여 하나님께 간구한다. 하나님과 개인적으로 만나는 순간에서 우리는 재물에 대하여 어떠한 태도로 임하는 것이 바람직한 것인가. 솔로몬은 재물에 대한 간구함에 있어서 "가난하게도 마옵시고 부하게도 마옵시고 오직 필요한 양식으로 나를 먹이시옵소서"라고 기도했다(잠언 30:8). 그는 배부르게 되면 '하나님을 모른다거나 여호와가 누구냐'할 수 있으며 반대로 가난하게 되면 '생계를 위해 도둑질하거나 하나님의 이름을 욕되게' 할 수 있음을 경계하였다. 칼빈도 어거스틴의 견해를 인용하면서 부자와 가난한 자가 동일하게 생명의 유업에 참여한다고 말했으며, 기독교인들은 가난을 지나치게 미화해서도 안 되고 부가 천국에 가는 장애물이 되게 해서도 안 된다고 경고했다(이은선, 1999, p150).

성경에서 제시하고 있는 재무 목표는 크게 다음의 세 가지로 설정할 수 있다.

첫째, 하나님께서는 축복의 하나로 부유함을 우리에게 주셨지만 우리는 받은 재물에 대하여 사랑하거나 소망하거나 기뻐하지 않아야 한다. 부유한 상태는 하나님께서 어떠한 목적을 가지고 주시는 복이자 지혜로움을 상징하지만 부유함에 대한 사랑이나 맹목적인 의존을 할 경우에는 부유함은 더 이상 하나님의 복이 아니며 도리어 하나님의 축복을 가로막는 장애가 된다. 따라서 그리스도인은 하나님께서 주신 복으로서의 부유함에 대하여 긍정적인 태도를 견지하여야 하지만 이에 대한 추구나 사랑으로 인한 미혹에 빠짐은 항상 경계해야 한다. 디모데전서 6장 10절에서 돈을 사랑함이 일만 악의 뿌리가 되나니 이것을 사모하는 자들이 미혹을 받아 믿음에서 떠나 많은 근심으로써 자기를 찔렀다고 하였다.

우리의 마음과 생각, 말과 행동이 창조주 하나님의 통치를 받을 것인가 아니면 타락한 본성대로 피조물인 사탄의 통치를 받아 자기중심적으로 살 것인가를 우리는 선택해야 한다. 다시 말하면 천민자본주의 정신을 버리고 금욕적 합리주의 정신을 선택하도록 해야 한다. 금욕적 합리주의 정신은 창조주 하나님을 경외하고 사후 심판을 대비하는 삶의 자세로부터 나오는 절제의 덕을 강조한다. 전근대적 자본주의에 속한다고 할 수 있는 천민자본주의 정신은 현세중심주의, 인본주의, 물질만능주의로 나타나며, 우리나라에서는 한탕주의, 부동산 투기, 과도한 교육열, 과소비 등과 같은 문제를 일으키고 있다(김관수, 2012).

둘째, 모든 재물은 하나님의 것이기 때문에 우리는 하나님께서 부여해 주신 재물의 청지기에 불과하다. 청지기의 삶의 전제조건은 하나님의 소유권을 인정하는 것이다. 우리는 하나님께서 부어주신 재물의 복을 관리하며 사용을 통해 하나님의 나라가 이루어지도록 기여하는 권리이자 책임을 가진다. Hay(1996)는 성경이 가르쳐 주는 경제생활의 가장 중요한 규범으로 청지기정신을 꼽고 있다. 성경에는 우리가 하나님의 청지기임을 다음과 같이 밝히고 있다.

> 주님이 말씀하셨다. 나는 주인에게서 종들을 통솔하는 책임을 맡고 때에 맞춰 그 종들을 먹이는 신실하고 슬기 있는 모든 관리인에게 말하고 있다. 만일 주인이 돌아와 그가 자기 직무를 훌륭하게 수행하고 있는 것을 보면 그는 상을 받을 것이다. 주인이 모든 재산을 그에게 맡길 것이다. /누가복음 12장 42절
>
> 하나님께서는 여러분 누구에게나 특별한 능력을 주셨으니 그것을 서로 돕는 일에 사용하십시오, 하나님의 넘치는 복을 다른 사람과 나누십시오. 이렇게 해서 하나님께서 주신 그 선물을 잘 관리하도록 하십시오. /베드로전서 4장 10절

청지기란 주인에게 고용된 대리인으로 주인의 뜻에 따라 주인의 재산을 관리하는 사람이다. 그러므로 청지기 직분에는 다음과 같은 특징이 포함되어 있다(한동근, 1999).

① 인간은 물질의 주인이 될 수 없다. 인간이 이러한 점을 인정하지 않고 주인처럼

되려고 하면 죄가 들어왔다는 점을 창조이야기는 보여준다.

② 청지기는 열심히 성심껏 일해야 한다. 잠언 6장 6절에서는 게으른 자는 개미에게 가서 지혜를 얻으라고 권했고, 데살로니가후서 3장 10절에서는 일하기 싫거든 먹지도 말라고 하셨다.

③ 청지기는 열심히 일하되 주인의 뜻에 따라 주인의 재산을 관리해야 하는 의무가 있다. 주인의 뜻을 거스르는 청지기는 주인으로부터 처벌을 받는다.

예수께서는 제자들에게 이런 이야기를 들려주셨다. 어떤 부자가 경리 한 사람을 고용하여 자기 회계 사무를 맡겼다. 그런데 얼마 안 가서 이 경리가 정직하지 못하다는 소문이 나돌았다. 그래서 주인이 그를 불러다 놓고 말하였다. '자네가 내 재산을 훔쳐 낸다는 말이 들리는데 어떻게 된건가? 장부를 정리해서 제출하게. 자네를 해고시켜야 하겠네.' 그 경리가 혼자서 생각하였다. '이걸 어쩌지, 내가 여기서 쫓겨나게 됐으니. 땅을 파자니 힘이 없고, 빌어먹자니 창피하구나. 옳지, 알았다! 이렇게 하면 내가 여기서 떠나도 나를 돌보아 줄 친구들이 많아지겠지!' 그는 자기 주인에게 빚진 사람들을 하나 하나 불렀다. 첫 번째 사람에게 '당신은 내 주인에게 얼마나 빚을 졌소?' 하고 물었다. 그 사람이 '내가 진 빚은 기름 백말이오' 하고 대답하자 경리가 말하였다. '여기 당신이 도장을 찍은 문서가 있소.

이것을 찢어 내버리고 그 절반만 빌린 것처럼 다시 쓰시오! 또 다음 사람에게 '당신은 얼마나 빚을 졌소?' 하고 물었다. 그러자 그 사람은 '밀 백섬이오'하고 대답하였다. 경리가 말하였다. '여기 당신의 문서가 있으니 이것을 가져가고 대신에 여든 섬이라고 쓰시오.' 주인은 그 정직하지 못한 경리의 약삭빠른 짓을 보고 감탄하였다. 이 세상의 사람들은 거래를 하는 면에서는 신앙이 두터운 사람들보다 더 영리하다. 그래, 그 더러운 돈으로라도 한번 친구를 얻어 보아라, 돈이 다 떨어지면 그 친구들이 정말 너희를 잘 대접하겠지. 영원한 집으로 들어갈 수도 있겠지. 정말 그럴 성 싶으냐? 너희가 작은 일에 정직하지 못하면 큰일에도 정직해질 수가 없다. 만일 너희가 사소한 것을 속여 빼앗으면 더 큰 책임을 졌을 때 정직하게 해나가지 못한다. 그리고 만일 너희가 세상 재물을 다루는 데 신용을 얻지 못한다면 하늘의 참된 재물을 믿고 맡길 수 있겠느냐? 또 만일 너희가 남의 돈에 대해서 신실하지 못하면 어떻게 너희가 차지할 몫을 받을 수 있겠느냐? 너희뿐만 아니라 어느 누구도 두 주인을 섬길 수는 없다. 한편을 미워하고 다른 편에게 충성을 하거나 아니면 한사람은 존중하고 다른 한 사람은 멸시할 것이기 때문이다. 너희가 하나님과 돈을 함께 섬길 수는 없다.' 돈을 사랑하는 바리새파 사람들이 이 모든 말씀을 듣고 비웃었다. 그러자 예수께서 그들에게 말씀하셨다. '너희는 대중 앞에서 의로운 체한다. 그러나 하나님께서는 너희 못된 마음을 알고 계신다. 너희 겉치레가 사람들에게는 존경을 받지만 하나님 앞에서는 가증할 뿐이다. 어떤 부자가 있었다. 그는 화려한 옷을 입고 잔치를 벌이며 사치스러운 생활로 날을 보냈다. 대문 앞에는 나사로라는 병든 거지가 누워 부자의 밥상에서 떨어지는 부스러기로 허기를 채우려고 하였다. 그러나 개들이 와서 그의 헌데를 핥고 갈 뿐이었다. 어느 날 그 거지는 죽어 천사들에게 이끌려 의로운 사람들이 가는 장소에 가서 아브라함과 같이 있게 되었다. 그 부자도 죽어서 땅에 묻혔는데 그는 지옥으로 갔다. 그는 거기서 고통을 겪다가 아득히 먼 곳에 나사로가 아브라함과 같이 있는 것을 보았다. 그가 소리쳤다. '아버지 아브라함이여, 나를 불쌍히 여겨 주십시오. 나사로를 여기 보내어 그 손가락에 물을 찍어 내 혀라도 시원하게 해주십시오. 나는 이 불속에서 몹시 고통을 받고 있습니다.' 아브라함이 그에게 말하였다. '아들아, 네가 세상에 살던 때를 생각해 보아라. 너는 가지고 싶은 모든 것을 다 가져 보았으나 나사로는 아무 것도 가진 것이 없었다. 그래서 지금 그는 여기서 위안을 받고 있고, 너는 거기서 고통을 받고 있는 것이다. 그뿐 아니라 우리와 너 사이에는 큰 구렁텅이가 가로 놓여 있어서 아무도 여기서 그리로 가려고 해도 가지 못하고 이리로 건너오지도 못한다.' 그러자 그 부자가 말하였다. '오, 아버지 아브라함이여, 그러면 제발 그를 내 아버지 집으로 보내 주십시오. 내게는 다섯 형제가 있는데 그들에게 경고하여 그들이 죽을 때에는 이 고통 받는 곳에 오지 않도록 해주십시오.' 아브라함이 말하였다. '성경이 그들에게 경고하고 있다. 네 형제들이 마음만 있으면 언제든지 그 성경을 읽을 수 있을 것이다.' 그 부자가 대답하였다. '아닙니다. 아버지 아브라함이여, 그들은 성경을 읽으려고 하지 않습니다. 만일 죽었던 사람을 보내면 그들이 자기들의 죄에서 돌아설 것입니다.' 아브라함이 말하였다. '만일 그들이 모세와 예언자들의 말을 듣지 않는다면 죽었던 사람이 일어나서 간다 해도 듣지 않을 것이다'

/누가복음 16장

④ 청지기는 언젠가는 반드시 주인에게 자신의 물질 관리에 대하여 보고를 하고 평가를 받아야 한다.

그러나 그는 무사히 왕위를 받아 가지고 돌아와서 돈을 주었던 종들을 불러 그들이 얼마나 이득을 남겼는지 물어 보았다. 첫번째 사람이 원금에서 열 배나 되는 엄청난 이득을 남겼다고 보고하였다. 왕이 말하였다. '잘하였다! 너는 충성된 종이다. 네가 작은 일에 신실하였으니 너를 신임할 수 있겠구나. 그 상으로 열 도시를 다스리는 권한을 너에게 주겠다.' 그 다음 사람은 원금에서 다섯 배의 이익을 남겼다고 보고하였다. 그 주인이 말하였다. '잘하였다. 너에게 다섯 도시를 다스리는 권한을 주겠다.' 그런데 세번째 사람은 그가 떠날 때 받은 그 돈만 가지고 와서 말하였다. '저는 이 돈을 안전하게 간직해 두었습니다. 저는 주인님이 제 이익을 빼앗아 갈까봐 두려웠던 것입니다. 주인님은 지독하신 분이라 남의 것을 빼앗아 가고 남이 심어 놓은 곡식까지도 거두어 가시지 않습니까?' 왕이 노하여 호통을 쳤다. '이 몹쓸 종놈아, 내가 지독하다구? 그러면 너에게 네 말대로 해주마! 네가 나를 그렇게 지독한 사람으로 알았다면 왜 그 돈을 은행에 맡겨 두어 최소한의 이자라도 받을 수 있도록 하지 않았느냐?' 그리고 그 곁에 선 사람에게 명하였다. '이자에게서 돈을 빼앗아 제일 많이 가진 사람에게 주어라.' '하지만 주인님, 그는 이미 많은 돈을 충분히 가졌습니다' 하고 그들이 말하자 왕이 대답하였다. '그렇다. 누구든지 가진 사람은 더 받을 것이요, 가지지 못한 사람은 가진 것까지도 빼앗길 것이다. 그리고 이제 나를 반역한 그 원수들을 이리로 끌어다가 내 앞에서 처형하라'

/누가복음 19장 15절- 27절

그렇습니다. 우리는 누구나 빠짐없이 자신의 일을 하나님께 아뢰게 될 것입니다.

/로마서 14장 12절

얼마 뒤에 주인이 여행에서 돌아와 자기 돈을 셈하려고 그들을 불렀다.

/마태복음 25장 19절

하늘나라는 어떤 왕이 자기 종들과 정해진 날에 셈을 맞춰 보는 것에 비할 수 있다. 셈을 하는 중에 일만 달란트나 되는 돈을 빚진 사람이 왕 앞에 끌려 나왔다. 그가 빚을 갚을 돈이 없음을 알자 왕은 그의 아내와 자녀들과 그가 가진 것을 다 팔아서 갚으라고 명령하였다. 그는 왕 앞에 엎드려 얼굴을 땅에 대고 '제발 조금만 참아주십시오. 곧 다 갚아 드리겠습니다' 하고 빌었다. 왕은 그를 가엾게 여겨 놓아 보내며 빚도 탕감해 주었다. 그런데 그 종이 나가서 자기에게 백 데나리온밖에 안 되는 빚을 진 사람을 만나자 멱살을 잡고 당장에 내놓으라고 다그쳤다. 그 사람이 엎드려 조금만 시간 여유를 달라고 빌었으나 그는 들은 체도 하지 않고 그를 끌고 가서 빚진 돈을 다 갚을 때까지 감옥에 가두었다. 다른 종들이 왕에게 가서 이 일을 낱낱이 고해 바쳤다. 그러자 왕은 용서해 주었던 그를 불러서 말하였다. '이 악독하고 뻔뻔한 놈아! 네가 애걸하기에 불쌍히 여겨 내가 그 엄청난 빚을 탕감해 주지 않았느냐? 그러니 내가 자비를 베푼 것처럼 너도 남에게 자비를 베풀었어야 할 것이 아니냐?' 왕은 몹시 노하여 그를 형리에게 보내고 마지막 한 푼까지 다 갚게 하였다.

/마태복음 18장 23절-34절

⑤ 청지기는 주인의 뜻에 따라 일을 하되 효율적으로 일해야 한다. 이는 세속적인 재무관리의 원리와 통하는 면이 있지만 효율의 목적은 차이가 있다는 점을 명심해야 한다. 골로새서 4장 23절에서는 "무슨 일을 하든지 마음을 다하여 주께 하듯 하고 사람에게 하듯 하지 말라"고 함으로써 주인의 뜻대로 재무관리를 하는 것이 효율적인 재무관리라는 의미이다.

⑥ 청지기는 주인을 위해서 한 일을 통하여 정당한 몫을 얻는다. 그러므로 불로소득의 추구는 청지기의 윤리에 위배된다.

셋째, 그리스도인은 오직 재물을 통한 하나님의 뜻을 이해하도록 노력해야 한다. 그것은 '자족하는 삶'이다. 어떠한 형편에서도 그것을 통해 일하시는 하나님의 뜻을 이해한다면 필요를 채워주시는 하나님을 신뢰함으로 근심을 가지지 않게 될 뿐만 아니라 궁극적으로 경건한 삶에 기여하기 때문이다. 오늘날 우리가 살고 있는 사회가 생산력의 증대를 통하여 빈곤에서 벗어나 풍요롭게 살고 있음에도 불구하고 여전히 상대적 박탈감 때문에 많은 사람들이 불행하다고 느끼는 것은 물질에 대한 수요와 욕망이 물질생산보다 더 빠르게 확장되고 있기 때문이다. 인간의 욕망은 주관적이기 때문에 행복의 객관적인 척도가 될 수 없다는 점에서 오늘날 우리가 경험하고 있는 재무문제는 정신적이고 영적인 문제라고 볼 수 있다. 그러므로 물질적 성취와 성공에 대한 과도한 욕망으로부터 해방되기 위해서는 자발적인 가난, 다시 말하면 금욕과 절제하는 삶을 살도록 노력해야 한다. 금욕과 절제는 중세시대처럼 구원의 조건이나 담보는 아니지만 가난한 이웃, 가난한 저개발국가들, 창조질서를 보전하기 위하여 미래세대의 생존을 배려하는 보다 사려 깊은 윤리적 덕목으로 이해되어야 한다. 금욕과 절제는 부자나 가난한 사람들이나 모두 물질에 대한 탐욕으로부터 자유롭지 못하다는 점에서 모두에게 요청되는 덕목이다(조용훈, 1999).

귀한 것을 소유하고도 귀한 줄 모르면 '악성 가난'이 된다. 가진 것이 없어서 가난한 사람도 많으나 귀한 것들을 너무 많이 가지고 있어서 귀함을 모르는 것은 더 악성 가난이 된다. 소유형 인간은 삶의 의미와 목적을 더 많은 것을 소유하는데 두지만 존재형 인간은 삶의 의미와 목적을 인간답게 존재하는데 둔다. 아브라함, 욥, 다윗, 요셉은 부자였지만 하나님의 뜻대로 산 존재형 인간이었다(김동호, 2006).

래리 버켓이 기독교인이 올바른 돈의 관리와 구속에서 벗어나도록 하기위해 제안한 8단계 지침을 소개한다(Larry Burkett, 2000).

1단계: 돈의 소유권이 나에게 있다고 생각한다면 하나님께 소유권을 옮기는 것이다.

하나님께 부귀가 있으며 장구한 재물과 의도 있음을(잠언 8:18) 인정해야 한다. 예수님께서는 우리에게 너희를 위하여 보물을 땅에 쌓아두지 말라고 마태복음 6장 19절에서 말씀하셨다. 이 말씀에는 "보물을 땅에 쌓아두는 일은 너희를 위하는 일이 아니다."라는 의미가 담겨있다. 그러나 많은 사람들은 자기 자신을 위하여 가장 먼저 해야 할 일을 보물을 땅에 쌓는 것이라고 생각한다. 이러한 생각은 믿는 사람이나 믿지 않는 사람이나 큰 차이가 없다. 많은 사람들이 물질을 복이라고 생각하고 그 물질이 우리를 잘 살게 한다고 확신하고 있다. 우리는 흔히 돈이 많은 사람을 '잘 사는 사람'이라고 하고, 돈이 없는 사람을 '못 사는 사람'이라고 한다. 그러나 이러한 생각은 아주 잘못된 생각이다. 돈이 많은 사람을 부자라고 말할 수는 있으나 반드시 잘 사는 사람이라고 해서는 안 되고, 돈이 없는 사람도 가난한 사람이라고 할 수는 있어도 못 사는 사람이라고 해서는 안 된다(김동호, 2006).

2단계: 빚에서 벗어나는 것이다.

빚은 지나치게 소비를 많이 하거나 갚을 능력에 비해 무리하게 대출하는 욕심에서 비롯된다. 여기 저기서 부동산과 주식에 투자해서 돈을 번다고 하자, 사람들은 조급해지기 시작했고, 불안해지면서 부에 대한 열망이 지나쳐서 빚을 얻어서 투자를 하고, 과소비를 하면서 부채가 증가하게 되었다. 잠언 22장 7절에 부자는 가난한 자를 주관하고 빚진 자는 채주의 종이 된다고 하였다. 빚은 방치하면 이자에 이자가 붙어서 눈덩이처럼 커지게 되기 때문이다. 집을 담보로 융자를 얻어서 산 아파트가 가격이 떨어지자 이자도 내지 못해 곤경에 빠진 사람들을 일컫는 하우스 푸어, 빚을 내서 결혼을 한 후에 빚에 허덕이는 허니문 푸어, 빚을 얻어 사교육 시키느라 허덕이는 에듀 푸어 등과 관련된 다양한 푸어족이 사회문제가 되고 있는 실정이다.

하나님을 믿는 자는 진 빚을 반드시 갚고 남은 돈으로 생활해야 한다. 열왕기 4장 1절부터 7절에서 엘리사의 한 제자의 부인이 채무를 갚지 못하자 채권자가 이 부인의 두 아들을 종으로 삼으려고 집에 왔다. 다급해진 부인은 엘리사를 찾아가서 하소연을 하게 된다. 그러자 엘리사는 해결책을 제시하였고, 이 여인은 엘리사의 지시대로 행하자 엄청난 양의 기름을 얻게 되는 기적이 일어난다. 이 여인이 기뻐서 엘리사에게 가서 자초지종을 보고하자 엘리사는 "너는 가서 기름을 팔아 빚을 갚고 남은 것으로 너와 네 두 아들과 생활하라."고 하였다(박정윤, 2003).

신용등급 체계에서 최우량등급으로 분류되는 1~2등급 중 지난 1년간 신용불량자로 전락한 개인이 약 14,000명에 달하는 것으로 나타났다. 경기가 악화되면서 우량한 신용거래 실적을 보유하고 있던 개인들마저 한순간에 신용불량자가 되었다. 나이스 신용평가정보에 따르면 2012년 9월 말 신용 1등급의 불량률은 6월 말보다 0.01%포인트 증가한 0.07%로 나타났다. 2등급의 불량률도 9월 말 0.16%로 6월 말 대비 0.02%포인트 늘었다. 불량률이란 측정 시점 전 1년 동안 90일 이상 연체해 새로 신용불량자가 된 비율을 의미한다. 9월 말 기준 1등급이 5,842,924명, 2등급이 5,960,103명인 점을 감안하면 1등급과 2등급에서 각각 4090명, 9536명이 1년 새 신용불량자가 된 셈이다. 전체 등급의 불량률은 6월 말 2.12%에서 9월 말 2.21%로 0.09%포인트 높아졌다. 작년 9월부터 올해 9월까지 1년간 전체 신용평가 대상자(41,942,831명) 중 926,936명이 신용불량자로 등록됐다(김일규, 2012).

그런데 한번 빚을 지게 되면 빚에서 벗어나기가 현실적으로 쉽지 않다. 그러므로 무엇보다 중요한 점은 처음부터 부채를 조심해야 한다. 부채는 가정의 재무건전성을 악화시켜 가족의 해체와 같은 다양한 문제를 일으키는 요인이 된다. 지나친 가계부채는 가정에 악영향을 미칠 뿐 아니라 버블을 낳고 금융기관의 부실을 가져와 전 사회적으로 악영향을 미친다. 2009년부터 미국을 비롯한 유럽의 여러 나라가 경험하고 있는 금융위기가 얼마나 심각한지를 우리는 명심해야 한다.

우리나라의 경우 빚보증이 가계부채의 큰 원인이 되고 있다. 특히 연대보증은 채무자가 빚을 갚지 못하면 보증을 선 사람이 채무자의 빚을 갚아야 하는 책임이 있기 때문에 보증을 서지 않아야 한다. 성경에서도 보증을 서지 말도록 권하고 있다. 많은 사람들이 빚보증을 서로에 대한 우정의 표시로 생각해서 "보증을 안 서주면 거래도 없다." 라는 식으로 생각하는 경우가 많다. 그러나 보증을 서주지 않으면 장사나 사업이 잘 안 될지도 모른다고 생각하기 쉽지만 이러한 생각은 실제로는 욕심에서 비롯된 것으로 결국에는 파멸로 이어질 수 있다. 때로는 보증을 서달라고 부탁하는 사람이 생각보다 빚을 더 많이 지고 있거나 자신의 역량보다 더 큰 의무를 감당해야 하거나 보기보다 덜 신중하거나 덜 의로운 사람일 가능성이 많다. 무엇보다 중요한 것은 보증을 서 달라고 하는 사람은 하나님이 아니라 유한한 인간이라는 점이다. 어느 날 갑자기 빚을 모두 보증인에게 떠넘기고 죽기라도 한다면 보증인은 완전한 파멸은 아닐지라도 심각한 피해를 입게 된다(Steele 저, 조계광 역, 2011).

얘야, 다른 사람의 빚 때문에 네 재산을 담보로 잡혀 준 일이 있느냐? 또는 다른 사람이 무슨 사업을 한다고 하여 그 사람의 보증을 서준 일이 있느냐? 그렇다면 큰일이구나. 네가 재산을 담보로 잡혀 주고 네가 보증을 서준 게 잘못이다. 담보와 보증이라고 하는 것은 올가미와 같은 것이다. 얘야, 이제 네 재산은 다른 사람의 손에 넘어간 것이나 다름없다. 어서 그 사람을 찾아가 제발 담보를 잡은 것과 보증 선 것을 무효로 해달라'고 애원을 할 수밖에 더 있겠느냐? 재산은 건지고 봐야 하지 않겠니? 어서 그 사람을 찾아가거라. 이런 수 밖에 더 있겠느냐? 재산은 건지고 봐야 하지 않겠니? 어서 그 사람을 찾아가거라. 이런 상황에 잠잘 생각은 하지도 말아라. 눈 붙일 생각도 하지 말아라. 노루가 뒤 쫓아오는 사냥꾼의 눈에 띄지 않으려고 재빠르게 내달리듯, 하늘에 날아다니는 새가 사냥꾼이 쳐놓은 창애에서 날쌔게 빠져 나가듯, 어서 서둘러 벗어나거라.

/잠언 6장 1-5절

타인을 위하여 보증을 서는 사람은 손해를 당하여도 보증서기를 싫어하는 사람은 평안하다.

/잠언 11장 15절

남 대신 담보물을 잡혀 주거나, 빚보증을 서지 말아라. 네가 그것을 갚아줄 수 없을 때에는 네가 누운 자리마저도 빼앗기리라. 어찌 그런 일을 당하려느냐?

/잠언 22장 26-27절

3단계는 하나님의 공급하심을 받아들여야 한다.

더 빨리 부자가 되려는 욕망에서 벗어나기 위해서는 하나님께서 우리의 필요를 채우실 것을 믿어야 한다. 하나님을 믿지 않고 더 빨리 부자가 되려는 욕망에 가득 차 있으면 돈을 버는 과정에서 수많은 고통을 경험할 수 있고, 번 돈을 지키기 위하여 또는 더 많이 벌기 위하여 근심걱정에 시달릴 수 있다. 돈 버는 과정에서 생긴 스트레스 때문에 병이 걸릴 수 있고, 혹사당한 육체는 돈을 즐길 수 있는 시간이나 여유를 주지 않을 수 있다. 우리는 주변에서 돈 벌어서 쓸 만하니까 병이 들어서 죽는 사람들을 종종 볼 수 있다. 돈은 쫓는다고 얻어지는 것이 아니다. 일생동안 돈을 쫓아 다녀도 빈털터리로 생을 마감하는 사람들이 더 많다. 하나님의 주권을 인정하고 하나님이 주시는 물질만이 축복이 된다는 사실을 깨닫고 부자가 되려는 욕망을 저려야 한다(김동윤, 2005).

내게 힘을 주고 강하게 하시는 그리스도의 도움으로 나는 하나님께서 원하는 것을 다할 수 있습니다.

/빌립보서 4장 13절

> 여러분은 믿음이 없이는 하나님을 기쁘시게 해드릴 수 없습니다. 하나님께로 나아가려고 하는 사람은 누구든지 하나님이 살아 계신다는 것을 믿으십시오. 진정으로 하나님을 바라는 이는 반드시 보상받는다는 것을 믿으십시오.
>
> /히브리서 11장 6절
>
> 사람이 땀 흘리며 애쓴다고 부자가 되겠느냐? 오직 여호와께서 복 주셔야 부자가 되는 법이다.
>
> /잠언 10장 22절

4단계는 조급한 결정을 삼가는 것이다.

사람이 조급하게 되면 궁핍함에 이르게 되기 쉽다. 마음이 조급한 사람은 대박을 노리게 되고, 대박을 노리는 사람들은 흔히 마음이 들떠 있기 때문에 사기를 치려는 사람들의 표적이 되기 쉽고, 또 사기도 쉽게 당한다. 다단계판매의 덫에 걸린 사람들의 대부분이 일확천금을 노리는 사람들이고, 돈을 쉽게 많이 벌 수 있다는 말에 속아 조급하게 의사결정을 하게 된다. 또 조급하게 결정을 하는 사람들은 충동구매나 중독구매를 할 가능성이 매우 높다. 충동구매와 중독구매를 습관적으로 하게 되면 구매충동을 억제하지 못하게 되고 빚도 지게 되고, 더 이상 신용카드를 쓸 수 없게 되면 남의 것을 훔치는 경우도 있다.

> 이 궁리 저 궁리 해가며 손 놀 틈 없이 일하면 점점 세간살이가 늘어나나 일이 잘 안 된다고 마음만 급하게 먹으면 점점 더 가난해질 수밖에 없다. 남 속이고 착취하여 재산을 쌓아올리는 자, 한낱 가련한 인생이라. 죽임과 죽임만을 가져올 것이다.
>
> /잠언 21장 5-6절

5단계는 일에 매진하는 것이다.

하나님께서 인도하심을 믿는 기독교인들 가운데 하나님께서 하실 것이니 나는 최선을 다하지 않아도 될 것으로 생각한다. 이러한 생각은 매우 잘못된 것이다. 하나님께서는 우리가 부지런하게 일 할 것을 원하신다. 누가복음 19장에 나오는 열 므나의 비유를 보면 자신이 맡은 돈을 가지고 열심히 불리지 않고 땅에 묻었다가 그대로 가지고 온 게으른 종은 자신이 가진 것을 빼앗기고 죽음까지 당할 수 있다고 하셨다. 이 비유는 하나님께서 맡겨주신 재물을 최선을 다하여 운영함으로써 최대한 생산하라고 가르쳐준다. 이 비유에 의하면 윤리적으로 운영하는 것도 중요하지만 그것만으로는 안 된다는 것을 우리에게 가르쳐준다. 아무리 거짓 없이 올바른 방법으로 재물을 관리해도 최선을 다해서 성실하게 관리하지 않는 것은 죄가 된다는 것이다. 무사안일한 자세 때문에 결과적으로 많은 일을 하지 않는 것도 심각한 죄라는 것이다. 또 우리가 중요하게 고려해야 하는 점은 일에 매진할 때도 하나님의 뜻에 맞게 해야 한다. 하나님의 뜻대로 산다는 것은 하나님 사랑과 이웃 사랑으로 구성된다. 일을 많이 하기 위해 하나님께 예배하는 일을 소홀히 하는 것도 죄요, 이웃이나 소비자에게 해가 되는 일을 생산하는 것, 생산과정에서 환경을 파괴하는 것, 폭리를 취하는 것도 죄가 된다.

어떤 지방에 사는 한 귀족이 왕위를 받아 가지고 돌아오려고 먼 곳으로 가게 되었다. 그는 떠나기에 앞서 열 명의 종을 불러 각각 한 므나씩을 주면서 자기가 없는 동안 그것을 가지고 장사를 해보라고 하였다. 그런데 그를 미워하던 부하 몇 사람이 그를 반대하는 진정서를 띄워 그가 자기들의 왕이 되는 것을 인정할 수 없다고 하였다. 그러나 그는 무사히 왕위를 받아 가지고 돌아와서 돈을 주었던 종들을 불러 그들이 얼마나 이득을 남겼는지 물어 보았다. 첫번째 사람이 원금에서 열 배나 되는 엄청난 이득을 남겼다고 보고하였다. 왕이 말하였다. '잘하였다! 너는 충성된 종이다. 네가 작은 일에 신실하였으니 너를 신임할 수 있겠구나. 그 상으로 열 도시를 다스리는 권한을 너에게 주겠다.' 그 다음 사람은 원금에서 다섯 배의 이익을 남겼다고 보고하였다. 그 주인이 말하였다. '잘하였다. 너에게 다섯 도시를 다스리는 권한을 주겠다.' 그런데 세번째 사람은 그가 떠날 때 받은 그 돈만 가지고 와서 말하였다. '저는 이 돈을 안전하게 간직해 두었습니다. 저는 주인님이 제 이익을 빼앗아 갈까봐 두려웠던 것입니다. 주인님은 지독하신 분이라 남의 것을 빼앗아 가고 남이 심어 놓은 곡식까지도 거두어 가시지 않습니까?' 왕이 노하여 호통을 쳤다. '이 몹쓸 종놈아, 내가 지독하다구? 그러면 너에게 네 말대로 해주마! 네가 나를 그렇게 지독한 사람으로 알았다면 왜 그 돈을 은행에 맡겨 두어 최소한의 이

> 자라도 받을 수 있도록 하지 않았느냐?' 그리고 그 곁에 선 사람에게 명하였다. '이자에게서 돈을 빼앗아 제일 많이 가진 사람에게 주어라.' '하지만 주인님, 그는 이미 많은 돈을 충분히 가졌습니다' 하고 그들이 말하자 왕이 대답하였다. '그렇다. 누구든지 가진 사람은 더 받을 것이요, 가지지 못한 사람은 가진 것까지도 빼앗길 것이다. 그리고 이제 나를 반역한 그 원수들을 이리로 끌어다가 내 앞에서 처형하라'
>
> /누가복음 19장 12-27절

6단계는 하나님께 회개하고 남에게 잘못한 일을 회복하는 것이다.

우리는 회개를 통해서만 예수님을 믿고 거듭날 수 있다. 즉 죄를 뉘우치고 삶의 방향을 돌려야 한다. 그런데 이렇게 회개하고 거듭난 사람들은 마지막에 결산을 하는 회계가 있다는 점을 명심해야 한다. 하나님의 결산에서 수익란에는 우리가 하나님의 영광을 위하여 행한 모든 것들이 기록되고, 원가에는 하나님께 불충한 모든 것들이 기록된다. 하나님께 충성한 수익이 원가보다 많으면 하나님께서는 착하고 충성된 종이라고 칭찬을 하실 것이고, 불충한 것이 더 많으면 악하고 게으른 종이라고 꾸중을 들을 것이다. 청지기인 우리는 하나님께서 우리에게 맡기신 재물을 하나님의 뜻에 맞게 그분의 영광을 위하여 잘 썼는지를 회개하고 잘못한 것을 수정해야 한다.

솔로몬과 아브라함이 재물의 복을 받은 비결은 물질에 마음을 두지 않고 하나님의 뜻에 순종하였다는 점이다. 하나님의 뜻을 먼저 구하면 하나님께서 재물로 축복을 해주신다는 사실을 믿고 신뢰해야 한다. 하나님께 부요하지 못하고 자신만을 위하여 재물을 쌓아두지 않았는지를 회개해야 한다. 하나님이 우리의 영혼을 찾으시면 내가 쌓아놓은 재물이 우리의 것이 될 수 없기 때문이다. 누가복음, 마태복음, 마가복음 등 공관복음에 나오는 부자 관원의 이야기를 우리는 명심해야 한다. 예수님은 다른 사람에게는 가진 재산을 다 팔아서 나눠 주라고 한 적이 없지만 돈에 대한 의존성이 너무 강했던 부자 관원에게는 가진 재산을 다 팔아서 가난한 사람에게 나누어 주어야 영생을 얻을 수 있다고 하셨다(조성표, 2009).

만일 너희가 하나님의 나라를 어떻게 이룰까, 하나님께서 원하시는 바른 일을 어떻게 실천할까 고민하면서 그분을 생활의 중심에 모시고 살면 그분은 너희에게 이 모든 것을 더불어 주실 것이다. /마태복음 6장 33절

한번은 유대 지도자 한 사람이 예수께 이런 질문을 가지고 왔다. '선하신 선생님, 제가 어떻게 해야 영원한 생명을 얻을 수 있겠습니까?' 예수께서 그에게 말씀하셨다. '네가 나를 선하다고 하였느냐? 그러나 하나님 한 분밖에는 선하신 이가 없다. 너는 '간음하지 말라, 살인하지 말라, 도둑질하지 말라, 거짓 증언하지 말라, 네 부모를 공경하라는 계명을 알지 않느냐?' 그 사람이 대답하였다. '저는 그 모든 것을 어릴 때부터 지켜 왔습니다.' 예수께서 말씀하셨다. '그러나 네게 아직도 한 가지 부족한 것이 있다. 네가 가진 것을 다 팔아 그 돈을 가난한 사람들에게 나누어 주어라. 그러면 하늘에다가 네 재물을 쌓는 것이 될 것이다. 그리고 와서 나를 따르라.' 그 사람은 이 말씀을 듣자 침울한 표정으로 가버렸다. 그는 큰 부자였기 때문이다. 예수께서는 그가 가는 것을 지켜보시다가 제자들에게 말씀하셨다. '부자가 하나님 나라에 들어가기는 매우 어렵다. 부자가 하나님 나라에 들어가기보다는 낙타가 바늘 귀로 들어가는 것이 더 쉬울 것이다.' 이 말씀을 듣고 있던 사람들이 말하였다. '만일 그렇다면 누가 구원을 얻을 수 있겠습니까?' 예수께서 대답하셨다. '사람들이 할 수 없는 일을 하나님께서는 하실 수 있다.

/누가복음 18장 18-27절

7단계는 자족하는 것이다.

바울은 비천한 상황이나 풍부한 상황에서도 자족할 수 있는 비결을 터득하였다고 하였고, 이 자족하는 마음은 경건에 큰 이익이 됨을 설명하고 있다. 시편 37편 25절에서 다윗은 "내가 어려서부터 늙기까지 의인이 버림을 당하거나 그의 자손이 걸식함을 보지 못하였도다!" 라고 고백하고 있다. 들에 핀 백합화를 입히시고 날아다니는 새를 먹이시는 하나님께서는 우리의 기본적인 필요를 외면하지 않으시므로 기본적인 필요가 충족되면 자족하는 마음을 가져야 한다.

> 내 처지가 어렵기 때문에 이런 말을 하는 게 아닙니다. 나는 가진 것이 많든 적든 즐겁게 살아가는 법을 배웠습니다. 가난을 이겨낼 줄도 알고 부유를 누릴 줄도 압니다. 배가 부르거나 배고프거나, 넉넉하거나 궁핍하거나 어떤 경우에도 만족하는 법을 몸에 익혔습니다.
>
> /빌립보서 4장 11-12절
>
> 진정한 부자가 되기를 원합니까? 만일 그대가 지금 행복과 만족을 느낀다면 그대는 이미 부자입니다. 우리는 세상에 태어날 때 일전 한푼 손에 들고 나오지 않았습니다. 또 우리가 세상을 떠날 때 역시 빈손으로 갈 것입니다. 먹을 것과 입을 것만 있으면 모든 것이 만족입니다.
>
> /디모데전서 6장 6-8절

8단계는 헌신의 균형을 맞추는 것이다.

과도한 노동이나 태만은 생활의 불균형을 야기하고 결국 신체적 정신적 문제를 발생하게 한다. 기독교인들은 부자가 되기 위해 애쓰지 말고 그 사사로운 지혜를 버림으로써 직업과 여가에 지나치게 많은 시간을 투여하는 것을 삼가야 한다.

> 부자가 되려고 애쓰며 땀 흘리지는 말아라. 그런 생각은 아예 하지도 말아라. 재산이라고 하는 것은 하늘로 쏜살같이 날아가는 독수리처럼 날개가 달려 있어 어느 날 갑자기 날아가 버릴 수 있는 것이다.
>
> /잠언 23장 4-5절
>
> 사람이 일을 하려 이리저리 궁리하여도 그 일을 이루시는 분은 여호와이시다.
>
> /잠언 16장 9절

9단계는 욕망을 희생하는 것이다.

가장 지혜로운 자이며 부유한 자라고 일컬어지는 솔로몬은 한 때 자신이 원하는 것이나 마음이 즐거운 것을 다 향유하였으나 그 모든 것이 다 헛되어 바람을 잡으려는 것이며 해 아래서 무익한 것이라(전도서 2:11)는 결론을 내렸다. 세상에서 부유한 사람은 재산이 많고, 돈을 잘 버는 직업에 종사하며 좋은 차를 타고 호화로운 집에 사는 사람을 의미한다. 그러나 하나님은 성경에서 부요한 사람을 돈이 많은 사람이라고 하신 적이 없다. 부요함이란 우리가 그리스도인으로 가지고 있는 모든 것을 의미한다. 즉 돈 이상의 것을 의미한다. 부요함의 첫 번째는 구원이다. 구원은 하나님께서로부터 온 가장 가치 있고 영원하기 때문이다. 두 번째로 주 안의 형제 자매, 부부사이도 하나님이 우리에게 주신 선물이라는 점에서 부요 중의 하나라고 볼 수 있다.

부자들에게는 교만하지 말고 또 곧 없어질 돈을 의지하지 말라고 일러두시오. 그런 것보다는 오히려 우리를 즐겁게 해주시려고 우리가 필요로 하는 것을 항상 풍족하게 주시는 살아 계신 하나님을 자랑하고 그분만을 의지하도록 가르쳐 주시오. 착한 일에 돈을 쓰도록 가르쳐 주시오. 자기가 가진 것은 모두 하나님께서 주신 것이라는 것을 깨달아 언제든지 다른 사람과 기쁘게 나눌 수 있는 마음의 자세를 가질 때 그들은 참된 부자가 되고 가난한 사람들에게 기쁜 마음으로 줄 수 있게 되는 것입니다. 그러면 그들은 하늘에다가 참 보화를 쌓는 것이며 이것만이 영원을 대비하는 안전한 투자입니다. 그리고 이렇게 하는 사람은 이 땅 위에서도 열매가 풍성한 그리스도인의 생활을 살게 되는 것입니다.

/디모데전서 6장 17-19절

부자들에게는 교만하지 말고 또 곧 없어질 돈을 의지하지 말라고 일러두시오. 그런 것보다는 오히려 우리를 즐겁게 해주시려고 우리가 필요로 하는 것을 항상 풍족하게 주시는 살아 계신 하나님을 자랑하고 그분만을 의지하도록 가르쳐 주시오. 착한 일에 돈을 쓰도록 가르쳐 주시오. 자기가 가진 것은 모두 하나님께서 주신 것이라는 것을 깨달아 언제든지 다른 사람과 기쁘게 나눌 수 있는 마음의 자세를 가질 때 그들은 참된 부자가 되고 가난한 사람들에게 기쁜 마음으로 줄 수 있게 되는 것입니다. 그러면 그들은 하늘에다가 참 보화를 쌓는 것이며 이것만이 영원을 대비하는 안전한 투자입니다. 그리고 이렇게 하는 사람은 이 땅 위에서도 열매가 풍성한 그리스도인의 생활을 살게 되는 것입니다.

/디모데전서 6장 17-19절

사람들을 향해 말씀을 하셨다. '욕심을 부리지 말라. 참 생명과 참삶은 우리가 얼마나 재산을 가지고 있느냐 하는 것과는 상관이 없다.'

/누가복음 12장 15절

지금까지 성경적인 '재물관'에 입각한 재무관리의 가치와 이를 재무목표의 설정에 적용하기 위한 실천적 내용을 고찰해 보았다. 이를 도표로 정리하면 <표4.1>과 같다.

〈표4.1〉 성경적 재물관에 입각한 재무관리가치교육 내용

분류	교육내용	
	성경적 재물관	실천적 지침
돈에 대한 태도	긍정과 부정을 동시에 수용 - 축복과 경계	돈에 대한 의존과 근심 배제
	하나님의 공급하심을 인정 - 하나님의 소유권	청지기적 가치를 수용
재무관리의 목표설정	가난도 아니고 부유함도 아님	돈에 의한 구속 증상에 대한 이해와 점검
	먹을 것과 입을 것이 있으면 족함	자족하는 삶의 연습

Chapter 5

성경적 직업관과 직업교육

기독교인의 비전은 개인의 야망이나 구체적이고 단기적인 목표가 아니다. 하나님이 개개인의 인생을 향하여 가지신 궁극적인 목적인 동시에 인생을 걸어갈 방향성이다. 아담의 비전은 땅을 정복하고 만물을 다스리는 것이었다(창세기 1장 28절). 아브라함의 비전은 목축업이 아니라 큰 민족의 조상과 복의 근원이 되는 것이었다(창세기 12장 2-3절). 요셉의 비전은 애굽의 총리가 아니라 하나님께서 그를 통하여 민족을 구하고 세상 사람들을 구하는 것이었다(창세기 3장 6-9절, 50장 20절). 사도 바울의 비전은 랍비나 천막을 만드는 사람이 되는 것이 아니라 이방인을 위한 설교의 도구가 되어 세계에 복음을 전하는 것이었다(사도행전 26장 16-18절).

비전은 직업과 서로 연관되어 있어서 비전이 구체적으로 드러난 것이 바로 직업이다. 그러므로 성경적 직업관에서 가장 중요한 것은 비전을 발견하는 것이다. 비전을 발견하기 위해서는 첫째, 삶의 모든 영역에서 하나님의 나라와 의를 구하면서(마태복음 6장 33절), 말씀에 집중해야 한다. 둘째, 자신을 향하여 하나님이 부여하신 비전을 구체적으로 보여 달라고 하나님께 기도해야 한다. 셋째로 비전을 나눌 수 있는 모임을 통하여 자신의 비전을 발견하기 위하여 노력해야 한다(디모데후서 2장 22절)

(원용일, 2009).

작은 마을에 수백 개의 길이 있는 것처럼 인생도 수많은 다른 길들이 펼쳐 있다. 우리 인생은 선택이다. 그리스도인들은 하나님 우선 순위의 길을 선택해야 한다. 룻기서는 하나님을 우선하는 선택의 중요성을 보여 준다. 나오미는 이민 10년 만에 남편과 두 아들을 잃고 과부가 되었고, 두 며느리도 과부가 되었다. 나오미는 며느리에게 친정으로 돌아갈 것을 세 번에 걸쳐서 권고하였다. 당시에는 며느리는 시어머니의 소유물과 같았기 때문에 며느리의 새 삶을 허락하는 나오미의 언행에서 그녀의 착한 성품을 짐작할 수 있다.

맏며느리 오르바는 입맞춤으로 작별인사를 하고 자신의 길로 갔고 다시는 성경에 등장하지 않았다. 그러나 둘째 며느리 룻은 "어머니의 하나님이 나의 하나님"(룻기 1장 16절) 이라고 하면서 시어머니를 따라 나서는 선택을 하였다. 한창 젊은 나이에 늙은 시어머니를 봉양하며 수고하고 헌신해야 하는 길이었음에도 불구하고 시어머니와 함께 하는 길을 선택해서 베들레헴으로 돌아왔다. 이렇게 하나님을 우선하는 선택을 한 룻은 거부였던 보아스의 아내가 되었고, 다윗의 할머니로서 예수 그리스도의 계보에 오르는 영광을 얻게 되었다(김동윤, 2005).

1. 노동에 대한 태도

성경적으로 볼 때 재물이 하나님으로부터 오는 것이기 때문에 기독교인들은 노력하지 않고 재물을 간구하는 것은 바람직한 것은 아니다. 성경에서 일에 대한 최초의 묘사는 창세기 1장 28절에 나오는 "땅에 충만하라, 땅을 정복하라" 이다. 기독교적 노동관을 말할 때는 노동이 하나님께서 배려해 놓으신 활동이요, 인류에 대한 하나님의 의도의 일부라는 인식에서 출발해야 한다(김재영, 1989, p17).

마태복음 25장의 청지기의 비유에서 한 달란트를 받은 자는 주인에게 "당신은 굳은 사람이라 심지 않은 데서 거두고 헤치지 않은 데서 모으는 줄은 내가 알았으니" 라고 말한다. 이는 전능한 주인에 대하여 무조건적으로 의존하면서 한편으로 자신의 태만을 합리화하는 태도이다. 아무런 일도 하지 않는 한 달란트 받은 자에 대해서 성경은 '게으르고 악한 종'이라고 하고(26절), 무익한 종(30절)이라고 말하고 있다. 이 청지기의 비유는 하나님으로부터 달란트를 받았다면 이를 열심히 거두고 모으도록 노력해야 함을 권면하고 있다. 솔로몬도 잠을 많이 자고 게으르고 놀기 좋아하고 방탕하면서 열심히 일하지 않으면 가난해진다고 경고하면서 부지런히 일할 것을 권면하고 있다(잠언 24장 30~34절).

> 자기 밭을 열심히 가는 사람은 먹을 것 걱정이 없지만, 도무지 주변머리가 없는 사람은 헛된 것만 따를 뿐.
>
> /잠언 12장 11절
>
> 한번은 내가 게으른 사람이 가꾸는 밭을 지나간 적이 있었지. 슬기롭지 못한 사람이 가꾸는 포도원을 지나간 적이 있었어. 아, 그런데, 밭에는 온통 가시덤불만 우거져 있고 땅에는 잡초가 수북하게 자라고 있더구나. 쌓아 놓았던 돌담도 허물어져 있더구나. 지나가다가 이런 꼴을 보고는 깊은 생각에 잠겼지. 정말 그런 꼴을 보고는 많은 것을 배웠지. '조금만 더 자야지, 조금만 더 눈을 붙여야지, 이렇게 몸이 찌뿌드드하니 조금만 더 누워 있어야지' 하고 게으름만 피우고 있으니, 어찌 가난해지지 않겠느냐? 어찌 쪽박을 차지 않을 수 있겠느냐?
>
> /잠언 24장 30~34절

누가복음 19장에 있는 은 열 므나의 비유도 같은 맥락을 가진다. 더 나아가 은 열 므나의 비유는 "지극히 작은 것에 충성하였으니 열 고을 권세를 차지하라"라고 할 정도로 작은 일에 충실한 노력을 높이 평가하고 있다. 바울의 편지들은 일하라는 권면을 많이 담고 있으며 게으름과 나태에 대해서 꾸중하고 있다. 바울은 수공업에 종사하였고 데살로니가 교인들에게 노동을 권유하였던 것으로 볼 때 초대교회에서도 직업이 인정되는 것으로 보인다.

대표적인 종교개혁가인 루터, 칼빈, 웨슬리의 노동윤리를 중심으로 하여 기독교인들이 가져야 할 노동에 대한 올바른 태도를 살펴보자(황의서, 2011). 세 사람은 모두 경제변혁기에 종교개혁을 주장했다. 루터가 종교개혁을 선포한 1517년경 독일은 정치적으로는 황제파와 비황제파로 분리되어 있었고, 경제적으로는 신대륙이 발견된 후 인플레이션과 심한 경제침체로 어려운 상황에 놓여 있었다. 이렇게 어려운 경제상황에서 면죄부 판매를 비판하는 루터의 주장은 독일 국민들의 호응을 얻을 수 있었다. 칼빈은 루터보다 18년 늦은 1535년 종교개혁의 필요성을 주장하였다. 이 시기에 금과 은이 신대륙으로부터 들어오고 화폐경제가 자리를 잡으면서 제네바는 인플레이션과 빈부격차가 심화되는 등 심각한 사회경제적 문제들이 대두되고 있었다. 상업이 발달하면서 돈의 역할이 중요해졌고, 농촌경제와 달리 빠르게 변해가는 도시경제 환경에서 종교개혁을 주장했다.

사랑하는 형제들이여, 이제 우리 주 예수 그리스도의 이름과 권위를 가지고 여러분에게 명령합니다. 우리가 몸소 실천하고 있는 이 부지런히 일하는 전통을 따르지 않고 게으름을 피우며 세월을 보내는 그리스도인과는 멀리하십시오. 여러분이 어떻게 살아야 하는가는 우리가 보여준 행동으로 이미 알았을 것입니다. 우리는 빈둥거리며 노는 생활을 여러분에게 보여준 적이 없습니다. 우리는 어느 누구에게서도 먹을 것을 값을 치르지 않고 거저 얻은 일이 없습니다. 남에게 부담을 지우지 않으려고 우리는 생활에 필요한 돈을 벌기 위해 밤낮으로 일하였습니다. 우리가 여러분의 대접을 받을 권리가 없기 때문이 아니라 여러분에게 몸소 본을 보임으로써 여러분도 스스로 일을 해서 자기 생활을 꾸려 나가게끔 가르치고자 그렇게 하였던 것입니다. 여러분과 함께 있을 때 이미 우리는 '일하지 않는 자는 먹을 자격이 없다'는 것을 가르쳐 주었습니다. 그런데도 여러분 가운데 게으름을 피우고 일하기 싫어하며 잡담으로 세월을 보내는 자들이 있다는 말이 들려오고 있습니다. 그런 사람들에게 주 예수 그리스도의 이름으로 충고하고 명령합니다. 공연히 들떠있지 말고 일에 열중하여 자기 생활비를 벌어서 쓰십시오.

/데살로니가후서 3장 6~12절

아담 스미스와 동시대에 살았던 영국의 웨슬리는 루터와 칼빈보다 200년 늦게 태어났다. 그 시기에 영국은 막강한 해군력을 바탕으로 해상을 지배하였고, 식민지를 확장하면서 경제는 호황을 누리고 있었다. 영국정부는 자유가 경제번영의 중요한 요소라고 보고 민간인들의 자유로운 경제활동과 식민지와의 자유무역을 보장하였다. 웨슬리는 경제부흥과 자유주의가 자리를 잡아가는 과정에서 자유와 정부의 통치기능이 하나님께로부터 왔다는 사실을 강조하였다. 그는 성경에 기초하여 경제사회의 약점들을 보완하고, 도덕성을 회복시키는 일에 집중하였다.

루터는 노동을 통하여 십계명이 준수될 수 있다고 보고, 노동은 주님의 뜻과 계명을 지키기 위한 거룩한 것이라고 생각했다. 예를 들면 첫 번째 계명은 일하는 사람 마음의 중심은 항상 하나님을 바라보아야 한다는 것이다. 두 번째 계명은 일하는 사람의 입에서 나오는 말이 항상 주님에 대한 사랑을 입증해야 한다는 것이다. 세 번째 계명은 일을 통하여 우리는 주님의 이름을 거룩하게 하고 높여야 한다는 것이다.

칼빈도 노동을 신성하게 보았고, 직업을 주님의 부르심에 대한 응답으로 이해하였다. 직업에 충성하는 것과 주님이 주심 소명을 완수하는 것을 동일시하며, 노동을 성화되는 과정으로 인식하였다. 인간은 죄에 빠져 있지만 예수님과 하나 됨을 체험하면 노동은 자신이 하는 것이 아니라 인간 안에 거하시는 예수님이 하는 것이 된다. 노동을 통하여 인간은 하나님 안에서 거룩한 성품을 가진 존재로 회복된다. 이때 회복은 하나님의 은혜로 이루어지는 선물이지 인간의 노력으로 쟁취하는 것이 아니다. 구원이 은혜의 선물이지 노력에 대한 보상이 아닌 것과 동일하다(MacGrath, 1990).

웨슬리도 루터, 칼빈과 마찬가지로 노동은 하나님을 예배하는 거룩한 행위이고 동시에 이웃을 사랑하는 행위이므로 성스럽게 보았다. 현실적으로는 노동을 수입을 얻기 위한 수단으로 보았기 때문에, 시간을 허비하지 말고 자신이 맡은 일에 집중해서 가능한 돈을 많이 벌라고 하였다. 즉 기독교인은 비기독교인보다 열심히 사업을 해서 자신이 맡은 일에 최선을 다해야 한다고 보았다. 그러나 건강에 해로울 정도로 너무 노동을 많이 하는 것은 바람직하지 않다고 보았다. 생명은 생계보다 더 중요하기 때문에 마음과 육신을 어렵게 하는 일들은 가능한 막아야 한다고 보았다.

10계명의 4계명은 하나님을 예배하며 영적으로 안식하는 의식적인 측면과 엿새 동안 힘써 일해야 하는 도덕적인 측면을 강조한다. 인간에게 일정한 시간을 따로 구별하여 안식하며 하나님께 대한 예배와 봉사를 위해 사용할 것을 요구한 것은 종교적 의식에 대한 측면이고, 엿새동안 힘써 네 모든 일을 할 것을 요구한 것은 인간의 노동의무와 관계된 도덕적 측면이다. 4계명은 우리에게 노동은 하나님의 선물이며, 안식은 한정된 육체적 힘을 회복하기 위한 것이라고 가르치고 있다. 모든 시간이 하나님께 속한 것이라는 점과 하나님이 그의 피조물과 시간을 다스리는 주인이시라는 점이다. "엿새 동안 힘써 네 모든 일을 하라"라는 것은 직업에 대한 소명을 의미한다(황봉한, 2003).

이근영(2010)은 기독교에서는 노동을 다음과 같이 이해해야 한다고 하였다. 첫째,

기독교는 노동을 인간의 정상적이고도 당연한 활동으로 본다. 성경의 시작인 창세기 1장에서 하나님은 6일 동안에 차례로 우주를 창조하셨고, 일곱째 날 휴식하기 전에 마지막으로 인간을 창조하셨다고 설명하면서 하나님이 일하시는 모습을 보여준다. 하나님은 창조하신 인간에게 땅을 정복하고 모든 생물을 다스리는 관리자의 직책을 위임하심으로써 일을 하게 하셨다. 인간이 하나님의 명령을 어기고 선악과를 먹으면서 죄를 지었을 때 하나님은 남자인 아담에게 종일토록 일을 해야 먹을 수 있다고 하셨다. 그러므로 인간은 일하는 존재다. 다시 말하면 하나님은 창조자이고 인간은 관리자로 이해하게 되면 인간 세상의 모든 일에서 하나님의 의도는 인간을 통해서 실현된다.

둘째, 인간은 노동을 통하여 자아실현을 한다. 그런데 하나님은 인간을 자신의 형상대로 창조하셨다. 즉 인간을 하나님과 유사하게 창조하셨기 때문에 인간이 창조적인 일을 할 수 있다. 인간이 창조적인 일을 할 수 있다는 것은 자신의 의지에 따라 자신의 목적을 위하여 일함으로써 자아실현을 하게 된다.

셋째, 인간의 노동은 하나님과 공동체에 대한 봉사를 위하여 사용되어야 한다. 기독교는 인간 존재와 인간의 노동을 하나님의 영광을 위한 것이라고 생각한다. 인간의 노동은 자신과 가족을 위한 것일뿐 아니라 하나님의 영광을 위한 것이 되어야 하고, 이렇게 노동의 목적이 승화될 때 노동은 예배가 된다. 노동이 하나님의 영광을 위한 것인 동시에 공동체에 대한 봉사가 되어야 한다. 노동이 하나님을 위한 것이라는 의미는 노동은 하나님에 대한 사랑의 표시인 동시에 이웃을 사랑하라는 하나님의 명령에 순종하는 것이다. 노동이란 다른 사람에게 헌신하는데 정신적 육체적 에너지를 소비하는 것으로 노동자에겐 성취감을, 공동체에겐 이익을, 하나님께는 영광을 가져다주는 것이라고 정의할 수 있다.

> 예수께서 대답하셨다. '네 마음을 다하고, 목숨을 다하고 생각을 다하여 주 너의 하나님을 사랑하라.' 이것이 가장 크고 첫째가는 계명이다. 그러나 '네 이웃을 네 몸과 같이 사랑하라'는 둘째가는 계명도 이에 못지않게 중요하다. 모든 다른 계명과 예언자들의 요구는 이 두 계명으로 요약될 수 있다.
>
> /마태복음 22장 37-40절

빈민가 아이의 꿈을 직업으로 연결한 꿈 교육 실천가

세계 3대 빈민가인 필리핀 톤도지역에 있는 톤도 교육센터에서는 다음의 5가지 방법을 통해 아이들이 세상에 좋은 영향을 주는 좋은 꿈을 가질 수 있도록 만든다. 김숙향 교사의 꿈 교육은 빈민지역의 아이들에게 희망이 되고 있다.

1) 아이들에게 꿈을 찾아주기 위해서는 아이의 이야기를 듣는 게 먼저다. 그래서 센터의 모든 교사는 수업을 하지 않을 때는 언제나 상담할 준비가 되어 있다. 수업 때문에 시간이 나질 않으면 하교할 때 아이와 함께 집까지 함께 걸어가며 조언을 해주기도 한다.

2) 세속적 삶이 아닌 좀 더 이타적인 삶을 살도록 『성경』에서 전하는 삶의 방식을 가르친다. 하나님께서 너에게 삶을 선물로 주신 것은, 돈을 벌어서 부자가 되라는 의미가 아니라는 사실을 알려주는 것이다. 그리고 '너의 몸과 마음, 영혼은 하나님의 성령이 거하시는 거룩한 성전이기 때문에 주어진 삶을 거룩한 일에 써야 한다.'는 것을 가르친다.

3) 어릴 땐 대부분의 아이들이 좋아하는 게 있다.

아이가 자신이 좋아하는 것을 어른이 되면서 저버리게 되는 이유는, '내가 좋아하는 일이 곧 나의 일이 될 수 있다'는 사실을 교육받지 못했기 때문이다. 그래서 센터에서는 아이들에게 '네가 좋아하는 일이 네 꿈이 될 수 있다'는 사실을 가르친다. 아이로 하여금 자신이 좋아하는 일을 직업으로 삼을 수 있고, 그 직업을 통해서 세상을 바꿀 위대한 일을 할 수 있다는 꿈을 갖게 해준다.

4) 아이에게만 꿈 교육을 하는 것은 효과가 크지 않다. 그래서 센터에서는 아버지 교실, 어머니 교실을 통해서 부모에게도 꿈을 가르친다. 가정에서는 부모가 교사가 되어야 하고 때문에 부모가 꿈을 꾼다는 것이 뭔지 알아야 한다. 그래야 가정에서도 아이에게 꿈을 심어줄 수 있고, 꿈을 추구하는 아이를 이해하고 격려할 수 있게 된다.

5) 아이를 위해 가장 먼저 한 일은, 아이의 가정에 쌀을 주는 것이었다. 일단 먹고는 살아야 부모의 마음도 편해지고, 아이도 자신의 꿈을 향해 좀 더 힘을 낼 수 있을 것이라 생각했다. 그걸로 조금 마음을 열긴 했지만 그렇다고 아이를 센터로 보내 교육을 받는 것은 허락하지 않았다. 하지만 그 후로 몇 번 더 찾아가 설득을 하자 드디어 아이가 센터에서 교육을 받는 것을 허락했다.

출처: 채널 예스 2012년 8월 14일.

2. 직업의 목적

중세 가톨릭 사상의 가장 특징적인 소명 사상은 세상의 직업은 속되다고 보았고 세상과 분리되어 수도원에 들어가 수도생활을 하는 사람이 더 거룩하다고 하였다. 이와는 달리 노동의 신성을 강조한 루터는 모든 직업이 주님을 향한 성직이라고 하였다. 성직자뿐 아니라 일반 직장인, 왕, 행정가 등을 포함한 모든 직장은 하나님의 소명에 따른 것이기 때문에 차별이 없다고 하였다. 즉 기독교인들은 직업을 통하여 이웃사랑을 실천해야 한다. 직업은 자신을 위한 것이 아니라 주님의 뜻을 이루기 위한 것이기 때문이다. 또한 직업의 목적은 돈을 벌기 위한 것보다 하나님께 봉사하는데 있다고 루터는 주장하였다(황의서, 2011).

비기독교인들은 직업을 통하여 돈을 벌고, 지위를 얻고 명예를 얻고, 인생의 의미를 발견하고 자아를 충족하면 되지만 기독교인들은 여기에 하나님이 주신 인생의 사명을 다하는 것이 중요하다. 사도 바울은 골로새서 3장 23절에서 무슨 일을 하든지 마음을 다하여 주님께 하듯 하고 사람에게 하듯 하지 말라고 하셨다. 이 때 무슨 일에는 직장생활 뿐 아니라 사업이나 아르바이트, 실직까지도 포함된다. 실직했을 때도 기독교인들은 하나님께서 하신 창조사역의 대리인 역할을 해야 하기 때문이다(창세기 1장 28절)(원용일, 2009).

칼빈은 직업을 하나님께서 주신 것으로 생각하고 있었으며 그리스도인들은 교회뿐만 아니라 일반사회 속에 포함된 무질서와 혼란을 극복하고 하나님이 원하시는 질서를 회복하여야 한다고 하였다(로날드 웰레스. 1992, pp138-40). 이러한 캘빈의 사상은 청교도들에게 계승되었는데 퍼킨스는 "삶의 목적은 사명으로 받은 일을 통해 사람들에게 봉사함으로 하나님을 섬기는 것이다. 어떤 이들은 이렇게 말할지도 모른다. 우리가 가족의 생계를 유지하기 위하여 부르심을 좇아 일해서는 안 되는가? 그러면 나는 이렇게 대답한다. 그러나 그것이 우리 삶의 한계와 목적이 되어서는 안 된다. 삶의 진정한 목적은 사람에게 봉사하는 가운데 하나님을 섬기는 생활에 있다"고 말한다(이은선, 1999, p158).

칼빈은 하나님은 사람들이 자신의 노동을 통하여 하나님께 감사할 수 있어야 한다는 점에서 다른 사람의 노동을 착취하거나 방해하는 것은 죄가 되며, 부자는 특히 가난한 사람들에게 일자리를 마련해주고 공정한 임금을 주어야 한다고 하였다(Graham, 1971). 임금은 하나님이 자신의 자녀들을 돌보고 계시다는 증표이고, 은혜를 나타내는 것이기 때문에 노동자나 고용주의 몫이 아니라 하나님으로부터 오는 것이다(Bielrt, 1964). 부자들은 가난한 사람들의 수고 때문에 자신이 편안해진다는 사실을 기억해야 한다. 이에 대하여 고린도전서 12장 21절은 "눈이 손더러 내가 너를 쓸데가 없다 하거나 또한 머리가 발더러 내가 너를 쓸데가 없다 하지 못하리라." 라고 언급하고 있다. 따라서 부자들은 친절한 태도로 너그럽게 가난한 사람들의 수고에 보답해야 한다(Steele 저, 조계광 역, 2011).

웨슬리도 직업의 목적은 하나님의 사랑을 실천하는 것이기 때문에 다른 사람에게 해를 주는 도박, 폭리, 비싼 이자 등은 사라져야 한다고 보았다. 투기, 거짓, 속임수 등이 수반되는 직업도 거부해야 하고, 밀수 등에 종사하는 것도 좋지 않고, 전당포 사업도 올바른 청지기의 사업이 아니라고 하였다. 다른 사람을 시장에서 배제시키기 위하여 지나치게 낮은 가격에 파는 덤핑행위도 부당하다고 하였다.

마태복음 25장의 달란트 비유는 하나님께서 맡겨주신 재물을 최선을 다해 운영함으로써 최대한으로 생산하라고 가르치고 있다. 윤리적으로 운영하는 것도 중요하지만 최선을 다해 성실하게 운영하지 않는 것도 죄가 된다는 것이다. 즉 무사안일적인 자세 때문에 결과적으로 많은 일을 하지 않는 것도 심각한 죄라는 것이다. 우리가 하나님께 구하면 하나님이 주시고, 우리는 이웃을 먼저 대접해야 한다. 하나님께 구하여 받아서(생산), 이웃을 위하여 사용(소비)해야 한다. 오병이어의 기적사건도 예수님이 적은 음식을 많게 만든 생산을 통하여 이웃을 도운 것이라고 볼 수 있다. 사천 명을 먹인 사건도 동일한 교훈을 우리에게 준다. 이러한 기적적인 생산과 달리 달란트 비유는 인간의 재능과 노력을 통한 생산을 강조하고 있다. 그러므로 인간은 기적으로서의 생산 뿐 아니라 직업에서 최선을 다하여 생산해야 한다. 예수님께서는 양과 염소의 비유를 통하여 이웃에게 사랑으로 자신이 생산한 것을 이웃에게 나눠주라고 하셨다(오덕호, 1999).

가난한 사람에게 자선을 베풀 때에는 위선자들이 하는 것처럼 하지 말라. 그들은 자기들의 자선행위를 드러내려고 회당과 거리에서 나팔을 분다. 내가 진정으로 말한다. 그들은 이미 받을 상을 다 받았다. 그러니 네가 어떤 사람에게 친절을 베풀 때 남의 눈에 띄지 않게 하라. 네 오른손이 하는 일을 왼손이 모르게 하라. 모든 비밀을 아시는 너의 아버지께서 네게 갚아 주실 것이다.

/마태복음 6장 2-4절

가서 하늘나라가 가까이 왔다고 그들에게 선포하라. 병자를 고쳐 주고 죽은 자를 살리고 나병환자를 깨끗하게 하고 귀신들을 쫓아내라. 너희가 거저 받았으니 거저 주라.

/마태복음 10장 7-8절

구하라, 받게 될 것이다. 찾으라, 얻을 것이다. 두드리라, 열릴 것이다. 누구든지 구하면 받을 것이고, 찾으면 얻을 것이고, 두드리면 열릴 것이다. 아들이 아버지에게 떡을 달라고 하는데 그 아버지가 떡 대신에 돌을 주겠느냐? 또 아들이 생선을 달라고 하는데 그 아버지가 뱀을 주겠느냐? 악한 사람일지라도 자기 자녀에게 좋은 것을 주려고 애쓰는데 하물며 하늘에 계신 너희 아버지께서 구하는 사람에게 더욱 좋은 것을 주시지 않겠느냐? 남에게 대접받기를 바라는 대로 너희도 남을 대접하라. 이것이 진정한 율법의 가르침이요, 예언서의 정신이다.

/마태복음 7장 7-12절

저녁이 되자 제자들이 와서 말하였다. '이미 저녁 시간이 지났는데 여기는 빈들이어서 아무 것도 먹을 것이 없습니다. 그러니 군중을 헤쳐 제각기 마을에 들어가서 음식을 사먹도록 하는 것이 좋겠습니다.' 그러나 예수께서는 '그럴 필요가 없다. 너희가 먹을 것을 주어라'하고 말씀하셨다. '무슨 말씀을 하십니까! 저희에게는 떡 다섯 덩어리와 물고기 두 마리밖에 없습니다'하며 제자들이 의아해하자 예수께서 '그것을 이리 가져 오너라' 하시고 군중을 풀밭에 앉게 하였다. 그리고 떡 다섯 덩어리와 물고기 두 마리를 손에 들고 하늘을 우러러 감사의 기도를 드리신 다음, 떡을 떼어 제자들에게 주면서 사람들에게 나누어 주라고 하셨다. 사람들이 모두 배불리 먹고 남은 조각을 주워 모았더니 열두 광주리에 가득 찼다. 먹은 사람은 여자와 어린아이들을 빼고도 남자만 5천 명가량이 되었다.

/마태복음 14장 15-21절

예수께서 제자들을 불러 말씀하셨다. '이들이 벌써 사흘 동안이나 나와 함께 지냈는데 먹을 것이 없으니 참 안됐구나. 그들을 굶겨 보낼 수는 없다. 가다가 길에서 쓰러질지도 모르지 않느냐?' 제자들이 대답하였다. '그러나 이런 빈들에서 이 많은 사람을 충분히 먹일 만한 음식을 어떻게 구하겠습니까?' 예수께서 물으셨다. '먹을 것이 얼마나 있느냐?' 제자들이 대답하였다. '떡 일곱 덩어리와 작은 물고기 몇 마리가 있습니다.' 예수께서는 모든 사람을 땅에 앉도록 하신 뒤 떡 일곱 덩어리와 물고기를 손에 들고 하나님께 감사의 기도를 드리셨다. 그리고 그것을 떼어 제자들에게 주시며 군중에게 나누어 주라고 하셨다. 사람들이 모두 배불리 먹고 남은 조각을 주워 모았더니 일곱 바구니에 가득 찼다. 먹은 사람은 여자와 어린아이들을 빼고 남자만도 4천 명이나 되었다.

/마태복음 15장 32-38절

3. 직업 선택

기독교인의 직업에 대한 태도는 직업생활을 통해 하나님을 섬기는 소명적 자세에 있다. 신약 성경의 기록자들의 소명(calling)은 그리스도의 몸 안에서 제자답게 살라는 총체적인 부름이며, 하나님 나라의 시민으로의 부름이며, 구원으로의 부름이다. 따라서 직업의 선택은 소명 그 자체가 아니며, 구원에로의 부르심에 대하여 우리의 응답의 중요한 일부분으로 여겨져야 할 것이다(김재영, 1989, p.25).

성경에서는 직업생활을 통해 하나님을 잘 섬길 수 있는 특정 직업의 유형을 서술하지 않고 있으며 그 기준도 제시하지 않고 있다. 예수님의 제자들 가운데에는 어부들, 세리, 정치인(열심 당원) 등이 있었고, 예수님은 목수였을 가능성도 많으며 예수님께서 기꺼이 만난 사람들의 직업에는 귀천이 없었다.

안동규 외(1994)의 연구에 따르면 우리나라 그리스도인과 비그리스도인은 돈을 버는 방법에 있어서 전혀 차이가 없었다. 이 연구에서는 공해물질배출, 뇌물 수수, 정실 인사, 소비자 기만, 내부자 거래 등의 사례를 중심으로 응답자의 행동을 측정하였는데 그리스도인 집단과 비그리스도인 집단 사이에 전혀 차이가 없음이 밝혀졌다. 하지만 황호찬(1996, pp85～98)은 그리스도인의 사업경영은 세상과 달라야 함을 강조하면서 정의의 경영, 사랑의 경영, 책임의 경영을 주요한 경영정책으로 제안하였다. S. J. Roel(1990, p.33)은 그리스도인이 돈을 버는 데에도 지켜야 할 원칙을 다음과 같이 제시하고 있다. 첫째, 인류의 생존 기반인 환경을 파괴하고 인간의 생활을 위협하는 행위로 인한 것은 피해야 한다. 둘째, 사람의 가치관, 습관, 태도, 건강 등에 악영향을 끼치는 제품은 만들지도 팔지도 말아야 한다. 셋째, 불건전한 소비문화를 조장하는 판매전략을 선정해서는 안 된다.

> 로마에 사는 사랑하는 형제 여러분, 여러분은 그리스도의 극진한 사랑을 받고 있습니다. 여러분들도 예수 그리스도의 초청을 받아 하나님의 소유, 곧 하나님의 거룩한 백성이 된 것입니다. 우리 아버지 하나님과 우리 주 예수 그리스도께서 여러분에게 풍성한 은혜와 평화를 내려 주시기를 빕니다.
> /로마서 1장 6절
>
> 로마에 사는 사랑하는 형제 여러분, 여러분은 그리스도의 극진한 사랑을 받고 있습니다. 여러분들도 예수 그리스도의 초청을 받아 하나님의 소유, 곧 하나님의 거룩한 백성이 된 것입니다. 우리 아버지 하나님과 우리 주 예수 그리스도께서 여러분에게 풍성한 은혜와 평화를 내려 주시기를 빕니다.
> /로마서 1장 6절
>
> 그래서 여러분의 일상생활이 하나님께 걱정을 끼치기보다는 도리어 그분의 영광에 참여하여 그 나라에 초청해 주신 하나님을 기쁘게 해드리도록 애써 왔습니다.
> /데살로니가전서 2장 12절
>
> 하나님의 선물과 부르심은 결코 철회되는 일이 없습니다. 하나님께서는 절대로 약속을 어기시지 않습니다.
> /로마서 11장 29절

또한 그리스도인은 직업을 선택할 때 노동의 목적을 분명히 인식해야 한다. 에베소서 4장 28절에는 "도적질하는 자는 다시 도적질하지 말고 돌이켜 빈궁한 자에게 구제할 것이 있기 위하여 제 손으로 수고하여 선한 일을 하라"고 말하고 있다. 그리스도인들은 수고를 하더라도 선한 목적을 위하여, 그리고 구체적으로 빈궁한 자를 구제하기 위하여 해야 한다.

예수님께서는 우리에게 땅에 보물을 쌓아두지 말고 하늘에 보물을 쌓아두라고 말씀하셨다. 그러나 모든 돈을 하늘에 쌓을 수 있는 것은 아니다. 세상에서는 보물 취급을 받아도 하나님 보시기에 쓰레기 같아서 하늘에는 쌓을 수 없는 보물이 얼마든지 있다. 도둑질 한 돈, 정당하지 못한 직업으로 벌어들인 돈, 불로소득으로 벌어들인 돈, 공정하지 않은 방법으로 벌어들인 돈 등을 예로 들 수 있다. 하나님의 방법에는 횡재란 없다는 점을 명심해야 한다. 세상에서 진정으로 승리하고 성공한 사람들을 연구해 보면 대부분이 예수님의 방식과 길을 고집하여 승리하고 성공한 사람이라는 사실을 알 수 있다(깅동호, 2001).

따라서 기독교인의 직업선택은 직업의 종류에 초점을 두기 보다는 직업생활에서의 신앙성에 초점을 두어야 한다. 기독교인들은 직업을 소득획득의 수단과 방법보다는 섬김의 통로로 인식해야 하는 것이다. 그리고 성경에서는 어떠한 직업을 가지게 될 경우에도 '작은 일에 충성된 자'와 같이 '자신의 달란트를 최대한 활용하는' 노력을 경주해야 할 것을 강조하고 있다. 뿐만 아니라 노동과 수고의 진정한 목적은 선한 일에 있기 때문에 그리스도인은 직업선택에서 그리고 직장생활에서 판단기준은 '선한 일'에 두어야 한다. 이상에서 살펴본 성경적 직업관과 그에 따른 실천적 내용을 다음 표와 같이 정리하였다.

〈표5.1〉 성경적 직업관과 직업교육 내용

분류	성경적 직업교육 내용	
	성경적 직업관	실천 내용
노동에 대한 태도	게으름과 방탕함을 경계 - 게으르고 악한 종, 무익한 종	작은 일에도 충성된 성실한 태도
직업의 목적	소명사상 - 하나님께서 맡기신 직분의 일부분	선한 일과 선한 일로 부함, 섬김
직업선택의 기준	직업의 종류의 귀천을 가리지 않으심 - 선한 일과 가난 구제	직업생활의 신앙성 - 섬김의 통로, 선한 일의 장, 충성된 태도

기독교인들이 직업을 선택할 때 지켜야 할 원리는 다음과 같다(원용일, 2009; Steele 저, 조계광 역, 2011).

1) 영혼을 이롭게 하는 직업을 선택하라.

우리는 합법적이고 소득도 충분하지만 영혼을 병들게 하는 직업을 선택하지 않도록 해야 한다. 일부 다단계 판매 등을 예로 들 수 있다. 그러한 유형의 직업은 유혹이 너무 크고 다양하기 때문에 악덕과 부도덕에 물들지 않고 버티기가 매우 어렵기 때문이다. 잠깐의 이익을 위하여 귀중한 영혼을 위험에 빠뜨리는 것은 매우 어리석은 일이기 때문이다. 예수님은 마태복음 16장 26절에서 "사람이 만일 온 천하를 얻고도 제 목숨을 잃으면 무엇이 유익하리요. 사람이 무엇을 주고 제 목숨과 바꾸겠느냐"고 하셨다. 그러나 극단적인 이상주의에 빠져서 현실도피를 해서도 안 된다. 전도서 7장 16절에서도 "지나치게 의인이 되지도 말며 지나치게 지혜자도 되지 말라 어찌하여 스스로 패망하게 하겠느냐" 라고 전도자는 말하고 있다. 잠언 13장 11절에서는 "망령되이 얻은 재물은 줄어가고, 손으로 모은 것은 늘어간다"고 하였고, 10장 2절에서는 "불의의 재물은 무익하여도 공의는 죽음에서 건진다"고 하였다.

2) 신앙의 원리를 따르라.

우리의 가치관, 행동의 동기 기질과 태도는 하나님께서 우리를 의무와 행복의 길로 이끄시기 위하여 허락하신 지침과 우리에게 부여하신 합리적인 본성에 합치되어야 한다. 이렇게 하기 위해서는 우리의 생각이 신앙의 원리에 복종하고 인도받은 대로 따라야 한다. 하나님께서 우리에게 청년의 때에 창조주를 기억하는 것(전도서 12장 1절)을 우리의 의무이자 관심사로 삼으셨기 때문이다. 에베소서 6장 6-7절에서는 "눈가림만 하여 사람을 기쁘게 하는 자처럼 하지 말고 그리스도의 종들처럼 마음으로 하나님의 뜻을 행하고 기쁜 마음으로 섬기기를 주께 하듯 하고 사람들에게 하듯 하지 말라"고 되어 있다. 이렇게 하면 가장 보잘 것 없는 직업도 가장 고귀하게 바뀔 수 있고, 어떤 직업에서 어떤 성공을 거두든지 고귀한 목적과 참된 행복을 이룰 수 있다.

나의 왕, 나의 하나님이시여.
범사에 주님을 바라보게 하소서.
무슨 일을 하든지 주님을 위해 하게 하소서.
이런 마음으로 일하는 종은
허드렛일도 신성하게 만들고,
주님의 계명을 위해 방을 청소하는 종은
그 일과 행위를 아름답게 만드나이다.

- Herbert -

3) 항상 하나님을 의지하며 각오를 다지라.

어떠한 직업을 선택하던 항상 새로운 유혹과 시련이 찾아오는 것이 우리가 살고 있는 현실 세계이다. 하나님의 도움심에 의지하면서 늘 굳센 각오를 다져야 유혹과 시련을 이겨낼 수 있다. 이를 위해서는 지혜롭고 경건한 사람들과 어울려야 한다. 지혜로운 사람과 동행하면 지혜를 얻고 미련한 사람과 사귀면 해를 받는다고 하였다(잠언 13장 20절). 직업 활동에 따르는 수고와 어려움을 극복하기 위해서는 확고하고 부지런한 태도가 필요하다. 눈물로 뿌린 씨앗은 백배의 결실을 거둘 수 있다는 믿음으로 즐거운 마음으로 인내하면 하나님께서 가장 좋은 시기에 가장 좋은 것으로 주신다는 것을 믿고 신뢰하면서 최선을 다해서 노력하면 평화와 만족이 찾아오며 그 모든 수고와 시련을 보상해 줄 것이다.

"내게 나무를 벨 시간이
여덟 시간 주어진다면,
그 중 여섯 시간은 도끼를 가는데 쓰겠다."
에이브러햄 링컨은 이렇게 말했다고 한다.
그렇다. 모든 일을 하기에 앞서
'왜 이 일을 해야 하는지'
목표의식을 확고히 해야 한다.

- 김난도의「아프니까 청춘이다」중에서 -

4) 땀 흘리는 일을 선택하라.

기독교도인들은 직업을 선택할 때 일의 가치와 노동의 책임도 고려해야 한다. 건전한 노동관을 가지고 땀 흘려 일함으로써 수입을 얻고 보람을 얻어야 한다. 불로소득이나 대박의 꿈을 좇아서는 안 된다. 건전한 재테크에는 관심을 가질 수 있으나 그것도 노동의 가치를 대신해주지 못한다는 점을 명심해야 한다.

> 제 땅 열심히 일구는 이는 먹을 것 걱정이 없을 것이나, 허랑방탕하게 살아가는 이는 쪽박 차는 신세를 면할 길 없다. 진실되게 살아가는 이는 많은 복을 받아도, 부자가 되려고 혈안이 되어 있는 사람이 천벌을 받지 않으랴? /잠언 28장 19-20절
>
> 전에도 이미 말한 것입니다만 조용한 생활을 하고, 자신의 직무에 충실하십시오. 자기가 맡은 일을 진심으로 정성을 다하여 주십시오. 그렇게 되면 그리스도인이 아닌 사람들도 여러분을 믿고 따르며 존경하게 될 뿐 아니라 여러분도 다른 사람에게 신세를 지지 않게 될 것입니다. /데살로니가 전서 4장 11-12절

5) 돈 버는 일을 택하라.

최근에 청년실업자가 증가하면서 부모에게 경제적으로 전적으로 의지하는 캥거루족이 크게 증가하고 있다. 현재 직업이 없더라도 청년들은 자신이 경제적으로 자립할 수 있는 일을 찾아야 한다. 정규직으로 취직을 하지 못하면 아르바이트라도 해야 한다. 돈을 버는 것이 이처럼 중요하지만 소득이 직업의 모든 가치를 대신해서는 안 된다.

> 그런데도 여러분 가운데 게으름을 피우고 일하기 싫어하며 잡담으로 세월을 보내는 자들이 있다는 말이 들려오고 있습니다. 그런 사람들에게 주 예수 그리스도의 이름으로 충고하고 명령합니다. 공연히 들떠있지 말고 일에 열중하여 자기 생활비를 벌어서 쓰십시오.
>
> /데살로니가후서 3장 11-12절

6) 좋아하는 일을 택하라.

우리는 자신이 좋아하는 일을 해야 열정으로 일할 수 있다. 사회적 명예가 있다거나 돈을 아무리 많이 벌 수 있는 직업도 자신이 좋아하지 않으면 자신의 소명이 될 수 없다. 전도서 3장 22절에 우리의 일은 이렇게 즐겁게 할 수 있는 일이어야 한다고 되어 있다. 자신의 적성에 맞는 일을 선택하기 위해서는 다양한 직업적성검사를 통하여 자신의 적성을 탐색해 보고, 인턴과정이나 자원봉사 등을 통해서도 자신의 직업적성을 확인해보아야 한다.

나는 매일 놀고 있어요.
밥하는 것도 놀이이고,
청소하는 것도 놀이입니다.
자기가 세상에 필요해서 쓰이면 다 놀이라고 할 수 있어요.
여러분은 매일 노동하는데 저는 매일 놀잖아요.
돈 때문에 억지로 일을 하는 것이 아니라 자기가 좋아서,
또 세상에 보탬이 되는 일이라고 생각해서
그 일을 하는 삶으로 바꿔나가야 합니다.

-법륜-

7) 잘 하는 일을 선택하라.

잠언 22장 29절에서 기자는 능숙하게 잘 하는 일을 가지고 있으면 대왕 앞에서도 떳떳하고 인정받을 수 있다고 하였다. 자신이 잘하는 일을 직업으로 선택하면 보다 효율적으로 일할 수 있기 때문이다. 물론 자신이 좋아하는 일이지만 잘 못하는 일도 있을 수 있다. 이런 경우에도 어느 정도는 끊임없는 자기계발을 통하여 잘 할 수 있도록 노력하는 것이 필요하다.

8) 필요한 일을 선택하라.

사회가 필요로 하는 일을 선택하는 지혜가 필요하다. 이를 위해서는 트렌드를 잘 판단하도록 해야 한다. 자신이 어떤 전공을 선택하려고 할 때도 그 전공이 현재 가장 잘 나가는 것이기 때문에 선택을 하는 것이 아니라 현재는 사회에서 크게 필요로 하지 않아도 앞으로 더 발전가능성이 있는 분야인지를 먼저 고려해야 한다. 내가 선택한 전공이 내가 대학을 졸업한 후에 취업을 하려고 할 때도 사회에서 요구하는 직업에서 필요로 하는 것인지를 잘 판단해야 한다. 100세 시대에 살고 있는 우리는 더욱 미래지향적으로 생각해야 할 것이다.

9) 마음 편하게 실패하라.

인간은 항상 실패해왔다. 앞날이 촉망되는 경력의 소유자도 직업생활에서 실패하고, 누구보다 건강하다고 자부하던 사람도 병에 걸려 신체적으로 실패하고, 사랑에 실패하고, 자신과 잘 맞지 않은 애인만 좋아해서 또 실패하고…. 옛날 신분제 사회에서는 계급과 신분으로 성공과 실패가 예정되어 있었고, 기회가 사라지면서 실패가 나타나게 되었다. 그러나 현대에는 신분제는 폐지되었지만 위험부담이 더 증가하게 되었고, 우리의 선조들보다 더 열정적인 인생을 살아가고 있다. 끊임없이 무엇인가를 시도하고, 무언가가 되기를 원하고 어중간한 것으로는 만족하지 못한다. 큰 것을 원하면 큰 실패도 감내해야 된다는 점을 명심해야 한다. 실패를 경험한 사람만이 차별성, 개성, 영혼의 성장을 경험한다. 그리스도인들은 자신이 정말 최선을 다해 열심히 했는데도 실패했다면 그 일이 하나님의 의를 구하는 것이었는지를 다시 한 번 점검해보고, 하나님께서 더 좋은 길을 나에게 마련해주셨다는 것을 믿고 새로운 길을 찾으려는 노력도 해보아야 한다(Horx 저, 이온화 역, 2004).

공중누각을 지은 사람은 자신의 일이 실패했다고 말하지 말라.
공중누각은 공중에 속하기 때문이다.
당신은 그 아래에 토대를 세우기만 하면 된다.

- 헨리 데이비드 소로우 -

실패에는 칭찬받을 실패와 비난받을 실패가 있다. 칭찬받을 실패는 높은 수준의 지식을 보유하고 있음에도 불구하고 인과관계가 복잡해서 나타나는 실패로 실패 자체가 해당 분야의 지식만을을 확대하는데 기여한다. 이와는 달리 비난받을 실패는 프로세스에 적응하기 못하거나, 능력이 부족하거나 부주의하거나 정해진 프로세스나 관행을 어기는 것 등이 포함된다(Edmondson, 2011). 실패위험을 감수하고 새로운 시도를 하며 실패로부터 많은 것을 학습하고 결과적으로 창조적인 성과를 창출하는 실패정복자가 되려고 노력해야 한다. 실페정복자가 되기 위해서는 실패할 용기와 실패를 통한 학습의 두 가지 조건이 충족되어야 한다(마이클 럼 저, 공명숙, 역, 2011). 실패할 용기를 가지기 위해서는 실패에 대한 두려움을 낮추고, 실패를 인정하고 드러낼 수 있어야 한다. 실패를 통하여 학습을 할 수 있으려면 초기에 많이 또 빨리 실패할 수 있어야 하고 실패경험을 자산화할 수 있어야 한다. 기업들도 실패를 통하여 창조적 성과를 창출하기 위하여 노력하고 있으므로 실패를 두려워해서는 안 된다(진현, 2012).

10) 일을 의미 있게 만드는 Job Crafting을 하라.

Job Crafting은 자신에게 주어진 업무를 스스로 변화시켜 일을 더 의미 있게 만드는 활동으로 주어진 과업과 기존 고객 및 동료관계를 넘어섬으로 가능하다. 이를 위해서는 첫째, 자신의 권한 내에서 적당한 긴장과 부담이 느껴질 수 있도록 업무의 난이도를 설정하고, 자신에게 부여된 업무가 아니라도 잘 할 수 있거나 흥미가 생기는 분야에 지속적으로 관심을 갖고 도전해야 한다. 둘째, 자신에게 주어진 역할 뿐 아니라 본인이 더 의미를 부여할 수 있는 역할을 찾아 고객과의 관계를 재설정해야 한다. 직장 동료들과는 공동 목표를 함께 하는 동반자로 관계를 재설정해야 한다. 마지막으로 일의 목적을 명확하게 이해하는 동시에 명시된 요구 수준을 넘어 일의 목표를 더 크고, 깊고 넓게 재정의 한다. 즉 자신의 일에서 긍정적인 가치를 찾아내 부정적인 인식을 희석시키고 작더라도 중요한 의미를 부여한다. 예를 들면 디즈니랜드의 청소 직원은 자신의 역할을 퍼레이드나 어트랙션을 연출하기 위한 무대 만들기라고 정의함으로써 자신이 하는 일에 대하여 자부심을 갖고 더 열심히 즐겁게 한다(임명기, 2013).

11) 나를 가치가 있는 브랜드로 향상시켜줄 시스템을 구축하라.

"나는 내가 책임진다. 나 스스로! 나의 성공, 나의 삶을 책임지는 것은 더 이상 그들이 아니다. 바로 나 자신이다." 왜냐하면 우리 그리스도인들은 모두 하나님의 사랑을 받기 위하여 태어났고, 내게 능력주시는 주 안에서 내가 모든 일을 할 수 있기 때문이다. 우리는 상품은 부차적인 것이 되고 스토리와 꿈이 고객이 찾는 가장 중요한 상품이 되는 드림 소사이어티 시대에 살고 있다. 그러므로 스펙보다 내 브랜드 스토리를 다양한 방법으로 런칭할 준비를 해야 한다. 모험판매 시장에 스토리를 도입하고, 연대감, 친밀감, 우정, 사람의 테마에 스토리를 도입하고, 관심 시장에 스토리를 도입하고, 나는 누구인가를 찾는 정체성 시장에는 그 사람의 정체성을 진단해주고, 마음의 평안을 위한 시장에도, 신념을 위한 시장에도 스토리로 기회를 선점할 수 있어야 한다(박시영, 2013).

12) 복음을 전하는 일을 하라.

우리는 어떤 직업을 선택하든 복음을 전하고 사람을 세워야 하는 사명이 있다. 사도 바울도 밤낮으로 일하면서도 복음을 전했다. 그러나 복음을 전하기 위하여 직장을 선택해서는 안 된다. 직장은 일하는 것이 우선이고 또 복음을 전할 수 있어야 한다. 일상적인 직업과 종교적인 직업 사이에 영적인 차이가 없다는 점도 명심해야 한다. 직장에서의 일은 책임감 없이 대충대충 하면서 동료들에게 복음을 전한다면 그것을 이해하고 받아들일 수 있는 직장동료들은 거의 없을 것이다.

> 그러므로 너희는 가서 모든 민족을 제자로 삼아 아버지와 아들과 성령의 이름으로 침례를 베풀고 내가 너희에게 명한 모든 것을 가르쳐 지키게 하라. 내가 세상 끝 날까지 항상 너희와 함께 있겠다.
>
> /마태복음 28장 19-20절

Chapter 6

성경적인 부자관과 저축 · 투자교육

현대인들에게 올해의 소원을 질문하면 종종 로또 당첨, 투자한 주식이나 보유 부동산의 폭등이라고 대답하는 경우가 있다. 최근 우리나라의 투자 붐은 투자를 하지 않는 사람은 지식이 부족하거나 무능력한 사람, 처세에 능하지 못한 사람이라고 생각하는 경향을 만들었다. 이런 사회적 분위기에서 그리스도인들은 투자에 대하여 어떠한 태도를 가져야 하는지에 대하여 더욱 혼란스러워졌다.

부동산 및 증권투자를 통해 돈을 버는 것과 기독교 정신과의 관계를 조사한 연구(한신대학교 학술원 신학연구소, 2004, p.62~63)에 따르면 응답자의 61.8%는 부동산 및 증권투자를 통해 돈을 버는 것이 기독교 정신과는 무관하다고 인식하고 있으며 기독교 정신에 위배되는 일이라는 응답은 33.8%, 기독교정신에 부합하는 일이라는 응답은 4.4%에 불과하였다. 또 기독교인들은 경제적 부의 축적과 종교적 신앙을 밀접하게 연관시키지는 않는 것으로 나타났다. 자본주의 사회에서 돈을 많이 번 사람은 하나님의 축복을 받은 사람이라는 견해에 대해서 부정적인 응답이 61.8%, 교회에 헌금을 많이 하는 것은 그만큼 하나님의 축복을 더 많이 받을 수 있기 때문이라는 견해에 대해서 긍정적인 응답이 51.1%, 검소한 생활을 하는 사람은 그만큼 신앙심이 더 깊은 사람이라는 견해에 대해 긍정적인 응답은 57.6%로 나타났다. 또 불우 이웃 돕기에 대한 견해에서도 교회를 중축하여 하나님의 말씀을 더욱 널리 알리는 일보다 기독교 정신에 더 부합하는 일이라 생각하는 것에 대해 긍정적인 응답이 74.0%였다. 이 장에서는 성경적인 부자의 모습을 그려보고 투자행위에 대한 성경적 가르침을 탐구해 본다.

1. 부자에 대한 태도

'부자'에 대하여 성경은 부정적인 언급을 많이 하고 있다. 야고보서 5장 1~5절에서는 "들으라 부한 자들아, 너희에게 임할 고생을 인하여 통곡하라. 너희 재물은 썩었고 너의 옷은 좀먹었으며 너희 금과 은은 녹이 슬었으니 이 녹이 너희에게 증거가 되며 불같이 너희 살을 먹으리라. 너희가 말세에 재물을 쌓았도다. 보라 너희 밭에 추수한 품꾼에게 주지 아니한 삯이 소리 지르며 추수한 자의 우는 소리가 만군의 주의 귀에 들렸느니라. 너희가 땅에서 사치하고 방종하여 도살의 날에 너희 마음을 살찌게 하였도다"라고 부자들에게 경고하고 있다.

누가복음에서는 다음과 같이 물질만능주의에 빠진 어리석은 부자의 이야기가 나온다. 이 부자는 부정한 방법으로 돈을 벌지도 않았고 자신의 땅에서 열심히 일해서 풍성하게 추수를 하였다. 이 사람은 부자가 되면 영혼도 편해질 것이라고 생각했다. 이 부자는 현재 물질만능주의에 빠진 현대인을 대변한다고 볼 수 있다(조성표, 2008). 성경에서는 하나님만 전지전능하시다고 하고 있지만 이 시대는 돈이 전지전능하다고 가르치고 있다. 이 부자는 또한 열심히 일해서 돈을 많이 벌었지만 자신만을 위해서 쓰려고 함으로써 어리석은 부자가 된 것이다.

> 그러고 나서 비유로 말씀하셨다. '어떤 부자가 기름진 농토를 가지고 있었는데 풍년이 들었다. 그래서 곳간을 가득 채우고도 곡식이 남아 더 넣어 둘 데가 없었다. 그는 어떻게 할까 궁리하다가 속으로 이렇게 말하였다. '곳간을 헐고 더 크게 지어야겠군. 그러면 충분히 쌓아둘 수 있겠지. 그리고 내 영혼에게 이렇게 말하리라. 나는 물건을

몇 해 동안 쓰고도 남을 만큼 쌓아 두었다. 이제는 편안히 쉬면서 먹고 마시며 즐기자.' 그러나 하나님께서 그에게 말씀하셨다. '어리석은 자야! 오늘밤에 내가 네 영혼을 찾아 가리라. 그러고 나면 네가 모은 재산이 다 누구의 차지가 되겠느냐?' 그렇다. 재물을 하늘에 쌓아 두지 않고 땅에 쌓아 두는 사람은 모두 이와 같이 어리석은 사람이다.

/누가복음 12장 16-21절

마태복음, 마가복음, 누가복음 등에 나오는 부자 관원 이야기가 있다. 이 부자 관원에 대한 이야기는 비유가 아니라 실화이다. 이 부자 관원은 현재로 보면 신앙 좋고, 부자이고, 학식도 있고, 사회적 지위도 있는 예루살렘에서 1등 신랑감이라고 볼 수 있다. 이 유망한 청년이 예수님께 나와 누가 구원을 얻을 수 있는지 물었다. 예수님께서 계명 이야기를 하자 그런 것은 어렸을 때부터 다 지켰다고 자랑하면서 무엇이 더 부족하냐고 하면서 교만하게 말하였다. 예수님께서는 네가 가진 것을 팔아 가난한 사람에게 나눠주고 예수님을 따르라고 하셨다. 예수님이 보시기에 이 부자 관원은 돈에 대한 의존성이 너무 강했기 때문에 이렇게 말씀하셨다. 예수님을 좇을 것인가 아니면 돈을 좇을 것인가의 기로에서 이 부자 관원은 돈을 좇았다. 돈의 노예가 되지 않았던 부자에게는 예수님은 재산을 팔아서 나눠주라고 하지 않으셨다. 예수님의 시신을 거두었던 아리마대 요셉과 관원이었던 니고데모는 부자로서 예수님을 섬겼다(조성표, 2008).

한번은 유대 지도자 한 사람이 예수께 이런 질문을 가지고 왔다. '선하신 선생님, 제가 어떻게 해야 영원한 생명을 얻을 수 있겠습니까?' 예수께서 그에게 말씀하셨다. '네가 나를 선하다고 하였느냐? 그러나 하나님 한 분밖에는 선하신 이가 없다. 너는 '간음하지 말라, 살인하지 말라, 도둑질하지 말라, 거짓 증언하지 말라, 네 부모를 공경하라는 계명을 알지 않느냐?' 그 사람이 대답하였다. '저는 그 모든 것을 어릴 때부터 지켜 왔습니다.' 예수께서 말씀하셨다. '그러나 네게 아직도 한 가지 부족한 것이 있다. 네가 가진 것을 다 팔아 그 돈을 가난한 사람들에게 나누어 주어라. 그러면 하늘에다가 네 재물을 쌓는 것이 될 것이다. 그리고 와서 나를 따르라.' 그 사람은 이 말씀을 듣자 침울한 표정으로 가버렸다. 그는 큰 부자였기 때문이다. 예수께서는 그가 가는 것을 지켜보시다가 제자들에게 말씀하셨다. '부자가 하나님 나라에 들어가기는 매우 어렵다.

부자가 하나님 나라에 들어가기보다는 낙타가 바늘귀로 들어가는 것이 더 쉬울 것이다.' 이 말씀을 듣고 있던 사람들이 말하였다. '만일 그렇다면 누가 구원을 얻을 수 있겠습니까?' 예수께서 대답하셨다. '사람들이 할 수 없는 일을 하나님께서는 하실 수 있다!' 그러자 베드로가 말하였다. '저희는 가진 것을 다 버리고 주님만을 따라왔습니다.' 예수께서 말씀하셨다. '내가 진정으로 말한다. 누구든지 하나님 나라를 위하여 집이나 아내나 형제나 부모나 자녀를 버리는 사람은 이 세상에서 여러 갑절의 보상을 받을 뿐만 아니라 오는 세상에서는 영원한 생명을 얻을 것이다.'

/누가복음 18장 18-30절

누가복음 16장에서 부자와 나사로의 비유를 보면 부자는 살아있을 때 좋은 것을 받았고 나사로는 고난을 받았지만 죽어서 부자는 음부에서 고난을 받고 나사로는 천국에서 위로를 받는다(25절). 이 비유를 문자적으로 보면 부자가 천국에 들어가기 어렵다는 것만으로 해석하기 쉬우나 여기에 부자가 천국에 들어가는 길을 선지자들의 말씀을 듣고 회개하는 것임을(27~31) 명시하고 있다. 즉 천국에 들어가는 조건은 부의 여부가 아니며 자신만을 위해 재물을 향유한 자의 회개이다. 결국 성경은 하나님의 복을 받은 부자들에게 "너희를 위하여 복을 쌓아두지 말라. 거기는 좀과 동록이 해하며 도적이 구멍을 뚫고 도적질하느니라. 오직 너희를 위하여 보물을 하늘에 쌓아 두라"(마태복음 7장 19~20절)라고 생명의 길을 보여주고 있다.

누가복음에는 또한 부의 허망함을 안 삭개오 이야기가 나온다. 삭개오는 천민 출신으로 세리장을 하면서 남한테 욕을 먹어가면서 까지 돈을 많이 벌어서 귀족 신분을 산 사람이다. 당시 세리장은 돈을 걷어서 일정 부분만 납부하면 되었기 때문에 악착같이 이스라엘 민족들의 돈을 뜯어서 자신의 수입을 늘렸다. 즉 정당하지 못한 방법으로 돈을 벌었다. 그러나 돈을 많이 벌었음에도 불구하고 괴로운 일들이 생기기 시작하자 육체와 마음의 모든 병을 고친다는 예수님이 오신다는 소문을 듣고 예수님을 보기 위하여 나왔다. 그러나 사람이 너무 많아 급한 마음에 예수님께 치유를 받기 위하여 창피함을 무릅쓰고 돌무화과 나무에 올라갔다. 삭개오는 전형적인 회개의 표본이다. 그는 구원을 받기 전에 죄로 물든 삶을 살았지만 회개하고 180도로 달라져서 자신이 가지고 있는 재산의 절반을 팔아서 가난한 사람들에게 나누어 주겠다고 했고,

누구의 것을 속여서 빼앗은 것이 있으면 네 배나 갚겠다고 하였다. 삭개오는 마음으로 회개하고 행동으로 보였기 때문에 예수님께서는 그를 하나님의 자손, 아브라함의 자손이라고 하셨고 부자 관원과는 달리 전 재산을 팔라고 하지도 않으셨다.

하지만 성경에서는 그리스도인들은 투자를 통한 상업적 이익을 어느 정도 추구하는 것이 합당한가에 대해서 명확하게 제시하고 있지 않다. 성경이 쓰였던 시대의 경제적 환경은 금융적 투자는 물론이고 상업적 투자 행위가 보편화되지 못했기 때문에 현대 그리스도인이 생각하는 '투자행위'에 대한 언급이 이루어지기는 불가능하였을 것이다. 구약시대에 솔로몬은 "지혜있는 자의 집에는 귀한 보배와 기름이 있으나 미련한 자는 이것을 다 삼켜버리느니라"(잠언 21장 20절)고 하였다. 저축하는 행위가 지혜롭다는 말씀인데 저축은 왜 지혜로운 것인가? 그 근거로 칼빈 바이스너(1993, pp174～175)는 비상한 때가 닥칠 수 있기 때문에 이에 대한 대처를 위한 것(창세기 41장과 47장)과 미래 지향성(잠언 21장 17절)을 제시하고 있다. 의로운 사람은 자기 자신의 미래를 예비하고 또 자기 후손들의 미래를 대비하여 그들을 위하여 물려줄 기업을 성실하게 건설한다(잠언 13장 22-23절). 성경은 미래 준비를 위한 '저축행위'는 지혜로운 것으로 간주하고 있다.

로마 세관에서 일하는 세관장으로서 큰 부자이며 매우 영향력이 있는 삭개오라는 유대 사람이 예수를 보려고 애를 쓰고 있었다. 그러나 키가 너무 작은데다 사람이 많아서 볼 수가 없었다. 그래서 그는 예수께서 지나가려는 길을 앞질러 달려가 길가에 있는 돌무화 과나무 위에 올라갔다. 예수께서 그곳에 이르자 삭개오를 보고 그의 이름을 부르셨다. '삭개오야! 빨리 내려오너라. 내가 오늘 네 집에 머무르겠다.' 삭개오는 얼른 내려와서 기쁜 마음으로 예수를 자기 집에 모셨다. 그러나 군중은 '그분이 소문난 죄인의 집 손님이 되시다니' 하고 투덜거렸다. 삭개오는 주님 앞에 일어서서 말하였다. '선생님, 제 재산의 절반을 가난한 사람들에게 주겠습니다. 그리고 만일 제가 세금을 누구에게 더 부과한 것이 발견되면 제 돈으로 네 배를 갚겠습니다.' 예수께서 말씀하셨다. '오늘 이 집이 구원을 얻었다. 이 사람도 잃어버렸던 아브라함의 자손중의 하나이다. 나, 인자는 이와 같은 이들을 찾아서 구원하러 왔다.' /누가복음 19장 2-9절

기근이 무척 심하였다. 어디를 가나 먹을 것이 없어 난리였다. 애굽 사람도 가나안 사람도 먹거리가 없어 굶주렸다. 요셉은 그들에게 곡식 판 돈을 왕궁에 갖다 바쳤다. 애굽 사람도 가나안 사람도 먹고 살고자 있는 돈을 다 가져와 곡식을 사갈 수밖에 없었다. 애굽 사람과 가나안 사람이 계속되는 기근으로 있는 돈을 모조리 곡식 사는데 다 쓰고 났을 때 애굽 사람들이 요셉에게 찾아와서 하소연하였다. '우리에게 먹을 것을 좀 주세요. 먹을 것이 하나도 없어요. 이제는 가지고 있던 돈도 다 떨어지고 말았어요.' 그러자 요셉이 말하였다. '돈이 다 떨어져 없으면 다른 재산이라도 가져오시오. 그러면 양식과 바꾸어 주겠소.' 그러자 사람들이 가축 떼를 끌고 왔다. 먹고 살기 위해서였다. 그들이 말과 양 떼와 소 떼와 나귀를 끌고 오자 요셉은 양식으로 바꾸어 주었다. 이렇게 그 한 해 동안은 가축을 요셉에게 갖다 주어 그것으로 연명해 나갈 수 있었다. 다음해가 되었다. 사람들이 요셉을 찾아와서 아우성이었다. '총리 각하께 우리 처지를 말씀드리지 않을 수 없습니다. 우리가 가지고 있던 돈도 모두 곡식을 사먹느라 떨어졌습니다. 또한 우리가 가지고 있던 가축 떼마저도 이제는 어르신께서 다 갖지 않으셨습니까? 이제 우리한테 남은 것이라고는 이 몸뚱어리와 밭밖에 없습니다. 굶어 죽을 수야 없지 않습니까? 어떻게 좀 해주십시오. 그나마 남아 있는 밭뙈기마저도 흉년이 들어 저렇게 황폐해 있지 않습니까? 우리 몸뚱어리와 우리 밭을 사십시오. 그 대신 우리에게 양식을 주십시오. 그래야 우리가 먹고 목숨을 부지할 것 아닙니까? 또 밭에다 씨라도 뿌릴 것 아닙니까?' 이리하여 요셉은 애굽에 있는 밭을 모두 사서 바로에게 바쳤다. 애굽 사람들은 기근을 견디지 못하여 자기들이 가지고 있는 밭을 모두 팔았다. 그래서 땅이란 땅은 모두 다 바로의 소유가 되었다. 요셉은 또 애굽에 살고 있는 사람들을 모조리 종으로 만들었다. 이러한 기근에도 요셉이 사들이지 않은 땅은 다만 제사장들이 소유하고 있는 신전 영지뿐이었다. 제사장들은 바로가 주는 봉급으로 살아가는 까닭에 가지고 있던 땅을 팔지 않아도 되었다. 요셉이 애굽 사람들에게 말하였다. '그동안 내가 너희 몸뚱어리뿐만 아니라 밭까지도 모두 사서 바로에게 바쳤다. 이제 여기 씨가 있으니 너희가 농사짓던 땅에다 씨를 뿌려라. 너희가 씨를 뿌려 곡식을 거두어들일 때에는 소출 가운데에서 5분의 1은 바로에게 바쳐야 한다. 그리고 나머지는 너희가 양식으로 삼아라. 또 밭에 뿌릴 씨도 너희 몫에서 충당하여라.' '우리 목숨을 살려 주신 것만도 그지없이 고마울 뿐입니다. 우리에게 이렇게 잘해 주시니 고맙습니다. 총리 각하, 우리는 바로의 종들입니다. 그저 은혜에 감사를 드릴 뿐입니다.' 이렇게 해서 요셉은 밭에서 나는 소출 가운데에서 5분의 1은 바로에게 바쳐야 한다. 그리고 나머지는 너희가 양식으로 삼아라.

또 밭에 뿌릴 씨도 너희 몫에서 충당하여라.' '우리 목숨을 살려 주신 것만도 그지없이 고마울 뿐입니다. 우리에게 이렇게 잘해 주시니 고맙습니다. 총리 각하, 우리는 바로의 종들입니다. 그저 은혜에 감사를 드릴 뿐입니다.' 이렇게 해서 요셉은 밭에서 나는 소출 가운데에서 5분의 1은 바로에게 바치는 토지법을 제정하였는데, 그 법이 오늘날까지도 시행되고 있다. 그러나 제사장들의 땅은 바로에게 팔지 않았기 때문에 왕의 소유가 되지 않았다. 이스라엘의 가족들은 애굽 땅 고센에서 자리 잡고 살았다. 여기서 그들은 번성하여 후손들이 부쩍부쩍 불어났다.

/창세기 47장 1-27절

날마다 향락에 빠져 헤매는 이들은 주머니에 돈이 남아날 리 없고, 허구한 날 술만 마시며 사치스럽게 살아가는 이들이 부자가 되는 것은 하늘의 별 따기.

/잠언 21장 17절

착한 사람의 유산은 자손대대로 이어 가지만, 못된 짓을 하여 모아 놓은 불의한 재산은 바르게 사는 이들에게 돌아가는 법이다. 가난한 이들이 경작하는 땅에서는 거두어들일 것이 많이 있지만, 불의가 판을 치면 남아나는 것 하나 없다.

/잠언 13장 22-23절

한편 초대 교부들의 경제사상은 '부의 축적'에 대하여 어떻게 서술하고 있는 지를 살펴보면, 교부 알렉산드리아의 클레멘트(clement of Alexandria)는 재물은 이웃을 위해 그것을 사용하려는 인간에게 주어지는 하나님의 선물이며 이기적인 목적으로 재물을 소유하는 태도를 거부하였다. 마찬가지로 초대교부들인 카파도키아의 대 바실리우스, 밀라노의 암브로시우스, 콘스탄티노플의 요한 크리소스톰, 히포의 아우구스티누스가 소유권에 대하여는 이웃을 위해 사용되는 소유권만을 인정하는 입장을 취하고 있다(찰스 아빌라, 김유준 역, 2004).

종교개혁가들인 루터, 멜랑히톤, 그리고 쯔빙글리는 많은 재물의 소유가 과도한 이자의 취득과 상거래의 독점화와 연결된다고 보았고 이런 소유행태에 대해 부정적인 태도를 보였다(이혁배, 2006, pp88~89). 루터가 농업은 근본적으로 생산하는 것이나 상업은 유통을 통해서 이익을 취하는 것이므로 금해야한다는 입장을 취한 반면 칼빈은 상업이 노동의 분업화에 따른 필수불가결한 직업이라고 보았다. 칼빈은 "하나님께서 그들에게 맡겨주신 것을 유용하게 사용하는 사람들은 바로 상업에 종사하는 사람들이라 하겠다. 경건한 자의 생활은 정확하게 상업 활동과 비유될 수 있다. 왜냐하면 그들은 교제를 유지하기 위하여 서로 교환하고 교역하기 때문이다."라고 하면서 상업을 옹호했다. 그는 더 나아가 이자문제에 대하여 "성경은 이자 받는 것 자체를 금지하지 않고 있다"(이은선, 1999, pp158 ~ 160).

종교개혁 이전까지만 해도 중세교회의 성직자들과 신학자들은 이자놀이를 엄격하게 금지하였다. 775년 니케아 종교회의에서 이자놀이 금지 법안이 통과된 후 남에게 빌려준 돈에 대하여 이자를 요구하는 것은 불법으로 간주되었다. 그러나 이자금지가 국민들의 경제생활에 불만을 초래하게 되면서 몇몇 국가들은 이자금지에 대하여 강력하게 반대하게 되었다. 종교개혁 이전에도 제네바에서는 이자놀이가 이루어지고 있었다. 칼빈은 성경에서 이자수취 금지는 이스라엘 백성들과 이방인들에 대한 취급이 달랐던 점에서 만고불변의 진리가 아니라 당시의 일시적인 시민법이라고 할 수 있다는 점에서 성경 자체는 이자를 받는 것을 금지하지 않고 있다고 해석하였다. 그러므로 이자놀이를 통하여 다른 사람들을 억압하거나 손해를 끼치지 않는 한 이자는 허락될 수 있다고 하였다. 그러나 칼빈은 가난한 사람에게 돈을 빌려주고 이자를 받는 행위는 잘못이고, 그들에게 과도한 보증을 요구하거나 그들의 요구를 거절하는 것도 잘못이라고 하였다. 칼빈은 인간사회에서 정착되고 실현되어야 할 규정은 마태복음 7장 12절의 황금률에 기초해서 만들어져야 한다고 하였다(황봉한, 2003).

> 남에게 대접받기를 바라는 대로 너희도 남을 대접하라. 이것이 진정한 율법의 가르침이요, 예언서의 정신이다.
>
> /마태복음 7장 12절

웨슬리는 돈을 바르게 사용하기 위한 3가지 지침을 제시하였다. 첫째, 할 수 있는 한 많이 벌어야 한다. 기독교인은 건강을 해치지 않고 영혼을 손상시키지 않고 이웃을 속이지 않으면서 가능한 돈을 많이 벌어야 한다. 둘째, 할 수 있는 한 많이 저축해야 한다. 기독교인들은 필요하지 않는 물건을 사거나 감각을 만족시키기 위하여 돈을 사용해서는 안 된다. 셋째, 할 수 있는 한 많이 주어라. 기독교인은 절약하고 남은 것을 동료 신앙인들에게 나누어주어야 한다(이혁배, 2006).

홀트맨은 이처럼 성경기자들이 가졌던, 그리고 초대교부들이 가졌던 재산권에 대한 부정적인 접근은 경제체계의 차이에 기인한다고 해석했다. 즉 자본주의 이전 시대의 사회와 20세기 자본주의자들의 경제성장과 번영, 생산자본으로서의 부의 형태에 대해서는 사고방식이 전혀 달랐다. 성경기자들이 살았던 생존을 유지하는 정도의 생활이 보편적이었던 세계에서는 기본적인 필요조차 채우지 못하는 사람들이 항상 있었기 때문에 굶주리는 많은 주위의 사람들을 외면하면서 자신의 미래만을 위해 축적하는 것은 부도덕한 일로 간주될 수밖에 없다. 이에 대해 홀트맨은 자본주의시대에서는 부가 생산자본으로 이해되며 미래소비의 대상으로만 이해되지 않는데 비해 성경 기자들은 부를 재화의 소비대상으로만 이해하고 있다고 주장한다(제임스 홀트맨, 김원주 역, 1997, pp86~97).

〈표6.1〉 고대와 현대 세계에서 이루어지는 부의 사용에 대한 성경의 접근방식

고대세계	현대세계	성경의 접근방식
소비	소비	성경에서 가르치는 소박한 생활
구제	구제	신자에게 필요함
미래 소비를 위해 부를 축적	미래 소비를 위해 부를 축적	성경에서 비난함
	생산자본	성경에서 구체적으로 다루지 않음

출처: 제임스 홀트맨, 김원주 역, 1997, p96.

2. 투자에 대한 태도

1) 대부와 이자에 대한 구약성경의 교훈

너희 가운데 어렵게 사는 내 백성들에게 돈을 빌려 주었거든 누구든지 빚쟁이처럼 굴지 말며 이자도 받지 말아라. /출애굽기 22장 25절

네 겨레 중에서 어떤 사람이 가난해져 생계를 꾸려 나가기가 어려워지면 너희는 그를 나그네나 손님처럼 너와 함께 살 수 있도록 도와주어야 한다. 너희는 그에게서 세나 이자를 받지 말아라. 너희는 하나님 무서운 줄을 알아 네 이웃이 너와 함께 살아갈 수 있도록 해주어야 한다. 그에게 이자를 받으려고 돈을 빌려 주어서는 안 되며 무슨 이득을 바라고 먹을 것을 주어서도 안 된다. /레위기 25장 35-37절

구약성경에서는 가난한 사람들에게 이자를 부과하는 것을 금지하고 있다. 그러나 빌려준 돈이나 물질에 대하여 어떠한 이자도 받지 말라고 한 것은 오직 이스라엘 백성들에게만 적용되는 말씀이다. 이러한 성경말씀은 가난한 사람들을 보호하기 위한 규정으로 가난한 사람들에 대한 하나님의 관심을 의미한다. 가난해서 남에게 빌려서 생활하는 사람들에게 이자를 요구하는 것은 자신만을 위한 것이라는 의미이다. 그리스도인들은 가난하고 멸시받고 천대받는 소외된 사람들을 그리스도의 사랑으로 보살펴야 할 사회적 책임을 느껴야 한다는 것을 의미한다.

여러분은 7년이 지날 때마다 모든 빚을 면제해 주어야 합니다. 면죄 규정은 이와 같습니다. 여러분의 동족인 이스라엘 사람에게 빌려 준 것은 무조건 면제해 주어야 합니다. 동족에게서 빚을 받으려고 더 이상 독촉해서는 안 됩니다. 우리가 일찍이 여호와의 영광을 위하여 면제해 주는 해를 선포해 놓았기 때문입니다. 여러분이 외국인에게는 빚을 독촉할 수가 있으나 여러분의 동족에게는 빚을 면제해 주어야 합니다. 물론 여러분 가운데에는 가난한 사람이 하나도 없을 것입니다. 여러분의 하나님 여호와께서 여러분에게 상속 재산으로 주셔서 차지하게 하실 땅에서는 여호와께서 틀림없이 여러분에게 복을 내려 주실 것이기 때문입니다. 여러분의 하나님 여호와께 철두철미하게 순종하고 내가 오늘 명한 이 모든 규정을 지켜 행하면 그렇게 됩니다. 여러분의 하나님 여호와께서 이미 여러분에게 약속하신 대로 복을 내려 주셔서 여러분이 많은 민족들에게 꾸어 줄 수는 있어도 꾸어 올 필요는 없고 많은 민족들을 지배는 하게 되면서도 어느 다른 민족에게도 지배는 받지 않게 될 것입니다. 그런데도 여러분의 하나님 여호와께서 주실 땅의 어느 성읍에서 어떤 이스라엘 사람이 가난해서 고난을 당하면 여러분은 그에게 마음을 모질게 먹지 마십시오. 그 가난한 형제 앞에서 손을 움켜쥐고 있어서는 안 됩니다.

오직 여러분은 가난한 형제에게 언제든지 손을 펴고 그에게 필요한 것은 무엇이든지 빌려 주되 담보는 받아놓으십시오. '빚을 면제해 주어야 하는 7년이 얼마 남지 않았다'는 못된 생각을 품고 가난한 동족에게 함부로 눈을 치뜨는 일이 없도록 조심하십시오. 여러분이 그에게 필요한 것을 주지 않아서 그가 여러분을 원망하여 여호와께 부르짖으면 여러분에게로 무거운 죄가 돌아올 것입니다. 가난한 사람에게 필요한 것은 무엇이든지 무조건 빌려주고 빌려 줄 때에도 마지못해서라는 생각을 품지 마십시오. 바로 이런 일 때문에 여러분의 하나님 여호와께서 여러분이 하는 모든 일에 복을 주실 것입니다. 여러분이 그 땅에서 살다보면 언제나 가난한 사람이 나타날 것입니다. 그러므로 내가 여러분에게 가난한 겨레와 고통당하는 형제를 도와주도록 명령하는 것입니다.

/신명기 15장 1-11절

그들에게 이렇게 분부하였다. '여러분은 7년마다 한 번씩 모든 빚을 면제해 주는 해의 초막절이 되어 온 이스라엘이 여러분의 하나님 여호와의 얼굴을 뵈려고 주께서 지정하시는 곳으로 와서 모이면 여러분은 온 이스라엘 앞에서 이 율법을 낭독하여 그들의 귀에 들려주십시오.

/신명기 31장 10-11절

하나님께서는 부채를 탕감해주는 해를 정하시고 그 일을 제도화하셨다. 비록 이자를 받지 말고 빌려준 돈이라 할지라도 자신의 형제가 갚을 능력이 없을 때는 독촉하지 말고 7년째 되는 안식년에는 모든 부채를 탕감해 주도록 하는 규정을 선포하셨다. 안식년에는 땅을 쉬게 해서 소득이 중단되기 때문에 그해에 국한된 빚만을 탕감해 주라는 의미이다. 만일 이 법령이 지난 6년 동안 빌린 모든 부채를 탕감해야 하는 것을 의미한다면 사회적으로 큰 혼란이 일어날 수도 있다. 실제로 가난하지 않거나 양심이 없는 사람이 돈을 빌리고 갚을 능력이 있더라도 안식년까지 버티다가 탕감을 받을수도 있기 때문이다. 그러나 이방인들은 안식년에도 계속 일을 해서 소득이 있기 때문에 이방인들은 안식년에 채무를 면제해주지 않았을 뿐 아니라 이자를 받은 것을 허락해주었다. 이방인들은 율법 밖에 있었기 때문에 율법의 혜택을 받을 수 없고, 더 많은 이윤을 남기기 위하여 돈을 빌렸기 때문이다. 이처럼 성경은 가난한 사람들의 파산을 이용하여 부를 축적하는 것을 금지하고 있다(황봉한, 2003).

> 여러분이 동족인 이스라엘 사람에게 돈이나 곡식이나 다른 무엇이든지 빌려 주었을 때 이자를 받아서는 안 됩니다. 본래 장사꾼인 가나안 사람들이나 기타 외국인들에게서는 이자를 받을 수 있지만 동족인 이스라엘 사람들에게서는 안 됩니다. 그렇게 하면 여러분이 이제 들어가 차지할 땅에서 여러분이 손을 대는 모든 일에 여러분의 하나님 여호와께서 복을 주실 것입니다. /신명기 23장 19-20절

2) 이자에 대한 신약성경의 긍정적인 평가

신약성경에서는 투자로부터 산출되는 '이자'의 성격에 대하여 긍정적으로 다루는 부분이 있다. 유명한 달란트의 비유(마태복음 25장 14~30절)와 열 므나의 비유(누가복음 19장 11-27절)이다. 이 두 비유는 그리스도인의 청지기적 역할을 분명하게 나타내주는 동시에 그 청지기 역할이 생산적이어야 함을 보여준다. 예수님께서는 주인은 달란트를 받은 종들이나 한 므나씩을 받은 종들 모두 맡은 바 임무에서 투입보다 많은 산출을 얻기를 기대하고 있을 뿐만 아니라 전혀 부가적인 산출을 내지 않는 종에게는 가혹한 꾸중과 댓가를 요구함을 말씀해주셨다. 하나님께서 부여해주신 능력의 투입은 투입 이상의 산출이 이루어졌을 때 충성된 역할을 다한 것이다. 이 비유들은 생산성의 중요성과 투자의 수익성을 저변에 인정하고 있음으로 해석될 수 있다. 하나님이 허락하시고 또한 공의를 해하지 않는 방식으로 투여된 생산과 투자는 이익을 창출하는 것이 합당하다. 하나님께서 더욱 중요하게 다루는 문제는 투자행위 자체보다는 창출된 이익의 사용에 있다.

알아두면 유용한 금융 투자 상품의 분류

금전을 관리하는 목적은 단기적으로 지출수요에 맞게 적기에 충분한 자금을 확보하기 위한 현금관리 이외에도 단기여유자금의 운용, 결혼자금이나 학자금 마련을 위한 목돈마련, 주택마련, 장기자금운용 등 다양하다. 이러한 재무목적을 달성하기 위해 앞에서 다루었던 다양한 금융투자상품들을 활용한다면 더욱 효과적인 재무관리가 이루어질 수 있다. 다음 표는 재무목적별 금융투자상품을 제시한 것이다.

저축목적에 따른 금융상품

환금성	금융상품
높음	- 은행의 시장금리부입출금식예금(MMDA), 환매조건부채권(RP), 양도성예금증서(CD) - 입출금이 자유로운 상품: 보통예금, 저축예금, 가계당좌예금 등 - 만기 1년 이내의 상품: 종합금융회사나 증권회사의 어음관리계좌(CMA), 증권회사 및 자산운용사의 단기금융상품펀드(MMF), 단기수익증권, 개방형 뮤추얼펀드 등
낮음	- 은행의 만기 1년 이상 상품 : 저축성예금, 신탁상품 및 금융채 - 증권회사 및 자산운용사의 장기수익증권, 폐쇄형 뮤추얼펀드 등 - 보험회사의 저축성 보험상품 등

환금성에 따른 금융상품

저축목적	금융상품
주택자금 마련	주택청약예금, 주책청약부금, 주책청약저축, 장기주책마련 저축, 장기주택마련펀드 등
노후생활자금 마련	연금보험, 역모기지론 등
목돈 늘리기	정기예금, 금전신탁, 수익증권, 뮤추얼펀드, 변액보험 등
자녀교육비 마련	장학적금, 교육보험 등
생활안정성 확보	생명보험, 상해보험, 질병보험(암보험), 손해보험 등
대출받기위한 저축	상호부금, 신용부금 등

출처: 한국은행(2009).금융생활 길라잡이

3. 성경적 투자원칙

성경에서의 여러 말씀들에 나타난 행동원칙들은 투자행위에 대하여 간접적으로 적용할 수 있다. 일반적인 투자원칙의 첫째는 투자자의 결정은 전적으로 자신의 책임하에 있다는 점이다. 따라서 투자의 결정은 신중하고 책임감 있게 이루어져야 한다. 무책임한 투자는 증권시장의 온갖 루머나 권유들, 상업적인 광고들 그리고 본인에게 맞지 않는 투자방침을 무조건적으로 따른다. 잠언 14장 15절에는 "어리석은 자는 온갖 말을 믿으나 슬기로운 자는 그 행동을 삼가느니라"라고 하였다. 투자를 원하는 그리스도인들은 행동을 삼가고 증권시장의 온갖 말을 믿지 않도록 주의해야 한다.

그리스도인이 돈을 버는 원칙

1. 아는 길이 아니면 가지 말라.
2. 빚지는 것을 경계하라.
3. 개미처럼 땀 흘려 돈을 벌라.
4. 단기간에 성공하려고 하지 말라.
5. 종자돈을 만들라.

출처: 김동윤(2005)

둘째, 투자를 하기 위해서는 보다 정확한 계산을 하기 위해 노력해야 한다. 보다 정확한 계산을 위해서는 투자수익률이나 투자위험률 등에 관한 정보와 지식을 탐색하고 이해하여야 한다. 성경에서는 이러한 노력이 기초적인 행위라고 말한다. 누가는 "너희 중에 누가 망대를 세우고자 할진데 자기의 가진 것이 준공하기까지에 족할는지 먼저 앉아 그 비용을 계산하지 아니하겠는가"(누가복음 14장 28절)라고 하였다. 투자를 하기 전에 투자비용과 수익을 먼저 계산하는 것은 투자의 기본이다. 투자비용은 기본적으로 투자자본의 이자와 투자관련 각종 수수료, 투자결정에 투여된 시간비용 등이 포함된다. 그리고 투자하는 기업 및 그 산업 전반의 전망, 시장의 경기변동과 전망 등은 투자 수익률에 지대한 영향을 미친다. 투자비용과 투자수익률을 정확히 예측하는 것은 불가능하지만 충분한 정보탐색과 이해로 투자위험을 감소시키는 노력이 수반되어야 할 것이다.

셋째, 투자에 있어서 성급함을 배제하고 인내하는 것이 바람직하다. 성경은 부를 하늘로 날아가 버리기 쉬운 독수리(잠언 23:4-5)에 비유할 정도로 쉽게 사라질 수 있음을 알려준다. 따라서 성급하게 부를 쫓다가는 하루아침에 망할 수 있음을 경고하는 것이다. 그리고 일확천금을 바라는 속칭 '묻지마' 투자를 하지 말아야하는 것은 물론이다. 재물은 순식간에 올 수도 있지만 순식간에 날아가 버릴 수 있기 때문이다. 솔로몬도 "충성된 자는 복이 많아도 속히 부하고자 하는 자는 형벌을 면치 못하리라"(잠언 28장 20절)라고 지적하고 있다. 본 말씀은 충성된 자와 속히 부하고자 하는 자를 대비시키고 있는 것으로 보아 속히 부하고자 하는 자들이 저지르기 쉬운 속성 즉 충성되지 못함, 성실성 부재의 문제점을 나타내고 있다. 그리스도인들은 투자를 할 때 과수원지기가 열매를 맺지 못하는 무화과나무(누가복음 13장 6~9절)를 대하듯이 장기적으로 기다릴 줄 알아야 한다. 베드로는 성경적인 그리스도의 모습으로 믿음, 덕, 지식, 절제, 인내, 경건을 거론하였다(베드로후서 1장 5-6절). 마찬가지로 투자에 임하는 그리스도인다움은 성급함이 아니라 절제와 인내하는 모습이어야 한다.

예수께서 또 비유로 말씀하셨다. '어떤 사람이 자기 포도원에 무화과나무 한 그루를 심었다. 그러고는 그 나무에 열매가 열렸나 하고 여러 번 가보았지만 그때마다 실망을 했다. 마침내 그는 포도원지기에게 그 나무를 베어버리라고 말하였다. '내가 3년 동안이나 기다려 왔는데도 단 한 개의 무화과도 열리지 않는구나! 무엇 때문에 더 이상 참겠는가? 그것을 뽑아 버리면 그 땅을 다른 것에 이용할 수 있을 것이다.' 포도원지기가 대답하였다. '한 번만 더 기회를 주십시오. 한 해만 그냥 두시면 제가 특별히 관심을 기울여 비료를 듬뿍 주겠습니다. 이렇게 해서 내년에 무화과가 열리면 좋고, 열리지 않으면 그때 베어버리겠습니다.'

/누가복음 13장 6~9절

단기 증권투자의 폐해

기독교인이 단기투자에 몰입하면 하나님보다 돈이 우선순위로 다가온다. 하나님을 향한 충성되고 성실한 마음을 지속시키기가 어렵다. 진심으로 기도하거나 진심으로 찬양을 드릴 수 없다. 기도를 하되 정욕에 쓰려고 잘못된 기도를 하는 경우가 많고 찬양을 드려도 주님을 묵상하며 찬양하지 않게 된다. 그만큼 증권은 우리의 시선을 하나님이 아닌 재물로 돌려놓게 만드는 강력한 유혹거리가 된다.

1. 열심히 일하려는 의욕을 저하시킨다.
2. 휴식이 사라져 건강을 잃기 쉽다.
3. 후회와 아쉬움 속에서 살아간다.
4. 집중력을 떨어뜨려 일의 능률을 저하시킨다.
5. 인생의 귀중한 것들을 잃기 쉽다.
6. 신앙생활에 많은 지장을 받는다.

출처: 김동윤(2005)

넷째, 성경에서 이상적으로 여기는 그리스도인의 모습은 겸손함과 소신 있는 모습이다. 시편기자는 인생에서 실족하거나 미끄러질 뻔한 원인이 악인의 형통함에 대한 질투 때문이라고(시편 73편 2-3절) 고백한다. 많은 투자자가 인내하지 못하고 일확천금을 기대하면서 성급해지는 이유는 극소수의 투자자들이 달성한 놀라운 수익률에 대한 부러움, 질투 때문인 경우가 많다. 대부분의 투자 전문가들은 자신만의 투자 원칙의 중요성을 제안한다. 성경은 "집은 지혜로 말미암아 건축되고 명철로 말미암아 견고히 된다"(잠언 24장 3-4절)고 충고한다. 투자의 성공은 하나님의 지혜와 명철에 따르고 자신만의 목표에 충실할 때 큰 실패를 하지 않을 수 있다. 즉 아무 일에든지 다툼이나 허영으로 하지 말고 오직 겸손한 마음으로 각각 자기보다 남을 낫게 여기는 그리스도인의 자세, 즉 교만은 금물이라는 자세가 성경적인 투자 자세라고 할 수 있다.

다섯째, 투자를 하기 위해서는 우선적으로 소비생활을 점검·수정해야 한다. 성경에서 솔로몬은 벌어들인 것을 다 써 버리는 것은 미련한 자라고 하였다. 벌어들이는 것을 다써버리는 것은 과소비이며 또 현재지향적인 소비 성향을 의미한다. 미래를 준비하는 저축과 투자에 실패하는 근본 원인이 바로 현재지향적인 소비에 있다. 올바른 투자를 하기 위해서는 반드시 자신의 소비를 점검해야한다. 현재의 자신의 소비지출 상태나 습관을 파악하기 위해서는 수입과 지출을 명확히 기록하는 것이 필요하다. 가계부는 부부의 영적 상태를 보여주는 바로미터가 될 수 있다. 우리는 우리가 가장 가치 있다고 생각하는 곳이나 일에 돈을 사용한다. 자신과 가족만을 위하여 몇 %나 지출하고 있으며 하나님과 이웃을 위하여 몇 %나 지출되고 있고, 또 그 비중이 늘고 있는지가 우리의 영적인 상태를 보여준다.

가계부의 기록을 바탕으로 과도한 소비를 했는지, 불필요한 소비항목이 무엇인지, 예산이 정확히 수립되었는지, 저축의 비중이 적절한지, 절약한다면 지출을 줄일 수 있는 항목과 품목은 무엇인지를 살펴보아야 한다. 벌어들인 것을 다 소비하면서 투자를 하려면 빚을 내어 투자를 하는 방법밖에 없다. 대출을 통한 투자는 위험도가 정상적인 투자에 비해 2배 이상으로 증가하기 때문에 가장 경계해야 할 투자방법이다. 예수님께서 마귀로부터 시험을 받을 때 마귀는 돌들이 떡이 되게 하라고 했다. 그러나 예수님께서는 이러한 불로소득의 요구를 단호하게 거절하셨다(마태복음 4장 3절).

마지막으로 도덕적 해이, 토지투기, 부당한 지대추구 행위는 청지기 윤리의 타락에서 비롯되었다는 점을 명심해야 한다. 도덕적 해이는 자신이 행한 일의 나쁜 결과를 남에게 떠넘기는 것이다. 특히 밖으로 드러나지 않는 일에서 도덕적 해이가 많이 발생한다. 모든 일을 주께 하듯이 하라는 주님의 명령을 준수하는 사람에게 도덕적 해이는 나타날 수 없다. 토지투기는 불로소득을 추구하고, 다른 사람들이 청지기 직분을 수행하지 못하도록 방해한다는 점에서 청지기 윤리에 위반한다. 대부분의 지대추구행위도 불로소득을 추구하려는 동기에서 이루어지기 때문에 뇌물과 부정부패, 정경유착이 따르기 쉽다는 점에서 청지기윤리에 부합되지 않는다고 볼 수 있다(한동근, 1999). 가령 기독교계 종교인으로 구성된 '성경적 토지정의를 위한 모임'(성토모)은 24일 한국교회백주년기념관에서 "많은 중대형 교회들이 예배당과 수련관, 기도원, 교인묘지 건축을 빙자하여 부동산 투기를 하면서 교회를 성장시켜 왔다"며 "부동산 투기를 자행하면서 번 돈을 하나님이 주신 복으로 간주하고 그 일부를 십일조와 감사헌금으로 드렸고, 목회자는 그것을 축복해 왔다"고 참회했다. 성토모는 통일 후 토지문제와 관련해 실향민들이 통일 후에도 북에서 소유했던 토지를 포기할 것도 세안했다(경향신문 2005년 8월 25일).

신실한 청지기의 특징

1. 하나님의 소유권을 인정한다.
2. 돈 버는 과정이 깨끗하다.
3. 소득 증대의 목적이 분명하다.
4. 주인을 비난하지 않는다.
5. 돈에 대한 몫 가르기를 잘한다.
   1) 하나님의 몫을 우선적으로 구별한다.
   2) 자신과 가족의 몫을 즐길 줄 안다.
   3) 나라의 몫인 세금을 철저하게 낸다.
   4) 피고용인의 몫인 임금을 고마운 마음으로 전한다.
   5) 다른 사람의 몫인 빚을 떼먹지 않는다.
   6) 이웃의 몫을 나눈다.

출처: 김동윤(2005)

이상에서 고찰한 성경적 부자관과 투자에 대한 이해를 토대로 투자행위에 적용할 수 있는 실천내용을 다음 표와 같이 정리하였다.

〈표6.2〉 성경적 부자관과 투자교육 내용

분류	성경적 투자교육 내용	
	성경적 부자관 및 투자관	실천 내용
부자에 대한 태도	창고에 보물을 쌓는 어리석은 부자, 부자와 나사로의 비유	하늘나라에 보물을 쌓아라. 물질이 아닌 회개를 통한 천국에 들어감
투자에 대한 태도	부정적 태도: 미래의 소비만을 위한 과도한 축적은 비난 긍정적 태도: 달란트 비유와 열므나를 받은 종의 비유	하나님의 복인 재물의 활용은 공의로운 방식 충성된 자는 이익을 창출 노력
투자의 원칙	온갖 말을 믿는 자 속히 부하고자 하는 자 건축의 비용을 계산하는 자 다툼이나 허영으로 하지 말고 겸손한 자 다써버리는 자는 미련한 자	책임 있는 투자 결정 성급함보다는 인내와 절제 기록과 계산으로 투자예측 겸손하고 소신 있는 투자태도 투자 전에 소비에 대한 점검과 수정

행복하게 사는 법

1) 운동하라.

평생 열심히 일해 돈 벌어 재산이 주체할 수 없을 만큼 많다 하더라도 몸이 아파 쓸 수 없으면 아무 소용없다. 1 분 걸으면 수명이 2 분 연장된다고 한다. 칠십 평생 날마다 30분 동안 걷는다면 적어도 4 년은 더 건강하게 살 수 있다.

2) 감사하라.

욕심 많은 사람의 특징을 살펴보면 감사하다는 마음을 갖지 못한다. 한도 끝도 없는 욕심을 채우려고 애쓰는데 언제 감사할 시간이 있겠는가? 감사하는 사람만이 행복을 움켜쥘 수 있다. 감사하는 사람은 행복이라는 산의 정상에 이미 올라가 있다.

3) 마음이 통하는 친구를 사귀어라.

험난한 세상을 살면서 나를 지지해주고 내 편이 되어줄 친구가 적어도 한두 명은 있어야 하지 않겠는가? 행복이라는 산에 오를 때 손을 맞잡고 함께 오를 수 있는 친구가 있다면 훨씬 수월한 등반이 되리라.

4) 텔레비전을 거실에서 치워라.

텔레비전을 치우면 시간이 남아돈다. 운동할 시간, 독서할 시간이 생기고 또 가족과 대화할 시간이 생긴다. 나아가 기도할 시간도 생긴다.

5) 공부해라.

'난 이제 더 이상 배울 게 없다'고 생각하는 사람은 "난 이제 더 이상 사람으로 살고 싶지 않다"고 말하는 것과 같다. 백 살까지 무시당하지 않고, 의미 있고 행복하게 살려면 공부해야 한다. 그런 사람은 활기 넘치는 삶을 살 수 있다.

6) 웃어라.

웃음은 인간만이 누릴 수 있는 특권이다. 개는 입이 튀어나와 웃을 수 없다. 예쁜 치아와 입술과 입 주위 근육을 가지고 웃지 않는다면 개 표정과 같다

7) 자신에게 잘해주어라.

내가 행복하면 주위 사람이 나를 조금 소홀하게 대접해도, 내가 손해를 보는 상황에서도 마음에 여유가 생긴다. 하지만 늘 참고 인내하는 사람은 겉으로는 착해 보이고 성실한 사람처럼 보일지 모르지만 마음에는 스트레스가 쌓여 있어 언제 폭발할지 모르는 활화산이다.

8) 어려운 이웃을 도와주어라.

어려운 이웃과 함께 사는 사람들은 '사는 맛'을 진하게 느낄 수 있다.

9) 외로움도 즐겨라.

만일 '외롭고 뭔가 허전하고 가슴 한군데가 비어 있다'고 느껴진다면 바로 그 순간이 자신의 본 모습을 찾아 떠나야 하는 시기임을 깨달아야 한다. 굳이 외로울 때까지 기다릴 필요도 없이 혼자만 고요히 머무는 시간을 스스로 만들어야 한다. 행복한 에너지를 갖고 싶다면 혼자 머물러라.

– 황창연 신부의 강연 중에서

Chapter 7

성경적 소비관과 나눔, 소비지출 교육

'기독교와 경제'라는 주제에서 가장 많이 다루어진 주제가 성경적인 돈의 사용에 관한 것이다. 우리나라에서는 헨리조지(Henry George, 1939-1987) 토지공개념의 사상과 관련하여 논쟁에서 학자들 간에 부의 소유권과 더불어 그것의 사용권의 차원에서 근본적인 시각적 차이를 나타냈다(김승욱, 2008). 성경에서 수입의 용도는 세 가지이다(제임스 홀트맨, 김원주 역, 1997, p86). 첫째는 모든 사람이 수입의 일부를 현재 필요한 일에 쓰는 것이다. 둘째는 수입의 일부는 십일조와 헌금에 쓰였다. 셋째는 사람들은 장차 쓸 일을 위해 수입의 일부를 남겨두었다. 성경에서는 부를 어떻게 사용하여야 하느냐에 대하여 일관되게 필요한 만큼 사용할 것과 가난한 사람에게 나눠줄 것을 언급하고 있다.

자본주의 사회에서 사는 현대 그리스도인들은 '재물에 대한 구속' 상태에 놓이기 쉽다. 그리스도인 스스로는 재물을 사랑하지 않는다고 생각할지 모르나 그 행동은 재물을 탐하고 의존하는 세상적인 모습을 그대로 나타내고 있는 지 돌아봐야 한다. 성경에서 하나님께서 명령하시거나 권유하시는 재무관리가치와 지침을 생활에 엄격히 적용한다면 지금까지 누리던 세상적인 생활의 상당 부분에 대한 희생이 수반되어야 한다. 하지만 하나님과 재물을 동시에 섬길 수 없다고 선언하신 하나님의 말씀은 현대 그리스도인의 생활에 적용할 가장 중요한 도전가치이다. 최근 우리나라는 세계 금융위기를 경험하면서 금융자본의 위력을 체험하고 있다. 많은 그리스도인들이 경제위기 상황에서 돈의 권력에 굴복하지 않을 수 없는 상황에 처하기도 할 것이다. 이처럼 금전적, 경제적 위기 상황에서 하나님께서 가르쳐주신 '돈의 구속에서 벗어난 자족하는 삶'의 가치가 그 해답이라고 생각한다. 성경적인 개인재무관리는 자본주의 상혼에 길들여진 수동적인 소비자의 습관에서 벗어나고 더 많은 것을 향유하기 위해 빚을 지고 가는 재무관리의 굴레에서 벗어나는 훈련과 주변에 늘 있는 가난한 자들을 돌아보아 나눔을 실천하는 적극적인 생활태도를 요구하고 있는 것이다.

1. 기독교 세계관과 소비

성경은 인류역사를 창조, 타락, 구속의 세 단계로 구분한다. 그러므로 기독교 세계관에서는 소비를 어떻게 규정하고 있는지를 분석하기 위해서는 이 세 단계를 중심으로 고찰해야 한다(이재율, 2001).

1) 창조와 소비

창세기 2장 16절에 나오는 창조기사를 보면 하나님이 에덴동산을 만드실 때 풍요롭게 만드시고, 아담에게 동산에 있는 각종 나무의 실과는 원하는 대로 자유롭게 먹으라고 하셨다. 즉 하나님께서는 우리에게 생존하기 위한 수준 이상의 수준으로 자유롭게 소비생활을 함으로써 만족을 추구할 수 있도록 허락하셨다. 창조의 원리는 소비도 원칙적으로 축복이라는 점을 말해 준다. 이러한 점에서 볼 때 창세기에서는 금욕주의를 강조한 것은 아니라고 볼 수 있다. 그러나 성경은 소비생활이 삶의 중심은 아니라고 명시하고 있다. 하나님의 형상으로 태어난 인간은 하나님과 친밀하고 바른 관계 속에서 살도록 창조되었으며, 하나님의 지상 대리자로서 땅을 관리하고 다스리는 사명을 가지고 창조되었다(창세기 1장 27절). 그러므로 인간은 하나님의 형상으로 태어난 청지기이므로 생활의 중요한 목적은 주인인 하나님의 뜻을 이루는 것이다. 즉 그리스도인은 자신의 만족이 삶의 목적이 될 수 없다는 점에서 인간의 본질과 사명의 한계 안에서 소비생활을 해야 한다.

> 하나님께서 말씀하셨다. '자, 이제는 우리의 모습을 닮은 사람을 만들자. 그래서 그 사람이 바다에 사는 물고기와 하늘에 날아다니는 날짐승과 집짐승과 땅 위에 기어 다니는 모든 생물을 다스리게 하자.' 그러고 나서 하나님께서는 당신의 모습을 따라 당신을 닮은 사람을 창조하시되 남자와 여자로 만드시고 그들에게 이렇게 복을 내리셨다. '딸아들 많이 낳아 그 후손들이 온 땅 위에 퍼져라. 땅을 정복하여라. 내가 바다에 사는 물고기와 하늘에 날아다니는 새와 땅 위에 기어 다니는 온갖 짐승들을 다스릴 권한을 너희에게 주마. 너희는 그것들을 잘 다스리고 관리하여라.' 또 덧붙여서 '내가 또 온 땅 위에서 나는 풀과 나무를 너희에게 준다. 낟알이 열리는 풀과 씨가 들어 있는 과일나무를 너희 먹거리로 삼아라. 또 땅위의 모든 짐승과 하늘에 날아다니는 새와 살아 기어 다니는 모든 생물에게는 푸른 풀을 먹을 것으로 준다' 하시자 말씀하신 대로 이루어졌다. 하나님께서 다 자신이 만든 모든 것을 바라보시고는 무척 흐뭇해하셨다. 그렇게 보기 좋을 수가 없었던 것이다. 저녁이 지나고 다시 아침이 되어 하루가 흘러갔다. 여섯째 날이 지난 것이다.
>
> /창세기 1장 26-31절
>
> 여호와 하나님께서는 사람을 에덴동산에 데려다 놓으시고 그 동산에서 농사도 짓고 또 동산을 돌보게도 하셨다. 여호와 하나님께서는 그 사람에게 이렇게 이르셨다. '동산 안에 있는 온갖 나무 열매는 따먹어도 좋다. 그렇지만 무엇이 좋고 무엇이 나쁜 것인지 알게 해주는 나무 열매는 따먹어서는 안 된다. 네가 그 열매를 따먹는 날에는 죽음을 면치 못할 것이다.'
>
> /창세기 2장 15-17절

이처럼 하나님이 처음 인간을 창조하셨을 때 인간에게 고통은 존재하지 않았다. 하나님은 자연을 창조하여 인간을 위한 환경을 조성하였고, 에덴동산에 인간을 위한 보금자리를 마련하셨고, 인간을 위한 음식도 준비하셨다. 또한 인간에게 노동을 통하여 하나님의 창조에 참여할 수 있도록 하셨다(Westmann 저, 황종렬 역, 1991). 이때 인간에게는 허용과 금지령이 함께 주어졌다는 점에서 선택의 자유가 주어졌다고 볼 수 있다(Pannenberg 저, 박일영 역, 1996). 인간은 선악을 알지 못했지만 하나님처럼 선악을 알 수 있는 가능성을 지닌 존재로 하나님이 보시기에 좋은 존재였다(Westmann 저, 황종렬 역, 1991).

그러나 인간은 잘못된 선택을 함으로써 타락을 하게 되었다. 아담과 하와의 이야기를 보면 인간은 뱀의 유혹을 받아 어리석게 되고, 하나님의 말씀을 의심하게 되고, 하나님처럼 되려는 욕망 때문에 잘못된 선택을 해서 죄를 짓게 된다(Averbeck, 2006). 그 결과 아담과 하와는 하나님의 말씀을 의심하게 되고 욕망에 기초해서 하나님의 말씀을 자의적으로 재구성해서 잘못된 선택을 하게 되었다. Erickson, (1997a)은 잘못된 선택으로 인한 타락은 하나님으로부터 인간의 존재론적 소외를 일으켰고, 이것이 인간의 고통을 멈추지 않게 하고 있다고 하였다(김용민, 2012).

'어플루엔자' (affluenza) 진단

Gaaf, Wann & Narlor(박웅희 역, 2002)는 호사품 소비 중독증을 어플루엔자(affluenza)라고 명명하였다. 어플루엔자는 단지 물건을 마구 사는 것이 아니라 호사품을 마구 사는 행위를 의미한다. 어플루엔자는 풍족을 의미하는 affluent와 감기바이러스인 influenza의 합성어로 현대인의 호사품 소비의 병폐를 일종의 사회적인 전염병으로 인식한 개념이다.

다음 〈표〉는 어플루엔자를 자가검진 하기 위한 질문지이다. 독자들도 한번 체크해보고 자신의 호사품소비중독증을 진단해보자. 점수를 매겨서 평가하는 방법은 '그렇다'에 2점을 주고, '그렇지 않다'에 1점을 주고, '아니다'는 0점을 준 후 합산하면 된다. 채점결과는 다음과 같이 해석한다.

0~ 25점 : 어플루엔자 증상이 심각하지는 않으나, 건강을 유지하기 위하여 어플루엔자에서 벗어나기 위한 방법을 학습한다.

26~50점 : 이미 어플루엔자에 감염이 되었다. 면역체계를 강화하기 위하여 어플루엔자에서 벗어나기 위한 방법을 학습한다.

51~75점 : 어플루엔자에 심각하게 감염되어 체온이 급격하게 상승하고 있다. 아스피린을 2알 먹고 어플루엔자에서 벗어나기 위한 방법을 꼼꼼하고 세심하게 학습한다.

76~100점 : 의사와 상의하고 어플루엔자에서 벗어나기 위한 방법을 학습하고 즉각 실천한다. 다른 사람에게 감염시킬수도 있다는 점을 명심한다.

〈표〉 어플루엔자 자가검진 테스트

문항	그렇다	잘모르겠다	아니다
1. 뭔가 소비할 것(제품, 식품, 미디어)이 없으면 따분해진다.			
2. 소유하고 있는 물건이나 올 여름에 갈 휴가지를 내세워 친구들의 관심을 끌려고 한다.			
3. 쇼핑을 '치료제'로 이용한다.			
4. 가끔 딱히 살 것도 없는데 구경삼아 쇼핑몰에 간다.			
5. 동네 가게를 두고 대형체인점에서 물건을 산다.			
6. 휴가 때 쇼핑 목적으로 여행을 한다.			
7. 대체로 사람들보다 물건에 대해 더 많이 생각한다.			
8. 공공요금 고지서를 보면서, 내가 소비한 자원의 양을 생각한다.			
9. 노동시간이 줄어드는 것과 봉급이 약간 오르는 것 중 선택한다면, 돈을 선택할 것이다.			
10. 개인적으로 한 주에 큰 쓰레기통 하나 이상을 채운다.			
11. 가족에게 구입한 물건의 가격을 속인 적이 있다.			
12. 금전 관계로 가족과 자주 다툰다.			
13. 자원 봉사 활동 시간이 1주 5시간 미만이다.			
14. 내가 살고 있는 집을 늘 이웃과 비교한다.			
15. 우리 집은 가족 한 사람이 사적공간으로 차지하는 면적이 다른 집에 비하여 넓다.			
16. 일상적으로 놀음을 하거나 복권을 산다.			
17. 투자에 관하여 하루 한 번 이상 생각한다.			
18. 외모를 더 아름답게 하려고 성형수술을 받은 적이 있다.			
19. 빚에 대한 걱정으로 두통이나 소화불량과 같은 신체증상이 나타난다.			
20. 매주 쇼핑 시간이 가족과 함께 보내는 시간보다 많다.			
21. 텔레비전 시청 시간이 하루 2시간이 넘는다.			
22. 거의 매일 고기를 먹는다.			
23. 사고 싶은 물건들을 화제로 올리는 경우가 많다.			
24. 가끔 패스트푸드에 들이는 돈을 부끄럽게 생각한다.			
25. 목적지에 빨리 가려고 차선을 이리저리 바꿀 때가 있다.			

문항	그렇다	잘 모르겠다	아니다
26. 도로 위에서 다툰 적이 있다.			
27. 늘 바쁜 것처럼 느낀다.			
28. 시간이 아까워서 재활용할 수 있는 물건을 그냥 버리는 일이 잦다.			
29. 하루 중 실외에서 보내는 시간이 1시간 미만이다.			
30. 살고 있는 지역에 자생하는 야생화를 3종 이상 모른다.			
31. 쓸만한 스포츠용품을 최신 스타일로 교체한다.			
32. 가족마다 텔레비전이 따로 있다.			
33. 제품을 살 때, 품질보다는 가격을 중요하게 생각한다.			
34. 사용한도 초과로 거절당한 신용카드가 있다.			
35. 한 주에 5개 이상 우편 주문 카탈로그를 받는다.			
36. 식료품점에 갈 때 재활용봉지를 가져간 적이 거의 없다.			
37. 내구재를 살 때 유지비를 따지지 않는다.			
38. 내구재를 살 때 위신을 높인다는 것도 선택조건이 된다.			
39. 유효한 신용카드를 5개 이상 가지고 있다.			
40. 돈이 생기면, 이 돈을 어디에 쓸지를 먼저 생각한다.			
41. 물보다 음료수를 더 많이 마신다.			
42. 작년보다 올해 더 많이 일했다.			
43. 금전적 목표를 달성하지 못할 수도 있다고 생각한다.			
44. 하루 일과가 끝나면 자신이 '소진된' 느낌이 든다.			
45. 신용카드 청구서를 근근이 지불한다.			
46. 쇼핑을 할 때, 열망에 수반되는 짜릿한 희열을 느낀다.			
47. 때때로 사적인 지출이 지나쳐 학교, 공원, 대중교통 등의 공적인 비용을 감당할 수 없을 것 같은 생각이 든다.			
48. 집에 놓을 수 있는 것보다 많은 물건을 소유하고 있다.			
49. 자주 전직을 생각한다.			
50. 신용카드 중에서 이용 한도가 다 찬 것이 있다.			

2) 타락과 소비

여호와 하나님께서 지으신 들짐승 가운데 가장 교활하고 약삭빠른 것이 뱀이었다. 그 뱀이 여자에게 이렇게 말을 건넸다. '이것 보게나 그래 하나님이 정말 너희에게 동산에 있는 모든 나무 열매를 따먹어서는 안 된다고 그러시던가?' '아니야, 동산에 있는 나무 열매는 어떤 것이든 따먹어도 된다고 그러셨어.' 하고 그 여자가 뱀에게 대답하였다. '다만 동산 한가운데에 있는 나무 열매는 따먹어서는 안 된다고 그러셨지. 그 나무 열매는 만지지도 말라고 그러셨어. 만일 그랬다가는 죽음을 면치 못할 거야.' 그러자 뱀이 여자에게 속삭였다. '걱정하지 말아. 그 열매를 따먹는다 해도 절대로 죽지 않아. 오히려 그 열매를 따먹기만 하면 너희 눈이 밝아질 거야. 그렇게 되면 무엇이 좋고 무엇이 나쁜 일인 줄 분간할 수가 있게 되지. 다시 말하면 너희도 하나님처럼 될 수 있다는 말이지. 하나님도 이걸 아시고 그 나무 열매를 따먹어서는 안 된다고 하신 거야.' 여자가 그 나무를 쳐다보니 그렇게 근사하게 보일 수가 없었다. 또 그 열매도 어찌나 탐스럽게 열렸던지 먹음직스럽기까지 하였다. 그 열매를 따먹으면 금방이라도 영리해질 것같이 보였다. 그래서 여자는 손을 내밀어 그 열매를 따먹었다. 또 그 열매를 따서 자기와 한 몸이 된 남자에게도 주었다. 이렇게 두 사람이 그 열매를 따먹자 그들의 눈이 밝아져 자기들이 벌거벗은 줄을 알게 되었다. 그래서 그들은 무화과 나뭇잎을 엮어 몸을 가렸다. 두 사람은 서늘한 바람이 부는 저녁 무렵에 여호와 하나님께서 동산을 거니시는 소리를 들었다. 그래서 그들은 하나님의 눈에 띄지 않으려고 얼른 동산에 있는 나무들 사이에 몸을 숨겼다. 그러나 여호와 하나님께서는 아담을 찾으시며 '네가 어디 있느냐?' 하고 부르셨다. '동산에서 하나님께서 거니시는 소리를 듣고는 무서웠습니다. 그래서 이렇게 숨었습니다. 제가 벌거벗었기 때문이지요.' 하고 남자가 대답하였다. '그래, 누가 그러더냐? 네가 벌거벗었다고 말이다. 내가 분명히 일러두지 않았더냐? 너희가 그 나무 열매를 따먹어서는 안 된다고 말이다. 그런데도 그 열매를 따먹었더란 말이냐?' 하고 하나님께서 소리치셨다.

'하나님께서 내 곁에 늘 있도록 허락하신 이 여자가 그 나무 열매를 따주었습니다. 그래서 그냥 그 열매를 먹었을 뿐입니다.' 하고 남자가 변명하였다. 그러자 여호와 하나님께서 여자에게 물으셨다. '그래, 네가 어쩌자고 이런 일을 저질렀느냐?' '뱀이 그 나무 열매를 한번 따먹어 보라고 자꾸 꾀었어요.' 하고 여자가 대답하였다. 그러자 여호와 하나님께서 뱀에게 말씀하셨다. '이런 일을 저질렀으니 너는 벌을 받아 마땅하다. 너는 온갖 집짐승과 들짐승 가운데에서 저주를 받아 배로 기어 다녀야만 하리라. 또 너는 죽을 때까지 흙만 먹고 살아가야 하리라.

나는 네가 여자와 서로 미워하면서 살아가게 하리라. 따라서 여자의 후손과 네 후손도 내내 원수지간으로 지내게 할 것이다. 여자의 후손이 네 머리를 상하게 할 것이며 너는 그의 발꿈치를 상하게 하리라.' 여자에게는 또 이렇게 말씀하셨다. '네가 아이를 가졌을 때 그 고통이 이루 말할 수 없으리라. 또한 아이를 낳을 때에도 말로 다 할 수 없는 고통이 뒤따라야 비로소 해산하리라. 너는 남편을 네 마음대로 하고 싶겠지만 오히려 남편이 너를 지배하게 될 것이다.' 이번에는 남자에게 말씀하셨다. '네가 내 말은 듣지 않고 아내의 말만 듣고 그 열매를 따먹었구나. 네가 그 열매를 따먹었으니 이제 땅이 저주를 받으리라. 또 너는 일생 동안 죽도록 일해야 먹고 살 곡식을 거두어들일 수 있으리라. 너 때문에 땅에는 가시덤불과 엉겅퀴가 무성하리라. 너는 오직 들에서 자라는 푸성귀만 먹고 살아야 하리라. 너는 이마에 땀을 흘리며 흙을 파야 먹고 살아갈 곡식을 얻으리라. 너는 흙으로 빚어진 존재니 흙으로 돌아가고 말리라. 너는 먼지니 다시 먼지로 돌아가리라.

/창세기 3장 1-19절

하나님께서는 인간이 자유롭게 모든 실과를 먹을 수 있다고 하시면서 단 하나 에덴동산에 있는 선악과는 따먹지 말라고 하셨다. 그러나 뱀의 유혹을 받은 이브가 선악과를 따서 먹고 아담에게도 먹게 하면서 타락의 역사가 시작되었다. 하나님이 불순종한 아담에게 내린 형벌은 평생동안의 수고, 땀 흘려 일함, 결핍, 죽음 그리고 에덴동산에서의 추방이었다. 또한 타락한 인간은 강한 죄성을 가지게 되었다. 그리하여 하나님과 올바른 관계를 맺음으로써 얻을 수 있는 기쁨과 다른 사람과 사랑을 통하여 얻을 수 있는 기쁨을 누리지 못하게 되고, 육체적 욕망을 통제하지 못 한채 이기적인 욕망의 노예가 되기 쉽다.

생산성이 높아지고 계급이 분화되고, 빈부격차가 심해지면서 부유층의 소비행태는 중요한 윤리문제가 되었다. 이사야 선지자는 불법적으로 토지를 사들여 부를 쌓은 부자들이 아침부터 연회를 열어 취하고, 여성들이 사치하는 것을 보고 이들에게 멸망을 선포하였다. 이들의 죄는 여호와의 행하심에는 관심을 가지지 않고 자신의 쾌락을 위하여 가난한 이웃에 대한 책임을 외면한 것이다. 인간은 타락하기 전에는 하나님과 올바를 관계를 맺고 있었기 때문에 적정 수준에서 소비가 이루어졌으나, 타락한 후에는 신중하게 절제하려는 노력을 하지 않으면 과소비로 흐르기 쉽다.

> 도시의 집들을 혼자 다 차지하고 평야의 농토를 혼자 다 차지하여 이 나라에서 저 혼자 살듯이 어느 곳이나 다 차지하는 자들아! 저주를 받아라. 만군의 여호와께서 이렇게 맹세하시는 소리가 내 귀에 들렸다. '크고 호화로운 집이라 하더라도 여지없이 부서지리라. 그 주인들은 죽거나 끌려가 그곳에 사는 사람 하나도 없으리라. 열흘갈이 포도밭에서 겨우 술 한 항아리가 나고 벼 열 말을 심은 논에서 쌀 한 말이 날 것이다.' 아침 일찍 일어나 독주를 찾아 마시고 밤늦게까지 포도주에 취해 있는 자들아! 저주를 받아라. 너희가 수금과 비파 소고와 저까지 동원하여 온갖 잔치는 장엄하게 준비하면서도 좋은 노래까지 가지가지로 즐길 줄 알면서도 여호와께서 행하신 장엄한 일은 거들떠보지도 않으며 주께서 친히 손으로 이루신 일에는 아랑곳하지도 않는구나. 그러니 내 백성이 먼 땅으로 끌려가는 것은 당연한 일 아니겠느냐? 내가 너희를 위하여 그토록 많은 일을 하였지만 너희가 이런 일은 깨닫지도 못하고 생각도 하지 못하기 때문이다. 두고 보아라, 너희 가운데 호화롭게 살던 특권층들은 굶주려 죽고 민중은 모조리 목이 타서 죽을 것이다. 그러므로 이미 스올이 목구멍을 딱 벌리고 있구나. 끝도 없이 그 입을 벌리고 닫을 줄 모르는구나. 호화판으로 살던 특권층이나 흥청망청 살던 상류층이나 하나같이 그곳으로 빠져 버리리라. 세상이 어찌 돌아가는지도 모르는 채 술 취해 떠들던 무리들도 날마다 잔치 벌이기에 바쁜 자들도 모두 다 그곳에 빠져 죽으리라. 그때에는 인간이 모두 낮아지리라. 어느 누구든지 굴복하리라. 거만한 눈들이 수그러들리라.
>
> /이사야 5장 8-15절

청소년들의 과소비 및 명품소비의 정도가 지나치다는 비판을 받고 있다. 소비생활연구원이 2012년 7월 천안·아산지역 중·고등학생 200명을 대상으로 소비의식 설문조사를 벌인 결과 '합리적인 소비에 대한 교육을 받은 적이 전혀 없다'라고 응답한 청소년이 전체 응답자의 83%(166명)로 나타났다. 유명 브랜드를 찾는 이유에 대해서는 개성(66%)이나 자기만족감(74%), '남들이 부러워하기 때문'이라는 응답자(52%)와 '싼 옷을 입으면 남들이 무시할 것 같다'는 응답자(44%)도 높게 나타났다. 소비생활연구원은 청소년의 브랜드 선호 배경에는 자기만족 못지않게 친구들에게 자랑하고 싶은 심리가 작용한 결과라고 분석했다. 경기침체 속에서도 고가제품을 구매, 자기 만족을 위한 소비자들이 늘어나는 등 과시형 소비형태가 사회문제로 대두되고 있는 상황에서 청소년들도 과시형 명품 소비 성향이 두드러지고 있어 브랜드에 대한 그릇된 가치관을 바로 잡아주어야 한다. 청소년들의 합리적인 소비습관을 유도하고 생활습관을 개선하기 위해서는 지속적인 소비자교육과 경제교육이 필요하며 명품을 선호하는 소비성향을 이용해 유통 마진 등의 폭리를 취하고 시장경제를 악화시키는 상행위와 자유시장경제체제의 특성과 소비심리를 이용한 상술을 바로 잡아야 한다.

3) 구속과 소비

구속은 하나님에 의한 역사이자 인간에 의한 사건이다. 구속은 창세 이전 하나님의 마음에서 시작되어 이스라엘의 역사 속에서 일어났고 그리스도 사건을 통하여 절정에 이르렀다. 현재도 인간의 결단을 통해서 현실에서 계속되고 있고, 최후에 완성될 것이다. 인간의 결단이라는 면에서 보면 구속은 칭의에서 시작되어 성화를 거쳐 영화에 이르는 과정이라고 볼 수 있다(Erickson, 1997b). 칭의는 구속을 위한 일회적 결단을 포함하고 있고, 성화는 구속을 위한 지속적인 결단을 포함하고 있고, 영화는 구속을 위한 영원한 결단을 포함하고 있다. 이러한 의미에서 구속은 억압에서 벗어나게 해준다는 점에서 해방이라고 할 수 있고, 죄 때문에 파괴된 평화를 되돌려준다는 점에서 일종의 회복이라고 할 수 있다(Hobbs, 2011).

잘못된 선택을 한 인간이 자신의 죄로 인한 고통 때문에 탄식하며 부르짖는 것이 구속사역의 시작이 된다(Crabb, 2011). 출애굽기 2장 23-25절에 의하면 이스라엘의 대표적인 구속사라고 할 수 있는 출애굽 사건은 이스라엘이 애굽에서 종살이를 할 때 고된 노동으로 탄식하며 부르짖었고, 이 소리가 하나님께 상달되어 하나님이 그들의 고통소리를 들으셨고, 하나님이 그들의 조상과 세운 약속을 기억하시고 돌보셨다고 기록한다(김이곤, 1996). 하나님은 구속사역을 이루실 때 대리인을 세우시고, 대리인과 이스라엘 백성의 회개와 믿음을 요구하시고(Rad, 1996), 이를 위하여 이스라엘은 하나님과 대면하는 과정을 먼저 거친다. 이러한 과정을 통하여 회개를 하게 한다. 그러므로 회개는 잘못된 선택을 올바른 선택으로 바꾸어 주고 올바른 선택은 인간의 고통을 제거하는 하나님의 구속을 일으킨다. Vine 등(1996)은 구약성서에서는 구속자로서의 하나님을 다음과 같이 묘사하고 있다고 하였다.(김용민, 2012).

- 고아들의 원한을 풀어주는 분(잠언 23장 11절)
- 이스라엘 때문에 싸우시며 그들의 땅에 평안을 주시는 분(예레미아 50장 34절)
- 생명을 속량하시는 분(예레미아애가 3장 58절)
- 나를 변호하시고 나를 구하사 주의 말씀대로 나를 살리시는 분(시편 119편 154절)
- 살아계시며 마침내 땅위에 서실 분(욥기 19장 25절)

> 소비지출을 할 때 소비욕구를 필요(needs), 욕망(wants), 그리고 정욕(desires)의 세 가지 차원으로 구분을 하면 합리적인 소비를 하는데 도움이 된다. 이를 구분하는 성경적인 근거는 무엇인가? 우선 예수님께서 우리가 기도할 때에 "먼저 예수 그리스도의 나라와 그의 의를 구하라"(마태복음 6:33)고 가르치신다. 그렇게 할 때 예수께서 약속하신 의·식·주와 같은 필요를 채워주신다는 것이다. 따라서 소비를 할 때 이 약속을 따라 우리 생활에 꼭 필요한 물건을 위해 우선적으로 지출해야 한다.
>
> 필요한 것 이상을 구매하게 되면 그것은 욕망에 해당한다. 세례 요한이 이스라엘 백성에게 회개에 합당한 열매맺기를 외칠 때 무리들은 "그러하면 우리가 무엇을 하리이까" 하고 물었다. 이에 대한 세례 요한의 대답은 "옷 두 벌 있는 자는 옷 없는 자에게 나눠줄 것이요 먹을 것이 있는 자도 그렇게 할 것이니라"(누가복음 3:11)였다. 필요 이상을 가지고자 하는 욕구는 욕망인 것이다.
>
> 사도 요한은 "이 세상이나 세상에 있는 것들을 사랑치 말라 누구든지 세상을 사랑하면 아버지의 사랑이 그 속에 있지 아니하니 이는 세상에 있는 모든 것이 육신의 정욕과 안목의 정욕과 이생의 자랑이니 다 아버지께로 좇아 온 것이 아니요 세상으로 좇아 온 것이라"(요한 1서 2:15-16)고 말하면서 정욕적인 소비나 삶을 살지 않도록 권고하고 있다. 그 이유는 이 세상도 그 정욕도 다 지나가기 때문이다. 그러나 오직 하나님의 뜻을 행하는 이는 영원히 거하는 삶을 살 수 있다(요한 1서 2:17).
>
> 출처: 박정윤(2003)

그렇다면 구속받은 하나님의 백성은 어떠한 소비생활을 해야 할까? 산상수훈에서 예수님은 하나님과 재물을 겸하여 섬길 수 없다고(마태복음 6장 24절) 하시면서 우리가 먼저 하나님의 나라와 의를 구하면 이 모든 것을 우리에게 더하신다고 하셨다(마태복음 6장 33절). 우리 인생의 목적은 하나님의 나라에 들어가고 그 분의 영광과 주권, 의의 의로운 질서가 이 땅에 이루어지도록 협력하는 것이다. 인간의 모든 삶은 이 궁극적인 목적을 위해서 이루어져야 한다. 그러므로 부와 소비가 인생의 목적이 되어서는 안 된다. 앞에서 설명한 것처럼 예수님께서는 부와 지나친 소비가 인생의 목적이 되어 있는 사람들에게 엄하게 경고하셨다. 부는 탐욕과 우상화, 사치와 낭비, 방탕을 낳기가 매우 쉽기 때문이다. 구속을 받은 사람이라고 하더라도 강한 죄성이 남아있기 때문에 부가 주는 쾌락은 강하게 언제나 우리를 유혹하고 있다는 점을 항상 명심해야 한다. 그러나 창조의 선함을 분수에 맞게 누리는 것은 하나님이 우리에게 주신 분복이다(이재율, 2001).

2. 소박한 삶을 위한 소비

나는 마음속으로 이렇게 다짐하였다. '자, 이제는 쾌락을 누리리라. 그래서 내 인생을 마음껏 즐기리라.' 그러나 이것도 헛되다는 것을 깨달았다. 웃으며 희희낙락한들 그것이 도대체 다 무엇이란 말인가? 나는 이 세상에서 짧은 인생을 사는 동안 인간이 할 수 있는 유익한 일이 무엇인가를 깨달으려 어리석음을 피하고 내 마음을 지혜로 다스려 나갔다. 그러나 한편으로는 포도주로 육신의 쾌락을 누리는 방법도 궁리해 보았다. 나는 인생의 만족을 얻고자 사업도 크게 벌여 보았다. 여러 채의 집을 짓고 수많은 포도원을 가꾸었으며, 아름다운 정원과 동산을 꾸며 갖가지 과일나무를 심고, 곳곳에 저수지를 파서 농장에 물이 마르지 않게 하였다. 또 나는 노예들도 사들였다. 이 남녀 노예들은 내 집안에서 더 많은 노예들을 낳아 주었다. 또 소 떼와 양 떼도 길러 내어 나보다 먼저 예루살렘에서 다스린 어떤 왕보다도 더 많은 가축을 키웠다. 수많은 점령 지역의 왕들에게서 조공으로 거두어들인 금과 은도 날로 불어 나갔다. 노래로 흥을 돋우어 줄 남녀 가수들과 악대들도 조직하였다. 거기다가 나는 아름다운 처첩들도 많이 거느리고 있었다. 이렇게 하여 나는 예루살렘에서 나보다 먼저 다스린 어떤 왕보다도 더 위대하게 되었다. 그뿐 아니라 언제나 맑은 정신을 간직하고 있어서 모든 일을 내 스스로 평가할 수 있었다. 내가 원하는 것이면 무엇이든 소유하였고 내 마음이 즐거워하는 것은 그 무엇 하나 막지 않았다. 나는 심지어 어려운 일에서도 큰 즐거움을 느꼈다. 이 즐거움이야말로 진실로 내 모든 수고에 대한 유일한 보상이었다. 그러나 뒤돌아보니 내가 애써 구하였던 그 모든 것은 바람을 잡는 것처럼 헛된 일이었다. 이 세상에서 귀중한 것은 하나도 없었다.
/전도서 2장 1-11절

초기자본주의 사회가 근검과 절약을 미덕으로 삼았으나, 현재 우리가 살고 있는 후기 자본주의사회는 쾌락과 소비를 덕목으로 간주하고 있다. 개인이나 가족의 생활수준은 성취지표가 되고 소비수준이 사회덕목의 중요한 척도가 되었다. 이처럼 소비가 사회로부터 도덕적 재가를 받는 소비사회의 문화적 특징을 반금욕적 세계문화라고 한다. 현재 반금욕적 문화는 쾌락주의적 특성을 가지는 공리주의와 관련되어 있다. 쾌락주의에 의하면 고통은 피해야 할 악이고, 쾌락만이 추구해야 할 도덕적 선이 된다. 공리주의도 도덕적으로 옳은 행위는 최소한의 고통과 최대한의 쾌락과 행복을 추구하는 것이라고 본다. 이처럼 쾌락주의에 바탕을 한 현대 소비사회는 쾌락과 욕망을 도덕적으로 정당화하고 최대한 충족하는 것을 행복이라고 생각한다.

성경의 여러 곳에서 인간이 쾌락주의의 노예가 되는 것을 경계하고 있다. 전도서 2장에서 지혜자는 "무엇이든지 내 눈이 원하는 것을 내가 금하지 않았고, 내 마음이 즐거워하는 것을 막지 않았다. 그런데 내가 후에 보니 내 손으로 한 모든 일과 수고한 모든 수고가 다 헛되어 바람을 잡으려는 것이며, 해 아래서 무익한 것이었다" 라고 고백하고 있다.

천경희 교수의 윤리적 소비 실천교육 프로그램 유네스코 ESD 인증 프로젝트에 선정돼

천경희 가톨릭대 소비자주거학과 교수가 진행하는 '대학생의 착한소비 윤리적 소비 실천교육' 프로그램이 2012년 유네스코 지속가능발전교육(ESD) 공식인증 프로젝트로 선정됐다. ESD란 세계가 직면한 환경, 빈곤, 에너지, 경제 사회 분야의 위기를 해결하고 지속 가능한 공동체를 만들기 위한 문제들 간의 연결고리를 찾아내 삶의 방식과 태도에 변화를 만들어내는 것이다. 유엔은 '지속가능발전교육 10년(DESD·2005~2014)' 계획을 수립하고 유네스코를 DESD 선도 기관으로 지정해 세계적으로 ESD를 활성화하고 있다. 이에 유네스코한국위원회는 사회의 지속가능성을 돕는 프로젝트를 선정해 지원 중이다.

천 교수의 '대학생의 착한 소비 윤리적 소비 실천교육' 프로그램은 소비가 무한정한 것으로 인식되는 현대사회에서 처음 자신의 돈을 소비하기 시작하는 대학 초년생들을 대상으로 간소한 삶을 살며 자신에게 남는 것을 나누는 윤리적이고도 바른 소비를 가르치는 수업이다. 한편, 유네스코한국위원회는 지난 5일 명동 유네스코회관 11층에서 ESD 프로젝트 인증 수여식을 진행했다. 올해에는 천 교수의 교육 프로그램과 함께 금천구청의 ESD 금천창의인재학교, 열매나눔인터내셔널의 지구마을자립프로젝트 등 12개 ESD 프로젝트가 선정됐다.

출처: 여성신문 2112년 12월 7일

바울도 디모데전서 3장 4절에서 쾌락에 대한 사랑을 말세의 징조로 해석하였고, 갈라디아서 5장 22절에서는 인간의 참된 행복은 물질의 소유와 소비에서 오는 피상적인 쾌락이 아니고 성령 안의 희락에 있다고 하였다. 하나님의 나라는 영적인 희락임을 강조하였다.

우리 그리스도인에게 무엇보다도 중요한 일은 우리가 무엇을 먹고 마시느냐 하는 것이 아니라 하나님께 의로운 사람으로 인정을 받고 예수의 평화를 이룩하며 성령이 주시는 기쁨을 누리는 것입니다. /로마서 14장 17절

1999년 교황 요한 바오로 2세는 다음과 같이 소비주의를 강력하게 비판했다. "우리 시대의 역사는 비극적 방법을 보여주고 있다. 우리의 시각이 이전에 마르크스주의, 나치즘, 파시즘과 같은 이데올로기의 결과를 가졌다. 또한 인종적 우월성, 민족주의, 민족적 배타주의 같은 신화를 가졌다. 항상 명백한 것은 아니지만 그렇다고 덜 해로운 것도 아닌 것이 있는데 그것은 아마 물질주의적 소비주의의 결과일 것이다. 인간적 열만의 개인적이고 이기적인 만족의 고양이 궁극적인 삶의 목표가 된다. 이런 입장에서 타인들에 대한 부정적 결과는 완전히 무관한 것으로 간주되었다. 어디에서든 인간 존엄에 대한 어떤 모욕도 있어서는 안 된다."(Kavanaygh, John F., 2006, p35, 재인용).

성경은 또한 여러 곳에서 사치스러운 생활을 어리석은 행위라고 비판하고 있다.

잠언 19장 10절에서는 미련한 자가 사치하는 것이 적당하지 못하다고 하였고, 이사야 선지자는 사치생활을 즐기는 시온의 딸들과 바벨론에 임할 심판을 경고하였다. 야고보서 5장 5절에서도 "너희가 땅에서 사치하고 방종하여 도살의 날에 너의 마음을 살찌게 하였도다" 라고 하면서 사치를 꾸짖었고, 요한계시록도 사치스러운 삶을 살았던 바벨론의 자녀에게 임할 심판을 경고하였다.

그날이 오면 주께서 그들이 가꿔온 아름다움과 장식품들을 제거해 버리실 것이다. 발목고리, 머리띠, 반달 모양의 장식품들, 귀고리, 팔가락지, 면사포, 머릿 수건, 다리 장식품, 허리띠, 향수통, 부적, 온갖 반지, 코고리, 잔치 때 입는 옷, 온갖 외투. 목도리, 손가방, 손거울, 모시옷, 예복과 너울들을 모조리 없애실 것이다. 그때에는 여인들이 달콤한 향내 대신 에 악취를 풍기고 다닐 것이다. 고운 띠 대신에 포승줄에 묶여서 끌려갈 것이다. 곱게 단장하던 머리카락이 다 뽑혀 대머리가 될 것이다. 화려한 옷을 감고 다니던 몸에는 삼베옷을 걸쳐 아름다움은 모조리 사라지고 수치와 치욕만이 그들에게 남을 것이다. 네 남편들은 전장에서 쓰러져 죽고 네 용사들은 싸우다가 죽을 것이다. 그때에는 네 성문들이 애곡하고 조가를 부를 것이며 예루살렘 도성은 파괴되어 땅바닥에 무너질 것이다.

/이사야 3장 18-26절

세계를 정복하고 여왕처럼 화려하게 영화를 누리는 수도 바벨론에게 여호와께서 이렇게 말씀하셨다. '갈대아의 가장 아름다운 딸 바벨론아, 네가 이제 전란을 당하여 처녀처럼 무참히 유린을 당할 것이니 그 왕좌에서 내려와 땅바닥에 앉아라. 네 왕좌는 이미 사라졌으니 땅바닥에 앉아 비천한 종노릇을 하여라. 네가 다시는 곱게 단장하고 아름다운 모습을 뽐내지 못할 것이다. 너는 이제 하녀의 목숨을 부지하기 위해 맷돌을 들어다가 올려놓고 곡식을 갈아 요리를 하고 너울도 걷고 긴 치마도 벗어 던지고 허벅다리를 드러내고 시냇물과 강물을 건너서 먼 곳으로 끌려갈 것이다. 네가 알몸을 드러내고 네 부끄러운 곳까지 드러내리라. 내가 억울한 분을 푸는데 누가 감히 막을 수 있겠느냐?' 이분이 바로 우리 이스라엘의 해방주 여호와이시다. 세상의 모든 권세를 굴복시키시는 이스라엘의 거룩하신 분께서 말씀하셨다. '갈대아 족속의 딸 바벨론아, 너는 캄캄한 감옥으로 들어가서 조용히 앉아 있어라. 네가 '세계 만국의 여왕'이라는 찬사를 다시는 받지 못할 것이다. 내가 전에 내 백성의 죄악에 더하여 몹시 화를 내고 나의 소유지인 이스라엘 땅을 원수들에게 넘겨주고 내 백성도 네게 넘겨주었다. 그전에도 너는 그들을

유지인 이스라엘 땅을 원수들에게 넘겨주고 내 백성도 네게 넘겨주었다. 그전에도 너는 그들을 불쌍하게 여기지 않고 노인들마저 가혹한 일을 시켰다. 오히려 너는 신이나 된 듯이 큰소리를 쳤다. '나는 영원히 살며 끝없이 세계를 지배하는 여왕이다!' 너는 그토록 잔인하고 교만하게 행동하면서도 네가 결국 어떻게 될 것인지는 생각해 보지도 않았다. 그러나 너는 이제 똑똑히 들어라. 너는 항상 호화롭고 태평하게 살면서 '이 세상에는 나밖에 없다. 나와 겨룰 이가 아무도 없다. 나는 과부가 될 염려도 없고 자녀를 잃고 외롭게 살 염려도 없다.'고 떵떵거렸으니 이제 똑똑히 들어라. 네가 이제까지 누리던 권세와 영화를 하루에 갑자기 잃을 것이다. 남편도 잃고 자식도 모조리 잃고서 외롭고 처량한 신세가 될 것이다. 네가 아무리 신기하게 마술을 행하고 주문을 많이 외워도 아무 소용이 없을 것이다.

또 너는 이렇게 주장하였다. '내가 아무리 악한 일을 저질러도 벌 받지는 않을 것이다. 나의 행동을 감시할 사람이 아무도 없기 때문이다.' 네가 마술을 행하는 지혜가 많고 주문을 외우는 지식이 많기 때문에 아주 그릇된 길로 들어서서 오만하게 떵떵거렸다. '이 세상에는 나밖에 없다! 나와 겨룰 이가 아무도 없다.' 그러나 네가 주문을 외워서 쫓아버릴 수 없는 재앙이 이미 네게로 가까이 몰려오고 있다. 무슨 제물로도 예방할 수 없는 멸망이 무슨 사고처럼 네게 떨어져 내리고 있다. 네가 무슨 마술로도 피할 수 없는 파멸이 이미 네게 덮쳐 오고 있다. /이사야 47장 1-11절

그 여인은 사치와 쾌락으로 세월을 보냈으니 이제 그 분량만큼의 고통과 슬픔을 되돌려주라. 그 여인은 잔뜩 부풀어 올라서 '나는 여왕의 자리에 앉아 있고 의지할 데 없는 과부와는 다르다. 슬픔 같은 것은 맛 본 일이 없다'고 말한다. 그러나 단 하루 사이에 죽음과 슬픔과 탄식과 기근이 닥쳐와 그 여인은 불에 타버릴 것이다. 전능하신 주님의 심판이 내리기 때문이다.' 그 여자와 함께 부도덕한 행동에 빠져서 방탕한 세월을 보내던 세상의 통치자들은 그 여자의 불타 버린 시체에서 나오는 연기를 보고 통곡할 것입니다. 그리고 그들은 공포에 떨며 멀리 서서 이렇게 소리칠 것입니다. '끔찍한 일이다. 이 거대한 도시 바벨론에 화가 미치다니! 너는 삽시간에 이렇게 심판을 받았구나!' 땅위에 있는 장사꾼들도 그 여자의 일로 울며 슬퍼할 것입니다. 이제 그들의 상품을 사줄 사람이 다 없어졌기 때문입니다. 그들의 가장 큰 고객이었던 그 여자가 사간 상품은 금, 은, 보석, 진주, 고운 모시, 자줏빛 옷감, 비단, 각종 향나무, 상아로 만든 온갖 물건, 값비싼 목각품, 청동, 철, 대리석, 계피, 향수, 향료, 유향, 포도주, 올리브 기름, 밀가루, 밀,

소, 양, 말, 수레, 노예 그리고 사람의 생명까지도 있었습니다. 그들은 이렇게 소리칠 것입니다. '네가 그렇게도 사랑하던 그 숱한 보물들은 다 어디로 갔는가? 그렇게도 네가 자랑하며 뽐내던 그 호화찬란한 것들을 너는 두 번 다시 가질 수 없게 되었는가! 그것들은 영원히 네게서 떠나가 버렸구나!' 그 여자 덕분에 부자가 된 상인들은 자기들에게 닥쳐올 위험을 두려워하여 멀리 서서 슬피 울 것입니다. 그리고 그들은 또 이렇게 말할 것입니다. '아, 비참한 일이다! 그렇게 아름답던 도시가 이렇게 되다니! 최고급품의 자줏빛 옷감과 진홍색 천으로 몸을 감고 금과 보석과 진주로 꾸민 여인 같던 이 도시는 어디로 갔는가! 이 도시의 많던 재물이 삽시간에 사라져 버렸구나! 모든 선주와 상선의 선장들과 승무원들도 멀리 서서 불에 타는 그 도시를 보고 눈물을 흘리면서 '이 세상에 이만큼 화려했던 도시가 또 있었을까?' 하고 말할 것입니다. 그리고 머리에 먼지를 뿌리고 슬퍼하며 말할 것입니다. '끔찍한 일이다. 이 큰 도시가 재앙을 받았구나! 그 넘치는 재물로 우리도 부자가 되었는데! 그런데 지금 그 모든 것은 한순간에 잿더미가 되었구나!

/요한계시록 18장 7-19절

현대의 소비문화에서 신앙적으로 가장 우려되는 것은 신앙인들이 자신들의 신앙적 전통과 동떨어져서 신앙의 요소 중 극히 일부분만을 신앙의 내용으로 붙잡으면서 실제로는 수동적인 소비자로서 살고 기능하도록 길들여지게 되는 문제이다(Miller, 2004, p9). 송재룡(2008, pp66～85)은 한국 소비문화의 부정성, 예컨대 아파트 공화국이라고 비판받는 '떼 지어 몰리고 쏠리는 소비자'의 모습, 또 지나치게 과시적인 물질소유 지향성과 비합리성 등의 근저에는 유교에 뿌리를 둔 '가족주의'에 있음을 비판한다. 그는 유럽 기독교 국가에서 문화로 뿌리 내린 사랑과 정의 및 책임 또는 죄와 벌이라는 강력한 가치평가적 집합의식이 공동체적 집합의식으로 전승된 기독교 문화의식이 우리나라의 소비문화에 뿌리내리지 못했다고 평가한다.

인간의 욕망은 끝이 없음을 전도자는 "은을 사랑하는 자는 은으로 만족함이 없고 풍부를 사랑하는 자는 소득으로 만족함이 없나니"(전 5:10)라고 묘사하고 있다. 이 말씀은 인간의 끝없는 욕망이 결핍에 의한 것이 아니고 재물자체나 재물의 소유함을 사랑하기 때문임을 암시한다. 어떤 재화가 필요하다고 느끼는 이유는 그것이 부족하기 때문이라고 간주되었다. 또 돈이라는 것은 늘 부족하기 때문이거나 돈이 부족한 상태가 될 것을 두려워하여 늘 돈을 축적하려고 한다고 이해하여왔다. 하지만 성경은 우리가 돈을 쫓는 이유는 돈이 부족해서가 아니라 돈 자체나 돈을 소유한 상태를 사랑하기 때문이라고 설명한다.

이러한 논리는 소비에도 적용된다. 우리는 먹고 입을 것이 부족해서 그것들을 더 소비하는 것이 아니다. 오히려 우리는 먹을 것과 입을 것을 사랑하거나 그것들을 가지고 있는 부유한 상태를 사랑하기 때문에 그것들을 소비하는 것이다. 현대 그리스도인들이 자신의 소비행태에 대한 합리화를 하기 전에 자신이 돈 쓰는 것을 사랑하는지 혹은 소비로 인해 드러나는 본인의 모습을 지나치게 즐기는 것은 아닌지 점검해야 한다. 돈에 대한 사랑, 소비에 대한 사랑이 하나님에 대한 사랑을 가리지 않아야 할 것이다.

어느 정도의 소비를 과소비라고 하는가

과소비가 과도한 소비라고 한다면 어떠한 기준보다 과도한 것인지에 따라 과소비에 대한 정의와 범위가 다르다. 과소비는 자기의 소득, 지위, 신분에 걸맞지 않는 지나친 소비로 규정할 수 있으며 과도한 소비(excessive consumption)라고도 한다. 소비자의 욕구수준, 소득수준, 사회의 도덕성 기준, 환경 등 네 가지 기준에서 과소비에 대한 구체적인 논의가 가능하다.

첫째, 우선 소득보다 지출이 많을 때 과소비라고 할 수 있다. 그러나 소득보다 지출이 많은 예는 보편적이라고 할 수 없다. 가계재정에서 소득보다 소비가 많다면 그 가계는 경제적으로 적자를 얻게 되고 궁극적으로 파산을 하게 될 가능성이 크므로 보편적인 사례는 아니다. 그러나 소비자신용이 현격히 증가하고 다양화되면서 일시적으로 소득보다 지출이 많을 수 있다. 신용카드의 잘못된 사용과 할부거래의 남용은 소비자를 적자재정에 시달리게 할 수 있기 때문에 합리적으로 사용하는 습관과 지침이 매우 중요하다.

두 번째 과소비의 기준은 필요 또는 욕구이다. 논리적으로 가장 타당한 기준이지만 각 개인의 필요 수준이 어느 정도인지를 정하기란 쉽지 않다. 인간의 생존에 필수적인 욕구충족만을 의미하는 것인지, 아니면 인간이 사회문화적 생활까지도 어느 정도 향유할 수 있는 정도를 의미하는 것인지 매우 주관적이다. 또한 생산이 욕망을 만들어 내는 상황에서 광고나 각종 판매촉진 행사 등은 각 사람들에게 욕구를 만들어내고 의미를 부여하고 있기 때문에 소비자의 필요에 대한 정의는 시대에 따라, 사회에 따라 다를 수밖에 없다. 이전의 신분사회에서는 신분과 관련된 재화요소들이 정해져 있었기 때문에 자신의 신분과 관계없는 상위신분용 재화를 소비한다면 과분한 소비가 될 수 있지만 소비에 관한 사회 신분적 금기사항이 없어진 지금의 사회에서 각자의 선호와 필요가 제각각인 상황에서 분수에 넘치는 과소비와 분수에 맞는 건전소비의 규정은 더욱 어렵다.

세 번째의 과소비의 기준은 사회경제체제 및 사회전체의 경제적 수준과 관련된다. 국가의 경제수준 및 국민소득에 비추어서 특정개인의 소비가 너무 과도한 수준이라면 또는 사회전체의 소비수준이 매우 과도하다면 과소비라고 하는 것인데 이것은 사회가 가지고 있는 소득분배구조와 무관하지 않다. 개인 소득수준에 비해 과도한 소비수준이 아닐지라도 사회적 위화감을 유발하는 사치재 등의 과시적 소비는 사회적인 평등의 차원에서 과소비로 봐야 한다는 것이다.

네 번째의 과소비 기준은 환경공간 이상의 소비이다. 과연 현재의 소비양태가 지속가능한(sustainable) 사회를 유지하는데 적정한 것인가 하는 문제이다. 앞의 두기준이 개인적인 차원에서의 기준이었다고 한다면 이 기준은 사회적 차원의 기준이라고 할 수 있다. 즉 현대사회에 있어서 자원을 많이 사용하여 지구 자원을 고갈시키거나 폐기물을 많이 만들어내는 소비를 과소비라고 할 수 있다. 우리가 사용하고 남은 많은 전자제품은 다시 재활용해서 사용하지 않으며 상당한 기간 동안 분해되지 않는 고철덩어리, 플라스틱, 유리등의 쓰레기를 발생시킨다. '92년 리우 세계환경정상회에서는 '환경적으로 건전하고 지속가능한 개발(environmental sound and sustainable development; 이하 ESSD)' 개념을 도입하였다. 이는 유한한 지구자원을 효율적으로 배분하고, 환경친화적인 제품을 생산·소비하며, 사용후 폐기단계에서도 자원순환형 사회로의 전환을 추구하도록 모든 경제주체간의 합의와 실천을 요구하고 있다. 이에 부합하는 소비행동은 지속가능한 소비(sustainable consumption)라 한다. 이 가운데 녹색구매(green purchasing)는 환경상품을 구매하는 모든 활동을 의미한다. 여기서 환경상품(greener product)은 '환경상품(environmental product)', '환경친화적인 상품(environment- friendly product)' 등 다양한 이름으로 일컬어져 왔다.

성경에서 묘사되는 부자들의 소비 양상은 낯선 모습이 전혀 아니다. 구약시대의 부자들이 소비하는 모습에 대한 비판은 신랄하기까지 하다. 선지자 이사야는 당시 불법적으로 토지를 사들여 부를 축적한 부자들의 타락한 모습을 "아침부터 밤이 깊도록 술에 취하거나"(사 5:11), "연회에 수금과 비파와 소고와 포도주를 즐기면서 여호와와 그의 행하신 일에 대하여 관심치 않는다"(사 5:12)고 묘사하고 있다. 선지자 아모스도 지배계급의 소비행태를 "상아 상에 누우며 침상에서 기지개 켜며 양떼에서 어린 양과 우리에서 송아지를 취하여 먹고 비파에 맞추어 헛된 노래를 지절거리며 다윗처럼 자기를 위하여 악기를 제조하며 대접으로 포도주를 마시며 귀한 기름을 몸에 바르면서 요셉의 환난을 인하여는 근심치 아니하는 자"(암 6: 4~6)로 묘사하고 있다. 신약성경에서는 어리석은 부자의 모습을 "편안히 쉬고 먹고 마시고 즐거워하거나"(눅 12:10), "자색 옷과 고운 베옷을 입고 날마다 호화로이 연락하는"(눅 16:19) 것으로 기술하고 있다. 이와 같이 묘사된 부자들의 소비행태는 타락적 소비를 나타낸다.

타락적 소비의 기준은 '하나님으로부터 떠나 있는지' 여부이다. 하나님을 떠나 소비를 통한 쾌락을 사랑하고 소비의 결과로 나타난 과시와 권력을 사랑하게 되어 우상화하게 된다면 타락적 소비라고 볼 수 있다. 그렇다고 해서 성경에서 최저 소비생활만을 허용하는 것으로 보이지는 않는다. 신약성경에서 나타난 예수님의 모습을 보면 많은 잔치에 기꺼이 참여하셨고 사람들이 모이는 장소에서는 풍성한 먹거리가 있었다. 그리스도인의 생계유지와 사회생활을 영위하기 위한 먹고 입을 것의 향유는 하나님께서 허락하신 소비이다. 또한 거룩한 산제사인 그리스도인 각자의 건강한 생활 유지는 하나님 나라의 건설에서는 가장 본질적인 요소를 차지한다. 따라서 그리스도인들의 생명과 생활 유지를 위한 소비는 가장 기초적인 소비 요소이다.

따라서 현대 그리스도인이 누리는 평균적인 물질적 풍요일지라도 그 소비의 모습은 자본주의 이전의 시대의 관점에서는 호화롭고 사치스러운 수준일 것이다. 생활에 필수적인 소비의 기준은 물질적 소비의 절대적 기준 보다는 사회적으로 평균적인 기준에 근거를 두는 것이 더 타당하다. 한편 그리스도인이 속하는 사회의 가치기준 및 관계에서 그리스도인들은 가족의 생활에 대해서는 매우 인색하면서 교회 공동체에는 무리하게 소비하는 것이 하나님을 기쁘게 하는 일이라고 생각하기도 한다. 디모데전서 5장 8절에는 "누구든지 자기 친족 특히 자기 가족을 돌아보지 아니하면 믿음을 배반한 자요 불신자보다 더 악한 자니라"고 하는 말씀은 그리스도인의 소비 가운데 가족을 돌보는 소비는 하나님에 대한 믿음을 실현하는 행위로서 충실히 이행되어야 함을 의미한다. 이 말씀에서 자기 가족을 돌보지 않는 것을 믿지 않는 것보다 더 악하다고 하신 것은 그만큼 믿음공동체에 미치는 악영향이 우려되기 때문이다. 성경은 하나님을 떠난 소비행위로서의 타락적 소비를 엄하게 경계하는 반면 그리스도인의 자신과 가족을 돌봄을 위한 소비행위는 반드시 지켜야 할 믿음의 실천임을 나타내고 있다.

현대 그리스도인이 지향해야 하는 소비문화는 어떠한가? 이재율(2000, pp59~65)은 그리스도인의 타락적 소비문화와 부정적인 소비문화를 개선할 대안으로 '소박한 삶'을 제시하고 그 이유를 세 가지로 설명하였다.

첫째, 소비의 증가가 진정한 만족을 주지 못하기 때문이다. 전도자는 온갖 부귀영화를 누렸으나 그것이 헛되다고 하였고(전도서 2장), 예수님께서도 누가복음 12장 5절에서 사람의 생명이 많이 가진데 있지 않다고 하셨다. 둘째는 소비가 주는 쾌락에 탐닉하면 그것을 우상화하기 쉽고 나아가 부에 대한 강한 탐욕이 생긴다. 이것은 영혼을 엄청난 위험에 빠뜨릴 수 있다. 사도바울은 빌립보서 4장 19절에서 배를 신으로 삼는 자는 땅의 일을 생각하고 멸망으로 마친다고 하였고, 디모데후서 3장 4절에서 말세에는 쾌락을 사랑하기를 하나님을 사랑하는 것보다 더한다고 하였다. 소비에 탐닉하는 사람들은 필연적으로 재물에 대한 탐욕을 가지게 되고, 탐심은 우상숭배가 된다(골로새서 3장 5절). 셋째, 하나님의 형상을 따라 창조된 많은 사람들이 아직 빈곤에 처해 있기 때문이다. 예수님께서는 비천한 자에 대한 우리의 태도가 영성과 형벌의 기준이라고 선언하셨다(마태복음 25장 46절). 우리가 소박한 삶을 살아야 하는 가장 큰 이유가 가난한 이웃을 구제해야 하기 때문이다.

간소한 삶에 대한 학자들의 의견은 다음과 같이 정리된다(송인숙 외, 2010). 첫째, 간소한 삶에 대한 선택을 자발적으로 했다는 것이며, 둘째, 자기계발에 대한 의지가 있고 셋째, 인도주의 환경, 공동체 등에 대한 가치를 중요시하며 이에 대한 책임의식을 가진다는 것 넷째, 물질적 소비의 간소함을 들 수 있다(표 7.1 참고).

〈표7.1〉 간소한 삶의 특징

저자	간소한 삶에 대한 내용
Elgin(1981)	-삶의 내적 외적인 부분의 조화와 균형을 이루려는 삶의 방법 -삶으로부터 좀 더 궁극적인 것을 얻으려는 의지와 덜 쓰려는 삶을 계획적으로 선택한 삶 -자신의 잠재의식의 개발에 대한 의무뿐 아니라 세계의 참살이에 기여하는 삶 -외면적으로 간소화나 내면적으로 부자인 삶의 방법
Andrew & Holst(1988)	-자신의 삶을 조절하고 중요한 것으로 돌아가려는 움직임과 소비자주의를 통한 환경주의와의 관계 -절약, 측은지심, 책임감, 공동체 설립, 자기조절에 대한 미국인의 가치
Mazza(1997)	-미국의 자발적 간소화의 대부분은 간소한 삶, 절약, 느림, 지속 가능한 라이프스타일로 나타남
Marketing News (1980)	-자발적 간소화에 대한 기본적인 다섯가지 가치- 물질적 간소화, 인도주의, 자기 스스로의 결정, 생태적인 태도, 개인적 성장

출처: 홍연금(2009). 우리나라 윤리적 소비자에 대한 사례연구, 가톨릭대학교 박사학위논문

자족하는 마음이 없으면 인간의 소비욕은 끊임없이 증가한다. 자족하는 마음은 물질로부터 내면적 자유를 의미한다. 성경은 자족하는 삶을 그리스도인이 추구해야 할 삶으로 묘사하고 있다. 구약성경 잠언 30장 8절에서는 가난하게도 부하게도 말고 필요한 양식으로 먹게 해 달라고 하였고, 예수님께서는 마태복음 6장 25-34절에서 무엇을 먹을까? 마실까? 입을까? 염려하는 것은 이방인의 행태이므로 하나님의 자녀들은 하나님의 나라와 의를 먼저 구해야 한다고 하셨다. 누가복음 12장 15절에서는 사람의 생명은 넉넉한 소유에 있지 않으므로 모든 탐심을 물리치라고 하셨다. 바울은 빌립보서 4장 11-12절에서 어떤 형편에 처해서도 자족하는 법을 배웠다고 하였고, 히브리서 저자도 13장 5절에서 돈을 사랑하지 말고 있는 바를 족한 줄로 알라고 하셨다(조용훈, 1999).

디더롯 효과

책상에 앉아서 서재를 둘러보던 디더롯은 자신도 모르는 사이에 서재가 전과는 다르게 변했다는 것을 깨닫는다. 전에는 비좁고 소박하고 어질러져 있었지만 평온한 느낌을 주었는데 비하여 이제는 우아하고 정리정돈이 잘되어 있었지만 왠지 음울한 느낌이 들었다. 이유가 무엇일까?

생각에 잠겨 있던 디더롯은 그 이유가 바로 자기 앞에 놓여 있다는 것을 깨달았다. 다름 아닌 새 드레싱 가운 때문이었다. 새 드레싱 가운을 입기 시작한 지 일주일째 되는 날 그는 책상이 너무 낡아서 남 보기에 안 좋다는 생각을 하였다. 그래서 그는 번쩍이는 새 책상을 사들였다. 그런 다음에는 벽에 걸려 있던 장식용 타피스트리의 실들이 낡아서 보푸라기가 이는 것이 눈에 거슬렸다. 그것을 걷어 내고 새로 커튼을 달았다. 그런 식으로 그는 서재에 있던 물건들을 모두 바꾸었다. 왜 그랬을까? 새로운 서재를 원했던 것은 아니지만 그는 일관성을 원했다. 즉 어울리지 않는 것이 아무것도 없다는 느낌, 바꾸어 말하면 벗어나 있다는 느낌보다 중심에 자리하고 있다는 느낌을 원했던 것이다.

디더롯은 자아에 옷을 입히는 방식(개인이라는 소우주적 자아와 같은 물건을 쓰는 많은 사람들이라는 대우주적 자아)이 현대 소비문화의 중심이 되리라는 사실까지는 알지 못했다. 그러나 세상은 그렇게 되고 말았다(Twitchell, 2003).

이러한 디더롯 효과는 명품 중독의 원인이 되기도 한다. 서울의 명문대학에 입학한 선물로 작은 명품 손지갑을 받은 여자대학생 이야기가 언론에 보도된 적이 있다. 중산층 가정의 모범생이었던 이 학생은 미팅에서 자신의 지갑이 명품임을 알아본 상대 남학생으로부터 품위가 있다는 말을 듣고 나서 자신의 핸드백, 옷, 구두를 포함한 모든 것들이 너무 하찮게 보이기 시작하였다. 부모에게 졸라 한두 개는 샀으나, 부모들이 더 이상은 사 줄 수 없다고 하였다. 그러자 자신의 품위를 오나성하기 위하여 아르바이트를 하기 시작했고, 평범한 아르바이트로는 도저히 값비싼 명품을 살 수 없게 되자 유흥업소에서 아르바이트를 하기 시작했다. 처음에는 술집에서 일했으나, 시간이 지나면서 더 많은 돈을 벌기 위하여 매춘을 하게 되었고, 결국에는 몸과 마음이 다 크나큰 상처를 입게 되었다.

공유경제

공유경제는 한 번 생산된 제품을 개인이나 가족이 독점하는 것이 아니라 여럿이 공유해서 쓰는 협업소비를 하는 경제 방식을 말한다. 자동차, 주차장, 빈방 등과 같은 물품 뿐 아니라 생산설비나 서비스 등을 개방해 공동으로 활용함으로써 주인은 소득을 얻고, 소비자는 시장에서 구할 수 있는 가격보다 저렴하게 사용함으로써 주차난, 숙박난과 같은 도시문제를 해결하고 자원 활용을 극대화하여 환경문제도 해결하고, 시의 예산도 절감하고, 공동체문화도 회복할 수 있다. 예를 들면 회원끼리 차량을 이용하는 짚카(Zipcar.com)는 소유주가 차를 독점하지 않고 주차해두는 시간에 남이 이용할 수 있도록 하는 자동차공유인데, 이용자는 싼 값에 차를 시간제로 빌려 탈 수 있고, 소유주는 차를 빌려주고 돈을 벌 수 있다는 장점이 있다. 나아가 공유경제는 일자리도 늘리고 지역경제도 활성화시킬 수 있다는 장점 때문에 여러 도시들이 공유도시를 선언하고 있다. 미국에서 빈방을 공유하는 일을 연결하는 에어비앤비(airbnb.com) 샌프란시스코 본사는 100여명이 일을 하고 있고, 단기계약직까지 포함하면 200여명에 이른다. 이처럼 공유경제는 직접 고용을 창출할 수 있을 뿐 아니라 자신이 소유한 것을 다른 사람들에게 빌려줌으로써 소득도 창출한다.

샌프란시스코는 올해 3월에 시장이 에어비앤비(airbnb.com) 등과 같은 기업들, 셰어에이블 같은 비영리단체들과 공공부분인 시를 망라한 조직인 공유경제 워킹그룹을 출범시켰다. 우리나라에서도 인터넷 민박정보업체인 비앤비히어로(bnbhero.com)와 코자자(kozaza.com), 식사를 함께 하는 집밥, 정장을 기부 받아 면접자한테 빌려주는 열린 옷장, 서로 책을 빌려주는 국민도서관책꽂이, 미국의 지프카를 밴치마킹해서 만든 그린카 등이 공유경제를 시행하고 있으나, 아직은 걸음마 단계이고, 신뢰성이 완전히 담보되지 못하고 있다는 문제점이 있다.

서울시도 공유 촉진 조례안을 입법예고하고 20개의 우선 추진 사업을 제시하면서 공유도시 서울 만들기를 선언했다. 서울시는 제도와 기반을 만들기 위하여 우선 시민과 기업이 공유를 위한 정보를 주고받을 수 있는 웹사이트도 2013년 상반기에 구축할 계획을 세우고 있다. 현재 서울시에는 주말에만 사용하는 차량이 약 30만대가 등록되어 있는 것으로 나타났다. 서울시는 카쉐어링 사업자에게 공영주차 공간 754개 면을 반값에 제공할 예정이다. 와 숙박업소 부족문제도 해결할 수 있고, 은퇴자와 주택을 소유한 노인의 소득도 창출할 수 있다. 주차장 공유는 서울의 거주자 우선주차구역 12만여 면 가운데 낮 시간에 비는 공간을 이웃과 함께 사용하는 것이다. 낮에 비는 주차면 30% 중에서 절반만 참여해도 1800여면의 주차장 조성비 230억을 절약할 수 있고, 방문자는 빈 주차면을 검색해 싸게 이용할 수 있다는 경제적 효과가 있다고 서울시는 분석하였다.

공유도시 서울 만들기는 또한 가끔 사용하는 공구, 여행용 가방, 캠핑 용품 등을 빌려주는 동네공방도 지원할 예정이고, 서울시립병원 12곳이 의료장비를 공동으로 구매하여 사용할 경우 15억여 원의 예산을 줄일 수 있다고 전망했다. 출처: 서정희(2012b)

박성관(2008, p163~171)은 현대 소비문화의 부정적인 측면이 교회공동체 문화를 통해서 극복되기 위해 소비문화와 소비자사이의 전략으로 '자족'을, 문화신학과 종교상품화 사이의 전략은 '영성'을, 공동체와 자유 사이의 전략은 '단순성', 도덕결정자로서 교회공동체의 전략은 '정의'를 제안하였다. 리처드 포스터(1989, pp. 85~87)는 예수께서 돈에 관하여 제자들에게 하신 명령들을 '단순성'으로 집약하고 있다. 그에 따르면 단순성은 분열되지 않은 마음, 환희, 신뢰와 만족, 탐욕으로부터 자유로움, 단정함과 절제, 감사히 받음, 돈의 선용, 활용성, 관대함과 기꺼이 줌을 주요 특성으로 보았다. 그는 또한 그리스도인의 올바른 소비행위를 다음과 같이 제시하고 있다.

- 물건을 살 때 위신에 관계없이 실용성과 경제성에 따라 사라.
- TV나 커피처럼 탐닉하게 하는 것을 물리쳐라.
- 물건들을 남에게 주어 버리는 습관을 길러라.
- 소비사회의 하수인들인 기업의 광고에 속지 말라.
- 소유하지 않고 즐기는 법을 배우라.
- 삼라만상(자연)을 깊이 감상하고 즐기라.
- 지금 사고 갚은 나중에 라고 말하는 할부문화, 신용카드문화의 유혹을 멀리하라.
- 꾸밈이 없고 정직한 말을 하라.
- 남을 억압하게 될 일은 모두 물리쳐라.
- 우리의 삶의 주요 목표에서 다른 곳으로 정신이 팔리게 하는 것을 모두 물리쳐라.

3. 나눔 : 궁극의 소비

성경에서 호사스러운 소비생활을 강하게 비판하는 중요한 이유는 가난한 이웃이 존재하기 때문이다. 모든 사람이 하나님의 형상을 타고난 존재이기 때문에 하나님은 모든 사람이 최소한의 인간다운 생활을 할 수 있기를 바라신다. 잠언 14장 31절에서는 가난한 사람을 학대하는 것은 그를 지으신 하나님을 멸시하는 것이라고 하시면서 자신을 가난한 사람과 동일시하신다. 마태복음 25장에서도 예수님은 가장 미천한 자들과 자신을 동일시하셨다.

> 그러면 그들도 대답할 것이다. '주님, 주님이 언제 배고프고 목마르셨으며, 나그네 되고 헐벗으셨으며, 병들고 감옥에 갇히셨던 일이 있었기에 저희가 보고도 돌보아 드리지 않았다 하십니까?' 그때 왕이 말할 것이다. '내가 진정으로 말한다. 여기 있는 내 형제 중에 가장 보잘 것 없는 사람 하나에게 해주지 않은 것이 곧 내게 해주지 않은 것이다. 그리하여 그들은 영원히 벌 받을 곳으로 쫓겨날 것이고 바르게 산 사람들은 영원한 생명으로 들어갈 것이다.'
>
> /마태복음 25장 44-46절

제 3세계의 생산자들에게 제값을 주고 물건을 사줌으로써 생산자들을 돕는 공정무역운동은 미국과 서유럽에서 기독교단체들의 참여로 활성화되었다. 영국에서는 기독교단체가 공정무역재단과 카페다이렉트를 설립하게 하는 원동력이었고, 유럽에서 가장 큰 공정무역단체인 독일의 Gepa는 4개의 기독교조직에 의하여 운영되고 있다. 미국의 카톨릭교회구호봉사회, 루터교세계구호기구, 메노파교회 등도 공정무역제품을 홍보하고 교인들이 사도록 권장하고 있다(서정희, 2012a).

성경은 돈의 사용에 있어서 '나눠 주기'를 특별히 강조하고 있다. 구약시대에서는 공동체 안에서의 부의 나눔을 제도화하였다. 로널드 사이더(1997, pp105-115)는 성경적인 경제적 나눔에 대하여 희년, 안식년, 십일조와 이삭줍기에 대한 율법을 중요한 제도로 설명하고 있다. 희년제도는 50년마다 땅을 원소유주에게 돌려줘 모든 가족이 공동체의 존귀한 일원으로서 직분을 다할 수 있는 충분한 생산 자원을 가질 수 있도록 하는 것이다. 이때 희년이 얼마 남아있는가에 따라 토지사용권의 가격은 달라진다. 그리고 추수할 때 전답의 주인은 이삭을 얼마간 남겨두어 가난한 사람들에게 주어서 생활에 쓰도록 할 의무가 있었다.

사이더는 이러한 희년제도가 자본주의와 사회주의 양자에 똑같이 근본적으로 도전하고 있다고 보고 있다. 그에 따르면 하나님만이 절대적인 소유주이시며 각 사람이 자신의 생활을 꾸려 나갈 수단을 가질 권리는 구매자의 재산권이나 전적으로 자유로운 시장경제보다 우월하다. 동시에 희년은 청지기라는 사실을 이해하는 각 가정이 관리하는 사유 재산의 중요성 또한 분명하게 확언하므로 국가가 모든 땅을 소유하는 사회주의 모델을 제시하는 것이 아니다(1997, p.110-111).

그 50년째 되는 해를 다른 해와 구별되는 거룩한 해로 정하고 그 땅에 살고 있는 모든 사람들에게 해방을 선포하여라. 이 한해는 그야말로 기쁨이 넘치는 해, 곧 희년이다. 이 해는 빚 때문에 땅을 팔았던 사람이 그 땅을 다시 찾을 수 있는 해이며 빚 때문에 자기 몸을 노예로 팔아 넘겼던 사람도 다시 자기 지파로 되돌아갈 수 있는 해방의 해이다. 너희는 50년째 되는 해를 희년으로 삼아라. 이 한해 동안에는 밭에 씨를 뿌리지 말고 저절로 자라난 곡식이나 포도송이를 거두어들이지 말아라. 이 해는 기쁨이 넘치는 희년이니 여느 해와는 다르게 보내라. 이 한해 동안에는 밭에서 거두어 둔 소출만을 먹고 살아라. 희년은 팔아 넘겼던 모든 땅이 본 주인에게로 다시 돌아가는 해이다. 그러므로 너희가 같은 겨레에게 땅을 팔 때나 살 때에 서로 속지 말아라. 땅을 살 때 그 다음 희년까지 몇 해가 남았는지 계산하여 사들이고 파는 사람은 앞으로 희년이 돌아올 때까지 거두어들일 수 있는 소출의 양을 환산하여 땅값을 매겨라. 곧 남아 있는 햇수가 많으면 그 땅값을 많이 치르고 남아 있는 햇수가 적으면 그 땅값을 적게 치러라. 같은 겨레 이스라엘 사람을 억울하게 하지 말아라. 너희는 하나님을 두려워할 줄 알아야 한다. 나는 너희의 하나님 여호와이다. 너희는 내가 내려 준 규정과 법을 잘 지켜 그대로 실천하여라. 그리하여야 그 땅에서 편안히 살 수 있을 것이다. 땅은 열매를 낼 것이며 너희는 그 소출을 배불리 먹으며 편안히 살 것이다. '일곱째 해가 돌아오면 땅에 씨도 뿌리지 않을 텐데 그럼 무얼 먹고 사나!' 하고 걱정하지 말아라. 내가 이미 명을 내려 두었으니 여섯째 해가 되면 땅이 복을 받아 3년을 먹고도 남을 만큼 소출을 내리라. 여덟째 해가 되어 너희가 땅에 씨를 뿌려도 너희는 묵은 곡식을 먹을 것이다. 너희는 아홉째 해에 소출을 거둘 때까지 묵은 곡식을 먹게 될 것이다. 땅을 아주 팔아넘길 수는 없다. 땅은 본디 내 것이기 때문이다. 너희는 단지 내 땅에 몸 붙여 사는 나그네이다. 그러므로 너희는 너희가 살고 있는 땅을 사고 팔 때 그 땅의 본 주인에게 어느 때라도 그 땅을 도로 살 권리가 있다는 것을 인정하여야 한다. 어떤 사람이 가세가 기울어 어쩔 수 없이 가지고 있던 땅을 팔았으면 땅을 판 그 사람의 가장 가까운 친족이 그 땅을 도로 살 수 있다. 도로 사줄 가장 가까운 친척이 없을 경우, 땅을 판 그 사람이 나중에 그 땅을 도로 살 수 있을 만큼 되면 땅값을 지불하고 도로 찾아올 수 있다. 땅값은 앞으로 돌아올 희년을 헤아려 보아 값을 치러 주면 된다. 그러면 그 땅은 본 주인에게 되돌아간다. 도로 살 여력이 없으면 그 땅은 희년이 돌아올 때까지 땅을 산 사람의 소유로 있다가 희년에 본 주인에게 되돌아간다. 어떤 사람이 성벽에 둘러싸여 있는 성안의 집을 팔았다고 하자. 집을 판 날부터 만 1년 동안은 그 집을 도로 살 수 있다. 하지만 1년이 지나면 그 집을 도로 살 수 있는 권리를 잃게 된다. 따라서 만 1년이 지나면 그 집에 대한 소유권은 집을 산 사람과 그 자손에게 넘어간다. 그러므로 희년이 되어도 그 집은 본 주인에게 되돌아가지 않는다. 하지만 성벽으로 둘러 있지 않은 시골 마을의 집은 토지처럼 아무 때든지 본 주인이 도로 살 수 있다

도로 살 능력이 없더라도 희년이 되면 본 주인이 그 집을 다시 찾을 권리가 있다. 레위 사람들이 살고 있는 성읍의 집은 설령 다른 사람에게 팔았다 할지라도 언제든지 그 집을 도로 살 수 있는 권리가 있다. 도로 사들이지 않았을 경우라도 희년이 되면 그 집은 다시 본 주인에게로 돌아간다. 레위 사람들이 살고 있는 성읍의 집은 본디 이스라엘 사람들 가운데에서도 영원히 레위 사람들의 소유인 까닭이다. 레위 사람들이 사는 성읍 주변의 목초지는 사고 팔 수 없다. 그 목초지는 영원토록 레위 사람들의 소유이기 때문이다. 네 겨레 중에서 어떤 사람이 가난해져 생계를 꾸려 나가기가 어려워지면 너희는 그를 나그네나 손님처럼 너와 함께 살 수 있도록 도와주어야 한다. 너희는 그에게서 세나 이자를 받지 말아라. 너희는 하나님 무서운 줄을 알아 네 이웃이 너와 함께 살아갈 수 있도록 해주어야 한다. 그에게 이자를 받으려고 돈을 빌려 주어서는 안 되며 무슨 이득을 바라고 먹을 것을 주어서도 안 된다. 나는 너희를 애굽에서 데리고 나와 가나안을 너희에게 준 너희의 하나님 여호와이다. 네 겨레 중에서 어떤 사람이 네게 빚을 져 팔려 왔을지라도 그를 노예처럼 부려먹어서는 안 된다. 그를 품꾼이나 나그네처럼 대하여 희년이 올 때까지 그렇게 지내도록 하여라. 희년이 되면 팔려 온 그 사람뿐만 아니라 그의 아들까지도 본디 속해 있던 지파로 되돌아가 조상 대대로 물려받은 땅을 차지할 것이다. 너희는 내가 애굽 땅에서 이끌어 낸 나의 노예이다. 그러므로 너희가 다른 사람들에게 노예로 팔려 갈 수 없다. 너희는 하나님 두려운 줄을 알아 팔려 온 사람을 혹독하게 부리지 말아라. 노예가 필요할 경우 너희 주변 여러 나라에서 남종이든 여종이든 노예를 사들일 수 있다. 또한 너희 가운데에서 몸 붙여 사는 이방 사람들과 그들의 자식 중에서도 필요한 노예를 사들일 수 있다. 이렇게 사들인 노예를 너희의 소유로 삼아라. 이 노예는 너희 자손들에게 유산으로 물려줄 수도 있다. 그들은 그들의 목숨이 붙어 있는 한 주인을 잘 섬겨야 한다. 그러나 너희 겨레 이스라엘 사람끼리는 서로 혹독하게 대해서는 안 된다. 너희 가운데 몸 붙여 살고 있는 이방인 중에 가산이 넉넉하게 된 사람이 있다고 하자. 그런데 너희 한 핏줄이 그 사람에게 빚을 져 그에게 팔려 갔을 경우

> 그 이스라엘 사람에게는 자신의 몸값을 지불하고 도로 자유로운 몸이 될 권리가 있다. 이 경우 형제가 그의 몸값을 지불하고 그를 찾아올 수 있으며 삼촌이나 사촌이나 가까운 피붙이가 그의 몸값을 지불하고 그를 도로 찾아 올 수 있다. 노예로 팔려 간 그 사람의 형편이 피어서 자신의 몸값을 지불할 수 있으면 그 자신이 몸값을 지불하고 자유인이 될 수 있다. 몸값은 그해부터 희년까지 몇 해나 되는가를 계산하여 지불하여라. 품꾼에게 품삯을 계산하여 주듯 노예로 팔렸던 사람의 몸값도 그에 준해서 계산해야 한다. 아직도 희년까지 여러 해가 남았으면 그 햇수에 따라서 많이 주어야 하고 얼마 남지 않았으면 몸값을 적게 내고 자유인이 될 수 있다. 주인은 노예로 팔린 그 사람을 가혹하게 대하지 말아라. 해마다 새로 머슴을 고용하는 것처럼 그를 대해 주어야 한다. 그 사람이 자신의 몸값을 지불할 능력이 없을 경우에는 희년이 되면 그 자신과 그의 자식이 자유의 몸이 되리라.
>
> /레위기 25장 10-54절

신명기 15장 11절은 안식년에 대한 이상적인 상태를 설명하고 있는데, 7년마다 돌아가면서 특정한 땅의 생산을 쉬게 하고 거기서 자연적으로 생산된 산출물은 가난한 사람들이 자유롭게 가질 수 있게 하였다. 안식년 제도를 하는 이유는 "언제든지 가난한 자가 그치지 아니하겠으므로 내가 네게 명하여 이르노니 너는 반드시 네 경내 네 형제의 곤란한 자와 궁핍한 자에게 네 손을 펼치느니라"를 실현하기 위해서이다.

또 이스라엘의 십일조와 이삭줍기 제도는 일시적으로 생산 자본이 부족한 사람들을 위한 하나님의 규정의 일부이다(사이더, 1997, p.115). 성경에서 십일조에 대한 규정(신명기 14장 22-29절, 레 27장 30-32절, 신명기 26장 12-15절, 민수기 18장 21-32절)은 '매년 땅의 십분의 일 곧 땅의 곡식이나 나무의 과실이나 그 십분 일'(레위기 27장 30절, 14장 22절), 그리고 '매 삼 년 끝에 그 해 소산의 십분의 일을'(신명기 14장 28절) 다 내어 하나님께 드리도록 하고 있다. 구체적으로 성경에 나타난 십일조의 의미를 살펴보면 첫째, 십일조는 여호와의 것(말라기 3장 8절), 혹은 여호와의 성물이기 때문에 당연한 것이다(레위기 27장 32절). 둘째, 십일조의 용도는 사회공동체의 구제로 특히 '너의 중에 분깃이나 기업이 없는 레위인과 네 성중에 우거하는 객과 및 고아와 과부들로 와서 먹어 배부르게'(신명기 14장 29절) 하기 위한 것이다. 셋째, 십일조는 개인적 차원에서 '하늘 문을 열고 복을 주시기 위한 것'이다(말라기 3장 10~11

절). 넷째, 십일조는 네 하나님 여호와 경외하기를 항상 배우게 하는 데 목적을 가진다(신명기 14장 23절).

너는 마땅히 매 년 토지소산의 십일조를 드릴 것이며 네 하나님 여호와 앞 곧 여호와께서 그의 이름을 두시려고 택하신 곳에서 네 곡식과 포도주와 기름의 십일조를 먹으며 또 네 소와 양의 처음 난 것을 먹고 네 하나님 여호와 경외하기를 항상 배울 것이니라. 그러나 네 하나님 여호와께서 자기의 이름을 두시려고 택하신 곳이 네게서 너무 멀고 행로가 어려워서 네 하나님 여호와께서 그 풍부히 주신 것을 가지고 갈 수 없거든 그것을 돈으로 바꾸어 그 돈을 싸 가지고 네 하나님 여호와께서 택하신 곳으로 가서 네 마음에 원하는 모든 것을 그 돈으로 사되 소나 양이나 포도주나 독주 등 네 마음에 원하는 모든 것을 구하고 거기 네 하나님 여호와 앞에서 너와 네 권속이 함께 먹고 즐거워할 것이며 네 성읍에 거주하는 레위인은 너희 중에 분깃이나 기업이 없는 자이니 또한 저버리지 말지니라. 매 삼년 끝에 그 해 소산의 십분의 일을 다 내어 네 성읍에 저축하여 너희 중에 분깃이나 기업이 없는 레위인과 네 성중에 거류하는 객과 및 고아와 과부들이 와서 먹고 배부르게 하라 그리하면 네 하나님 여호와께서 네 손으로 하는 범사에 네게 복을 주시리라

/신명기 14장 22-29절

땅의 십 분의 일 곧 그 땅의 곡식이나 나무의 열매 중 십 분의 일(1/10)은 여호와의 것으로, 여호와의 성물이다. 만일 어떤 사람이 자기의 십일조를 무르려면 그것에 1/5을 더해 드려야 한다. 소나 양의 십분 일은 막대기 아래로 통과하는 것의 열째마다 여호와의 거룩한 것이 되리니 그 우열을 교계하거나 바꾸거나 하지 말라 바꾸면 둘 다 거룩하리니 속하지 못하리라. 이상은 여호와께서 시내 산에서 이스라엘 자손을 위하여 모세에게 명하신 계명이니라

/레위기 27장 30-34절

사람이 어찌 하나님의 것을 도둑질하겠느냐 그러나 너희는 나의 것을 도둑질하고도 말하기를 우리가 어떻게 주의 것을 도둑질하였나이까? 하는 도다. 이는 곧 십일조와 봉헌물이라. 온 나라가 나의 것을 도둑질하였으므로 너희가 저주를 받았느니라. 만군의 여호와가 이르노라 너희의 온전한 십일조를 창고에 들여 나의 집에 양식이 있게 하고 그것으로 나를 시험하여 내가 하늘 문을 열고 너희에게 복을 쌓을 곳이 없도록 붓지 아니하나 보라.

/말라기 3장 8절~10절

내가 이스라엘의 십일조를 레위 자손에게 기업으로 다 주어서 그들의 하는 일 곧 회막에서 하는 일을 갚나니 이 후로는 이스라엘 자손이 회막에 가까이 말 것이라 죄를 당하여 죽을까 하노라. 오직 레위인은 회막에서 봉사하며 자기들의 죄를 담당할 것이요 이스라엘 자손 중에는 기업이 없을 것이니 이는 너희의 대대에 영원한 율례라. 이스라엘 자손이 여호와께 거제로 드리는 십일조를 레위인에게 기업으로 준 고로 내가 그들에 대하여 말하기를 이스라엘 자손 중에 기업이 없을 것이라 가라사대 여호와께서 모세에게 일러 가라사대 너는 레위인에게 고하여 그에게 이르라 내가 이스라엘 자손에게 취하여 너희에게 기업으로 준 십일조를 너희가 그들에게서 취할 때에 그 십일조의 십일조를 거제로 여호와께 드릴 것이라. 내가 너희의 거제물을 타작 마당에서 받드는 곡물과 포도즙 틀에서 받드는 즙같이 여기리니 너희는 이스라엘 자손에게서 받는 모든 것의 십일조 중에서 여호와께 거제로 드리고 여호와께 드린 그 거제물은 제사장 아론에게로 돌리되 너희의 받은 모든 예물 중에서 너희는 그 아름다운 것 곧 거룩하게 한 부분을 취하여 여호와께 거제로 드릴지니라. 이러므로 너는 그들에게 이르라 너희가 그 중에서 아름다운 것을 취하여 드리고 남은 것은 너희 레위인에게는 타작 마당의 소출과 포도즙 틀의 소출같이 되리니 너희와 너희 권속이 어디서든지 이것을 먹을 수 있음은 이는 회막에서 일한 너희의 보수임이니라. 너희가 그 중 아름다운 것을 받들어 드린즉 이로 인하여 죄를 짓지 아니할 것이라 너희는 이스라엘 자손의 성물을 더럽히지 말라 그리하면 죽지 아니하리라

/민수기 18장 21-32절

네 하나님 여호와께서 너와 네 집에 주신 모든 복을 인하여 너는 레위인과 너의 중에 우거하는 객과 함께 즐거워할지니라. 제삼년 곧 십일조를 드리는 해에 네 모든 소산의 십일조 다 내기를 마친 후에 그것을 레위인과 객과 고아와 과부에게 주어서 네 성문 안에서 먹어 배부르게 하라.

/신명기 26장 11절 -12절

한편 이스라엘의 이삭줍기 제도가 잘 나타난 성경은 룻기 2장이다. 가난한 과부 룻은 동전 한 푼 없이 베들레헴에 돌아왔을 때 추수 때에 들에 나가 이삭 줍는 사람들이 떨어뜨린 낟알들을 모아서 생계를 이을 수 있었다. 이삭줍기 제도는 사회의 극빈층이나 사회적 기반을 단기간 내에 확보할 수 없었던 이민자들에게는 생계를 위한

유일한 수단이었을 것이다. 솔로몬은 가난한 자에 대한 선행의 당위성을 "가난한 자를 불쌍히 여기는 것은 여호와께 꾸이는 것이니 그 선행을 갚아주시리라"(잠언 19장 17절)를 통해 명백히 알리고 있다.

신약성경에서는 그리스도인들로 하여금 나눔의 제도화보다는 나눔의 의미를 이해시키고 실천을 독려하는 많은 구절들이 등장하였다. 신약에 나타난 나눔과 관련된 말씀들을 정리하여 그 특징을 살펴보면 첫째, 나눔은 하나님께서 기뻐하시는 일이다. 나눔에 대하여 히브리서 기자는 "오직 선을 행함과 서로 나눠 주기를 잊지 말라. 이 같은 제사는 하나님이 기뻐 하시느니라"라고 하였다(히브리서 13장 16절). 이는 앞의 솔로몬의 지혜로운 말(잠언 19장 17절)과 일맥상통하는 의미이다.

둘째, 나눔을 통해 그리스도인들은 보상으로 복을 받게 됨을 명확히 하고 있다. 마태복음 15장에서는 예수님이 주릴 때 먹을 것을 주었고 목마를 때에 마시게 하였고 벗었을 때 옷을 입혔고 병들었을 때에 돌아보았고 옥에 갇혔을 때에 돌본 자들을 '복을 받을 자'라고 하였다(34~36절). 사도행전 20장에서 누가는 "내가 아무의 은이나 금이나 의복을 탐하지 아니하고 너희 아는 바에 이 손으로 나와 내 동행들의 쓰는 것을 당하여, 범사에 너희에게 모본을 보였노니 곧 이같이 수고하여 약한 사람들을 돕고 또 주예수의 친히 말씀하신 바 주는 것이 받는 것보다 복이 있다 하심을 기억하라"고 권면하고 있다. 누가복음에서도 "주라. 그리하면 너희에게 줄 것이니 곧 후히 되어 누르고 흔들어 넘치도록 하여 너희에게 안겨 주리라"(누가복음 6장 38절)라고 넘치는 복을 약속하셨다.

셋째, 나눔의 실천은 말로 이루어지는 것이 아니라 실질적 이익을 줄 수 있는 행동에 의해서 완성된다. 야고보서 2장에는 "만일 형제나 자매가 헐벗고 일용할 양식이 없는데 너희 중에 누구든지 그에게 이르되 평안히 가라, 더웁게 하라, 배부르게 하라 하며 그 몸에 쓸 것을 주지 아니하면 무슨 이익이 있으리요"(15~16)라고 하였다. 마가복음에는 율법을 잘 지킨 재물이 많은 사람에게 예수께서 "네게 오히려 한 가지 부족한 것이 있으니 가서 네 있는 것을 다 팔아 가난한 자들을 주라 그리하면 하늘에서 보화가 네게 있으리라 그리고 와서 나를 좇으라"고 하시는 부분이 나온다(마가복음 10장 21절). 성경은 그리스도인들이 나눠 주기를 좋아하며 '동정하는 자'(디모데전서 6장 18절)가 되라고 한다. 삭개오는 천국으로 가기위해 '내 소유의 절반을 가난한 자들에게 주겠사오며'(누가복음 19장 8절)라고 고백하고 있다. 나눔은 자신이 가지고 있는 부를 남에게 주는 행위, 즉 희생을 수반하게 된다.

넷째, 나눔의 목적은 공동체 안에서 평등을 실현하는 데 있다.

> 물론 나는 여러분의 고귀한 헌금을 거두어다가 어려운 사람들을 좀 더 편안하게 살게 하는 것이 당연하다는 생각에서 이런 말을 하는 게 아닙니다. 다만 여러분이 왜 그들을 도와야 하는지를 알려 공평하게 하려는 것뿐입니다. 지금 여러분은 부요하기 때문에 그들을 도울 수 있습니다. 그리고 훗날 여러분에게 어려움이 닥치면 다시 그들이 여러분을 도울 것입니다. 이렇게 되면 서로 필요한 것을 함께 나누는 셈이 되지 않겠습니까?
>
> /고린도후서 8장 13-14절

사도 바울은 말한 '평균케 함'이란 어떤 의미를 가지고 있는 것일까? 홀트맨(1999)은 하나님의 나라와 세상 나라가 판이하게 다르며 우선 하나님의 나라에서 하나님의 뜻이 실현되어야 한다고 보았다. 즉 지상에 있는 하나님의 나라인 교회에서는 필요에 기초한 자발적인 나눔이 실현되어야 한다고 보았다. 그는 교회와 교회 밖을 분리하였다. 이기성이 강한 세상에서는 이 원리가 실현될 수 없으나 하나님의 나라에서는 실현되어야 할 이상이다. 홀트맨은 사랑으로 완전한 공동체를 지향해야 하는 교회안에서는 서로에게 헌신된 신앙공동체 안에서 서로 피드백을 하면서 각자의 소비수준을 결정하고 나눔을 실현해야 한다고 주장했다. 그러므로 현재 교회에서 서로의 경제문제에 대하여 함구하는 것은 잘못되었다고 하면서 개인보다 공동체가 좀 더 하나님의 뜻에 순종할 수 있다고 주장하였다.

사이어(1998)는 모든 가족이 최소한의 의식주 욕구를 충족시킬 수 있을 뿐 아니라 공동체에서 존경받는 참여자가 될 수 있을 정도로 생계를 꾸려 나갈 자원을 소유하는 경제적 기회의 평등이 필요하다고 했다. 즉 모든 사람이 최저생활이 아니라 인간다운 삶을 유지할 수 있어야 한다고 보았다. 이와는 달리 바이스너(1993)는 성경에서 말하는 가난은 극빈 또는 절대빈곤이라고 주장했다. 그는 가난한 사람을 생활을 유지할 수단을 가지고 있지 못하거나 그 수단을 획득할 수 없는 사람으로 생존하기 위하여 다른 사람들이 소유하고 있는 자원에 의존할 수밖에 없는 사람들이라고 정의했다. 즉 노약자, 장애인, 어린이 등만이 신약에서 말하는 가난한 사람들로 구호대상이 될 수 있다고 보았다(이재율, 2001).

이처럼 학자들마다 평등에 대한 해석이 조금씩 다르기는 하나, 공동체안의 평등성을 지향하자는데는 이견이 없다. 공동체 구성원들의 상호구제를 통한 보완적인 삶을 의미한다. 따라서 공동체 안의 나눔은 일방적인 것이 아니며 상호적인 주고받음을 지향하고 있다. 자본주의에 사는 현대 그리스도인들이 생각하는 나눠 주는 행위는 일방적으로 부자로부터 가난한 자에게로만 부의 이전에 국한되어 있다. 하지만 하나님은 동시대에서 이루어지는 나눠 주는 행위에만 국한된 것이 아니라 여러 시대를 걸친 장기적인 상호보완적 행위를 주목하신 것이다.

교회의 사회적 책임과 협동조합

기독교윤리실천연대(기윤실)가 23일 서울 종로 기독교회관에서 '협동조합과 교회'라는 주제로 '2012 교회의 사회적 책임 심포지엄'을 열었다. 기윤실은 신자유주의로 인한 시장경제 위기를 극복하는 대안으로 '협동조합의 활성화'를 제시하며, "한국에서의 협동조합의 발달사는 기독교 사회운동과 맥을 같이한다. 협동조합 운동의 흐름을 통해, 한국 교회가 협동조합에 관심을 가져야 할 필요를 논의하고자 한다." 고 전했다.

협동조합은 경제적으로 약소한 처지에 있는 농민이나 중·소 상공업자, 일반 소비대중들이 상부상조의 정신으로 경제 이익을 추구하기 위해, 물자의 구매·생산·판매·소비 일부 또는 전부를 협동으로 영위하는 조직단체다. 협동조합 운동은 정치·경제적 약자가 상호협동과 단결로 경제적 지위 향상과 정치적 자주권을 획득해 가는 운동이다. 강사로 나선 정재영 교수(실천신대 종교사회학)는 '교회와 협동조합의 만남'이라는 주제로 강연했다.

과거 1920~1930년대 한국교회는 농촌사회가 안고 있는 문제들을 개인의 게으름이나 생활력 부족으로만 보지 않고 일제 식민지배의 구조적인 문제들로 인식했으며, 그 해결책으로 '협동조합운동'을 제시했다. 1928년 YMCA를 중심으로 한 기독교농촌협동조합운동이 본격적으로 전개됐으며, 1929년 장로교회는 공동구매와 공동판매까지 포함된 중앙신용조합을 설립했다.

1928년 감리교회는 농촌사업위원회를 구성하고 농촌사업부를 설치하여 농촌운동을 전개했다. 그러나 1930년대 중반 '교회의 본분이 아니'라는 장로교회 내 보수적 인사들의 비판을 받고, 농촌협동운동 지도자 대부분이 반일운동으로 몰려 체포, 투옥됨으로 더는 발전하지 못했다.

기독교농촌협동조합운동은 식민지 민족현실을 직시하며 복음주의 실천론으로서 '기독교사회주의', '사회복음주의'와 같은 진보적 사회사상을 적극 수용한 것과도 깊은 관련이 있었다. 기독교사회주의는 사회주의 자체보다는 기독교 정신에 입각해 사회적 약자를 변증하고자 했으며, 자본주의에 대한 비판 또는 사회주의적 지향보다는 보편적인 인도주의와 연결되어 있었다. 정 교수는 협동조합이 갖는 성경적 의미로 ▲창조질서의 회복과 생명가치의 보존 ▲초대교회 나눔과 섬김의 실현 ▲온전한 인간회복을 이루어가는 희년 사상을 제시하며, "자본 중심이 아닌 사람 중심으로 운영되는 협동조합 정신은 경쟁적 인간관계를 극복하여, 상호존중, 공존을 도모함으로 인간다운 사회를 건설하는데 유용한 도구가 될 수 있다"고 전했다.

이어 "사회적 기업이나 협동조합이 정부 주도로 신속하게 도입되는 것은 긍정적이나 실제 일을 담당해야 할 주민들의 역량이 부족한 상황에서 많은 부작용이 일어나는 것이 현실이다. 따라서 이 일에 목회자와 교회가 관심을 가지고 참여하며 중심을 잡아줄 수 있다면 매우 큰 도움이 될 것이다. 이러한 다양한 대안 경제 운동을 통해 현재 자본주의 문제와 위기를 극복하고 기독교 정신에 입각하여 하나님의 형상을 회복하는 삶을 사는 데 일조할 수 있을 것"이라고 했다.

기독교협동조합의 사례로는 주민교회의 주민생활협동조합, 기독교대한감리회의 농도생활협동조합, 예장생활협동조합을 들었다. 주민신용협동조합은 1990년 2월 28일 주민신용협동조합 총회를 통해 주민생활협동조합 기금마련을 위한 지역사회 개발기금을 적립키로 결의했다. 이후 1990년 10월 7일 발기인 37세대 출자금 1,152,000원으로 주민생활협동조합이 설립됐고, 저농약 유기농 배추와 무를 계약하고 재배 공급을 시작으로 본격적인 생활협동조합활동을 시작했다.

출처: 크리스천 투데이 2012년 11월 23일

다섯째, 나눔을 실천하는 과정에서 의무감보다는 하나님에 대한 영광을 위해서 해야 한다. 마태복음 23장 23절에서는 외식하는 서기관들과 바리새인들의 잘못된 점으로 십일조를 드릴 때 율법에만 근거했기 때문이며 하나님의 의와 인과 신을 버렸다고 지적하고 있다. 또한 고린도후서 9장 13절에서는 "저희와 모든 사람을 섬기는 너희의 후한 연보로 인하여 하나님께 영광을 돌리고"라고 하였다. 하나님께서 명령하신 나눔은 하나님에 대한 믿음의 표현이며 궁극적으로 영광을 올리는 행위이다.

이처럼 구약 농경시대에 적용되었던 제도들은 신약시대에 적용되었다는 명백한 근거가 없으며 이를 현대경제체계에 그대로 적용하기는 불가능하고 또 여러 가지 부작용을 발생시킬 수 있다(사이더, 1997, 117). 이들의 말씀의 근저에 있는 성경적 원리를 분명히 이해하는 것이 더 중요하다. 이는 하나님이 자선이 아니라 정의를 원하시며 그리스도인들은 신자들 사이에 빈곤을 제거할 수 있도록 일해야 한다는 것이다.

나눔을 실천하는 태도에 대하여 성경은 어떻게 가르치고 있는가? 정리해 보자면 기쁨으로, 희생적으로, 마음을 다하여, 지체하지 말고, 기꺼이, 은밀하고, 정직하게 나누라고 권고하고 있다. 남을 구제할 때는 특히 은밀하게 하는 것이 중요하다. 가난한 사람들은 자신이 가난하다는 사실을 모든 사람에게 밝히기를 꺼려하기 때문이다. 특히 어린아이에게 작은 물질을 주면서 사진을 찍고 홈페이지에 올리는 일 등은 삼가야 한다. 아이들의 가슴에 큰 상처를 줄 수 있기 때문이다.

이제 나는 하나님께서 마게도냐에 있는 여러 교회에 어떻게 은총을 베푸셨는지 여러분에게 알리려고 합니다. 그들은 많은 어려움과 역경을 당하고 극도의 빈곤을 겪으면서도 기쁨에 넘치는 마음으로 다른 사람들을 구제하는데 쓰라고 돈을 내놓았습니다. 그것도 자기네 힘이 미치는 한도 내에서가 아니라 그 이상의 것을 자진해서 내놓았다는 것을 나는 분명히 말할 수 있습니다. 그들은 예루살렘에 있는 믿음의 식구들을 돕는 기쁨을 함께 나누고 싶다고 돈을 가지고 와서 우리에게 간청하였습니다. 무엇보다도 훌륭한 일은 우리가 기대했던 것 이상으로 그들이 협력을 해준 사실입니다. 그들은 먼저 그들 자신을 주께 바치고 우리에게도 헌신하였습니다. 하나님께서 우리를 시켜 무엇을 지시하든지 그대로 순종하였습니다. 그들의 이러한 열성을 보고 우리는 디도에게 여러분을 찾아가라고 권하였습니다. 처음 여러분에게 헌금을 권한 디도가 다시 여러분을 방문하여 이 일을 완성할 수 있도록 격려하는 것이 좋겠다고 생각했던 것입니다. 여러분은 여러 방면에 걸쳐 지도적인 입장에 있는 사람들입니다. 여러분에게는 돈독한 신앙이 있고, 훌륭한 설교자도 많이 있습니다. 많은 지식과 뜨거운 열정과 우리를 향한 열렬한 사랑도 있습니다. 이제 나는 여러분이 즐거운 마음으로 구제하는 일에 앞장서기를 바랍니다. 그렇다고 여러분에게 명령을 하는 것은 아닙니다. 반드시 헌금을 해야 한다고 강요할 생각도 없습니다. 다만 다른 사람들이 열심으로 구제하고 있다는 것을 사실 그대로 알리고자 할 뿐입니다. 그러나 여러분도 헌금을 해서 남을 도울 수 있다면 여러분의 사랑이 단순히 말에 그치지 않는 참된 것임을 증명할 수 있을 것입니다. 여러분은 우리 주 예수 그리스도께서 얼마나 사랑과 은총이 풍성하신 분인가를 알고 있습니다. 그 부요하신 주께서 여러분을 도우려고 가난하게 되셨습니다. 그분이 가난하게 되심으로써 여러분이 부요하게 된 것입니다. 여러분이 이미 일 년 전에 시작한 이 일을 이제 훌륭하게 마무리 져 주십시오. 헌금을 하자는 의견을 제일 먼저 낸 이들도 여러분이고 그 일을 제일 먼저 실천한 것도 여러분입니다. 그렇게 열성을 가지고 시작한 일이니 여러분이 가진 것 중에서 바칠 수 있는 것은 다 바쳐서 기쁨으로 이 계획을 완성해야 하지 않겠습니까? 처음 시작할 때 가졌던 여러분의 그 열정을 이제 행동으로 보여주십시오.

/고린도후서 8장 1-11절

그런데 아나니아라는 사람도 아내 삽비라와 의논하여 자기 재산을 정리하였다. 그리고 돈의 일부를 가지고 와서는 전액을 가져왔다고 말하였다. 이런 속임수는 물론 그의 아내와 함께 꾸민 일이었다. 베드로가 이것을 다 꿰뚫어 보고 그를 책망하였다. '아나니아여, 사단이 당신 속에 들어갔소? 왜 땅값을 따로 챙겨 두고 와서 전액이라고 말해 성령께 거짓말을 하는 거요? 그 재산을 팔고 안 팔고는 당신 마음대로 할 수 있는 일이오. 그리고 판 후에 그 돈의 얼마를 남에게 주는가 하는 것도 전적으로 당신 자유 의사에 달린 것이오. 그런데 왜 이런 짓을 하시오? 당신은 우리를 속인 것이 아니라 하나님을 속인 것이오.' 아나니아는 이 말을 듣자마자 마룻바닥에 거꾸러져 죽었다. 사람들은 모두 겁에 질려 떨었다. 젊은이들이 그의 시체를 싸서 메고 나가 묻었다. 그로부터 약 3시간쯤 지나서 그의 아내가 아무 것도 모르는 채 들어왔다. 베드로가 그 여인에게 물었다. '당신들이 판 땅값이 그게 전부요?' '예, 그렇습니다.' 그 여인이 대답하자 베드로가 말하였다. '어쩌자고 당신은 남편과 공모하여 하나님의 영을 시험하시오? 당신 남편을 묻고 돌아온 젊은이들이 지금 막 문밖에 와 있소. 당신도 그들의 손에 운반되어 갈 것이오.' 베드로의 말이 채 끝나기가 무섭게 그 여인도 마룻바닥에 거꾸러져 죽었다. 젊은이들이 들어와 그 여인이 죽어 있는 것을 보고 메고 나가서 그의 남편 곁에 묻었다. 온 교회는 물론이고 이 이야기를 들은 사람들마다 모두 두려움에 떨었다.

/사도행정 5장 1-11절

리처드 포스터(1989, pp 87～98)는 '주기'위한 일곱 가지 지침을 제시하였다.

첫째, 관대하고도 기꺼이 적절하게 주도록 하자. 십일조는 구약에서의 규칙이며 신약에서는 그 이상으로 나누었던 예들을 생각해볼 수 있다.

둘째, 즐겁고 관대한 심정으로 합리적인 기부와 모험적인 기부 사이에서 창조적인 긴장을 유지하라. 기부는 기독교인들이 교회에 드리는 십일조를 비롯한 헌금과는 구별되는 것이다. 기부에 대한 성서적 모델은 예수 그리스도의 성육신 사건에서 찾을 수 있다. 고린도 후서 8장 9절에서는 "우리 주 예수 그리스도의 은혜를 너희가 알거니와 부요하신 자로서 너희를 위하여 가난하게 되심은 그의 가난함을 인하여 너희로 부요케 하려 하심이니라." 라고 하였다(김도일, 1999).

셋째, 기껍고 즐거운 마음으로 유명도가 낮은 개인이나 단체를 찾아 주도록 하라.
우리는 빈손이 되기 전에 즉 수입을 다른 일에 쓰기 전에 첫 열매(잠언 3장 9절)를 기부해야 한다. 또한 소득의 일정 비율을 지속적으로 선교, 구제, 봉사 등과 같은 선한 일을 담당하고 있는 단체에 기부해야 한다. 크리스마스나 생일, 자녀들이 대학에 합격했을 때 물질로 축하해 주는 대신 그 물질을 자녀의 이름으로 자선단체에 기부하는 것도 하나의 방법이 될 수 있다. 이러한 기부를 통하여 자녀들의 과시소비도 줄일 수 있고, 현명하고 윤리적인 소비를 실천할 수 있는 지름길이 될 수 있다.

예수께서는 성전에 들어가 헌금궤 맞은편에 앉아서 사람들이 거기에 돈 넣는 것을 지켜보고 계셨다. 부자들 여럿이 와서 많은 돈을 넣었다. 그러고 나서 한 가난한 과부가 와서 두 렙돈 곧 한 고드란트를 넣었다. 예수께서 제자들을 가까이 불러 놓고 말씀하셨다. '저 가난한 과부는 누구보다도 더 많은 돈을 넣었다. 다른 사람들은 넉넉한 가운데서 얼마를 넣었지만 저 과부는 가난한 가운데서도 가진 것 전부를 바친 것이다.'

/마가복음 12장 41-44절

모든 신도는 한마음 한뜻이 되어 누구 하나 자기 소유를 자기 것이라고 생각하는 사람이 없이 모든 것을 공동으로 사용하였다. 사도들은 주 예수의 부활을 자신 있게 설교하였고 신도들끼리는 뜨겁게 사랑하였다. 땅이나 집을 가진 사람들은 그것을 팔아서 돈을 사도들 앞에 가져왔으며 사도들은 그것을 각 사람의 필요에 따라 나누어 주었기 때문에 그들 가운데는 가난한 사람이 하나도 없었다. '위로의 아들'이라는 뜻의 바나바라는 별명을 가진 사도 요셉도 그런 사람이었다. 구브로섬 출신으로 레위 지파 사람인 그는 자기 소유인 밭을 팔아서 마련한 돈을 필요한 사람들에게 나누어 주라고 사도들에게 내놓았다.

/사도행전 4장 32-37절

넷째, 기껍고 즐거운 마음으로 힘을 구하지 말고 주라.

마태복음 25장에는 양과 염소의 비유가 나온다. 양과 염소의 비유는 일종의 소비에 대한 교훈이라고 할 수 있다. 재물을 소비할 때 자신만을 위해서 하는 것이 아니라 어려운 이웃을 위해서 소비해야 된다는 의미이다. 또한 어려운 이웃을 도울 때 자신의 업적을 쌓지 말고 순수한 사랑으로 도우라고 우리에게 가르치고 있다. 여기에서 어려운 이웃은 불신자까지 포함하는 모든 어려운 이웃이고, 도움에는 물질적 도움도 강하게 포함되어 있다. 마태복음 6장 2-4절에 의하면 남을 돕는 것도 사람에게 보이고 자신의 명예를 위하여 하는 것은 믿음의 행위가 못된다. 우리가 가난한 이웃을 돕고 우리 모두가 고통 없는 평화 속에서 살기 위해서는 사치스러운 삶을 지양해야 한다. 그러므로 사치품을 생산하는 것과 폭리를 취하여 자신의 재물을 늘리는 것도 마태복음 25장은 금하고 있다. 이웃을 사랑하며 사는 사람이 이웃에게서 폭리를 취할 수 없기 때문이다(오덕호, 1999).

너를 고소하여 속옷을 달라고 하는 사람이 있거든 겉옷까지 벗어주라. 비록 가고 싶지 않더라도 누가 너더러 오리를 같이 가자고 하거든 십리를 같이 가주어라. 달라는 사람에게 주고, 꾸어 달라는 사람에게 등을 돌리지 말라. /마태복음 5장 40-42절

가난한 사람에게 자선을 베풀 때에는 위선자들이 하는 것처럼 하지 말라. 그들은 자기들의 자선행위를 드러내려고 회당과 거리에서 나팔을 분다. 내가 진정으로 말한다. 그들은 이미 받을 상을 다 받았다. 그러니 네가 어떤 사람에게 친절을 베풀 때 남의 눈

에 띄지 않게 하라. 네 오른손이 하는 일을 왼손이 모르게 하라. 모든 비밀을 아시는 너의 아버지께서 네게 갚아 주실 것이다 /마태복음 6장 2-4절

다섯째, 너그럽고 기꺼운 마음으로 우리들의 돈만이 아니라 자신을 내어주라.

양과 염소의 비유는 또한 어려운 이웃을 도울 때 재물 뿐 아니라 우리의 시간을 함께 사용하라고 가르치고 있다(오덕호, 1999). 하나님께서는 굶고 있는 사람에게는 먹을 것을 주고, 목마른 사람에게는 마실 것을 주고, 외로운 사람은 영접하여 사랑을 주고, 병들었을 때는 돌봐주라고 하셨다. 즉 가난한 사람에게 내가 주고 싶은 것을 주는 것이 아니라 가난한 사람이 필요로 하는 것을 주라고 하셨다. 오늘날 물질이 풍요한 사회에서 살고 있는 우리들은 재물은 쉽게 줄 수 있다. 가난한 이웃에게 내 시간을 할애하여 진심을 다하여 돌보는 것도 중요한 나눔이라는 의미이다.

그리고 왕인 나는 내 오른편에 있는 사람들에게 이렇게 말할 것이다. '내 아버지께 복받을 사람들아, 와서 천지창조 때부터 너희를 위하여 준비한 이 나라에 들어가라. 너희는 내가 배고플 때에 먹을 것을 주었고, 목말랐을 때에 마실 것을 주었으며, 내가 나그네 되었을 때에 너희 집으로 따뜻하게 맞아들였다. 또 헐벗었을 때에 입을 것을 주었고, 병들었을 때와 감옥에 갇혔을 때에 찾아와 주었다.'

/마태복음 25장 34-36절

여섯째, 너그럽고 기꺼운 마음으로 적절하게 나누어 줄 수 있도록 도울 사람을 구하라.

마태복음 25장의 양과 염소의 비유는 나 자신이나 나의 공동체만이 경제적인 풍요를 얻는 것을 목적으로 하는 것이 아니라 우리 모두가 또는 이 세상이 경제적으로 윤택하고 평화를 누릴 수 있는 것을 목적으로 한다(오덕호, 1999). 하나님께서는 지극히 작은 자 하나에게 도움을 베풀지 않은 것이 하나님께 하지 않은 것이라고 하셨다. 일반적으로 부유한 사람들은 부유한 사람들끼리 가난한 사람들은 가난한 사람들끼리 모여 사는 경우가 많기 때문에 부유한 사람들은 자신의 주변에 가난한 사람이

없다고 생각하기 쉽다. 그러나 우리가 눈을 더 멀리 더 높게 보면 내가 도와야 할 사람들을 언제나 찾을 수 있다는 사실을 명심해야 한다.

> 그리고 나는 왼편에 있는 사람들을 향해서 이렇게 말할 것이다. '너희 저주받은 자들아 내게서 물러가 마귀와 그 부하들을 가두려고 준비한 영원한 불속으로 들어가라. 너희는 내가 배고플 때에 먹을 것을 주지 않았고, 목마를 때에 마실 것을 주지 않았으며, 나그네 되었을 때에 따뜻하게 맞아들이지 않았다. 또 헐벗었을 때에 입을 것을 주지 않았고 병들었을 때나 감옥에 갇혔을 때에도 찾아와 주지 않았다.' 그러면 그들도 대답할 것이다. '주님, 주님이 언제 배고프고 목마르셨으며, 나그네 되고 헐벗으셨으며, 병들고 감옥에 갇히셨던 일이 있었기에 저희가 보고도 돌보아 드리지 않았다 하십니까?' 그때 왕이 말할 것이다. '내가 진정으로 말한다. 여기 있는 내 형제 중에 가장 보잘 것 없는 사람 하나에게 해주지 않은 것이 곧 내게 해주지 않은 것이다.'
>
> /마태복음 25장 41-45절

일곱째, 너그럽고 기꺼운 마음으로 하나님의 나라를 위한 우리의 관심을 주는 사려 깊은 유언서를 작성해 두라.

사랑에 눈먼 사람처럼 무조건 자손들에게 유산으로 남겨주지 말고 자신이 살던 사회의 봉사단체나 지역사회를 섬기는 신학교 등에 기부할 것을 미리 약정해 놓고 이 사실을 반드시 자녀들에게 알리는 것도 중요하다. 자녀들에게 돈을 벌어서 관리하는 방법을 가르치는 것이 돈을 물려주는 것보다 더 중요하기 때문이다. 유산상속 문제로 서로 다투고 있는 재벌이나 주위의 부자들을 우리는 알고 있다. 선대회장이 남긴 차명재산을 둘러싼 삼성가 2세들과 태광그룹 2세 사이에도 비슷한 성격의 대규모 상속소송이 벌어지고 있다.

이상에서 고찰한 성경적 '돈의 사용'과 실천을 토대로 그리스도인들을 위한 성경적 소비지출교육 내용을 <표7.2>과 같이 정리하였다.

〈표7.2〉 성경적인 '돈의 사용'과 소비지출교육 내용

분류	성경적 소비지출교육 내용	
	성경적 '돈의 사용'	실천 내용
현대소비문화에 대한 이해	과소비와 과시소비의 문제점 - 타인들에 대한 부정적 영향 - 소비자체와 소비권력을 사랑 경계	신앙과 소비행위의 분리에 대한 반성 - 수동적 소비자 한국 그리스도인들의 소비문화 비판 - 소비사회 가치와 성경적 소비가치 비교
소비 가치와 행동	타락된 소비를 경계 개인과 가족 돌봄을 위한 소비는 인정	소박한 삶, 단순한 삶의 적용
나눔 가치와 행동	나눔의 제도 – 희년, 안식년, 십일조, 이삭줍기 나눔의 목적 – 하나님께 영광과 기쁨, 보상으로 복을 주심, 실질적인 도움을 주는 행동, 공동체 안에서 평등 실현 나눔의 자세 – 기꺼이, 마음을 다하여, 은밀히 등	나눔의 목적 – 하나님의 영광과 기쁨을 위하여, 하나님이 공급하시는 힘으로, 상호보완적인 구제 나눔의 방법 – 개별적인 헌금원칙 정립, 육체적 섬김 나눔의 자세 수정 – 잘못된 나눔의 자세에 대하여 회개 및 수정

'나눔기본법' 입법예고…기부연금제 도입

보건복지부는 17일 나눔을 실천하는 사람들에 대한 사회의 배려를 강화하고 나눔 문화의 제도 기반을 마련하기 위해 '나눔기본법' 제정안을 마련해 입법예고 한다고 밝혔다. 입법예고 기간은 18일부터 내년 1월 28일까지다. 이 법안은 자발성, 무보수성, 이타성, 공정성 등 나눔의 기본원칙을 천명하고 나눔 실천자에 대한 사회적 인정을 강화하는 내용을 담고 있다. 아울러 나눔단체의 투명성 확보, 기부연금제도 도입, 나눔단체의 행정·재정 지원 근거 등의 내용도 포함돼 있다.

기부연금제도는 기부자가 현금, 부동산 등을 공익법인 등에 기부하면 본인 또는 지정자에게 기부가액의 일정액을 연금 형태로 정기로 지급하는 계획기부 모델을 뜻한다. 복지부는 이 제도의 도입에 관해 각계 전문가와 관련단체 등의 다양한 의견을 수렴하기 위해 21일 오후 3시 서울대 어린이병원에서 공청회를 개최할 예정이다. 정부는 매년 12월 5일을 '나눔의 날'로 정하고 '나눔주간'에 나눔문화 활성화를 위한 각종 캠페인을 벌이고 지원할 예정이다.

이와 함께 나눔단체가 나눔을 집행할 때 필요한 경우 국가나 지방자치단체가 나눔 수혜자에 관한 정보를 제공할 수 있는 근거를 마련하고 제도개선과 사업추진을 위한 지원기관인 '나눔문화재단'을 설립하기로 했다. 이 재단은 나눔 관련 정책개발과 제도의 연구·조사, 실태조사, 통계작성, 인력의 양성·교육, 기념사업 등을 수행한다. 아울러 국무총리를 위원장으로

하는 민관협의체로 '나눔문화위원회'를 만들고 5년마다 중앙행정기관의 나눔 관련 계획·시책을 종합해 기본계획을 수립·추진하도록 할 방침이다.

출처: 머니투데이 2012년 12월 17일

부록 1

가난한 자들을 위한 소액금융제도

마이크로크레딧(Micro Credit)으로 더욱 알려진 소액금융제도는 방글라데시 그라민은행(Grameen Bank)에서 유래를 찾는 사람이 많다. 이외에도 유사한 형태로 이탈리아의 윤리은행(La Banca Etica)과 미국과 중남미의 아씨온(ACCION) 등이 있으며 공통점은 저소득층 가계의 자활지원을 위한 소액대출금융이라는 점이다. 방글라데시의 그라민 은행은 1976년 설립되어 주로 농촌의 빈곤여성을 대상으로 자금을 빌려주었고 지금까지 600만명에게 창업 종자돈을 빌려주어 그 중 58%가 빈곤에서 벗어날 수 있는 성과를 나타내고 있다. 소액금융이 민간단체의 위치를 벗어나 공공성을 확보하게 된 형태는 이탈리아의 윤리은행에서 찾을 수 있다. 이탈리아의 윤리은행은 1994년 22개의 금융기관들이 '윤리은행 설립을 위한 연대'를 결성하고 은행 설립에 필요한 최소한의 자본금 650만유로(81억5천만원)를 모았고, 이탈리아 중앙은행은 1998년 12월 윤리은행을 은행으로 승인했다. 대안 금융활동만을 목적으로 한 세계 최초의 제도권 은행으로서 윤리은행은 현재 주요 도시에 8개의 지점을 두고 있으며 일반 예금주들의 저축액이 차지하는 비중이 전체의 95%에 이른다. 윤리은행의 특징 가운데 하나는 예금주가 자신이 원하는 투자 분야를 직접 선택할 수 있다는 점이다.[4].

소액금융은 목적에 있어 '수익성을 배제하지 않지만 사회적 유용성을 일차적 목적으로'하고 있다는 점을 가장 중요한 특징으로 하고 있다. 여기서 사회적 유용성은 다양한 형태의 사회적 기업과 일맥상통한다고 할 수 있다. 소액금융의 또 다른 특징은 실직빈곤계층을 대상으로 창업자금을 지원하는 것이 아니라 대출한다는 점이다. 하지만 소액금융은 시장논리에 따라 경제적으로 이루어지는 것은 아니며 저리로 상환에 목적을 두는 사회적 성격을 가지고 있다. 따라서 대출기준은 빈곤계층, 실업자,

4) 구체적으로 △사회적 협동조합이나 사회적 일자리 △환경 연합과 영농 조직 △제3세계 협동조합 발전과 공정거래 △문화·교육적 활동 등이다. 별도의 윤리위원회가 있어, 윤리은행의 활동이 윤리적·사회적 목적에 맞게 이뤄지는지 감시한다(한겨레 21, 2004. 11. 24).

여성, 노인 등 사회적 취약계층에 초점을 두고 있지만 성공적 창업과 대출금 상환을 목적으로 하는 상업성을 동시에 추구한다는 면에서 사회적 기업의 한 유형이다.

운영주체의 측면에서 소액금융은 비영리민간단체가 관리운영하고 있다. 소액금융은 공공기관이나 민간기업을 배제하지 않으며 저소득층 창업지원사업은 민간부문과 공공부문의 협력을 통해서 더욱 활성화될 수 있다. 소액금융은 국가마다 다양한 형태를 갖추고 있으나, 일반적으로 금융관련법에 근거한 정식은행이 아니며, 정부의 기금도 아니고 민간 기금도 아닌 중간적인 성격을 가진다. 그리고 그 재원이 공공부문과 민간부문에서 모두 제공되는 만큼, 소액금융 기금은 정부관계자, 민간단체 대표, 별도의 회계감사관에 의해 공동관리 및 운영된다.

우리나라의 경우 그라민 은행의 한국지부인 '신나는 조합'과 사회연대은행이 있다. (사)부스러기사랑나눔회[5]는 1999년부터 한국 씨티은행의 지원과 방글라데시 그라민 트라스트(그라민 뱅크)의 대출금으로 마이크로 크레디트 '신나는 조합'을 운영하고 있다. 또 2013년 4월 22일부터 한국자산관리공사에서 시행한 '국민행복기금'[6]과 미소금융이나 희망홀씨대출과 같은 민간은행의 서민금융대출상품 등이 있다. 일반은행에서 소액금융사업을 적극 추진하고 있는데 이는 금융기관의 사회적 책임경영의 외부적 요구를 충족시키려는 노력에 기인하다. 이러한 일반 은행의 움직임은 한국의 소액금융제도의 발전에 커다란 영향을 미칠 것으로 보인다. 일반은행을 통하여 저소득층 가계의 소액금융 이용의 확대를 위해 사회적 책임경영을 요구하는 사회적 분위기와 경영마인드의 확산이 가장 중요한 과제이다.

---

5) 한국의 그라민은행의 이름을 신나는 조합(joyfulunion)으로 정하고 법적인 근거를 가지고 자활대출 사업을 수행하기 위해 2000년 3월 11일 보건복지부 복지지원과로부터 사단법인 예은사랑나눔회 설립허가를 받게 되었다. 현재 (사)예은사랑나눔회는 2001년 11월 17일자로 (사)부스러기사랑나눔회로 명칭이 변경되어 자활사업부 사업으로 신나는조합을 진행하고 있다.

6) 국민행복기금은 3조원 정도 빚을 지고 있는 신용불량자 32만6000명가량에게 1억원 이하의 원금의 50%(기초생활 수급자는 70%)를 탕감해주고 남은 빚은 최장 10년까지 나눠서 갚도록 하는 대표적인 정부주도의 서민금융지원제도이자 채무조정제도이다. 채무조정을 이행하기 위한 바꿔드림론을 운영하고 있으며 소액금융제도는 신용회복위원회 및 모든 시중은행과 지방은행, 저축은행 등에서 서민금융지원제도로 추진되고 있다.

〈표〉 지역별 소액금융 규모(MIX 자료)[7)]

지역 (소액금융기관 수)	실제대출자수 (백만명)	대출자 비율 (%)	전체대출금액 (백만 불)	대출이용률 (%)	평균대출금액
아프리카(85)	3	10	$ 965	11	$ 322
남아시아(94)	16	57	$ 1,334	15	$ 82
동아시아(44)	5	16	$ 2,218	24	$ 472
중남미(94)	3	11	$ 2,708	30	$ 846
중동&북아프리카(23)	1	3	$ 236	3	$ 281
유럽&중앙아시아(37)	1	2	$ 1,682	18	$ 2,420
전체 수(378)	29	100	$ 9,143	100	$ 319

출처/Rhyne & Otero(2006)

〈표〉 전 세계 소액금융의 규모 (Microcredit Summit 자료)[8)]

지역	소액 금융수	전체고객수 2004년	전체고객 수 2005년	극빈고객수 2004년	극빈고객수 2005년	극빈여성 고객수 2004년	극빈여성 고객수 2005년
아프리카 (사하라이남)	959	7,004,840	7,429,730	5,062,166	5,380,680	3,271,510	3,442,825
아시아& 태평양	1,652	81,009,798	96,689,252	59,939,638	744,330,516	51,212,061	63,934,812
중남미	439	9,854,401	4,409,093	1,429,360	1,760,405	1,020,992	1,258,668
중동& 북아프리카	30	168,575	1,287,318	92,568	387,951	61,804	321,004
개발도상국 합계	3,080	92,037,614	109,815,393	66,523,732	81,859,552	55,566,367	68,937,309
북아메리카 & 서유럽	35	56,911	55,707	28,683	13,318	17,696	7,862
동유럽& 중앙아시아	18	175,764	3,390,290	62,501	76,166	38,343	47,856
선진국 합계	53	232,675	3,445,997	91,139	89,484	56,039	55,718
총계	3,133	92,270,289	113,261,390	66,614,871	81,949,036	55,622,406	68,993,027

출처: Microcredit Summit Annual Report(2006).

7) MIX란, the Microfinance Information Exchange로, 2002년 6월에 설립되어 소액금융시장에 대한 정보와 *Microbanking Bulletin*을 발간.

8) Microcredit Summit은 1997년 2월 미국 워싱턴 D.C.에서 처음으로 137개국 2900여명이 모여 세계의 극빈층 가계의 1억명 모으기 캠페인을 시작하면서 출발. 2년마다 개최되었으며 지난 9년간의 활동을 통해 2006년 11월 Global Microcredit Summit 개최하면서 10년동안 빈곤층 가계 1억7천만명에게 소액대출 목표설정.

부록 2

자녀의 용돈관리교육 tips

용돈은 아이들에게 일정액을 정기적으로 주어 아이들 스스로가 경제적 책임 의식을 느끼게 할 수 있는 돈을 말합니다. 즉 아이들 스스로가 용돈을 받아서 예산을 짜서 지출하고 저축하고 기부하는 행동들을 스스로 결정할 수 있도록 해 주어야 합니다. 그렇다면 우리 아이에게 용돈을 언제부터, 얼마를, 어떻게 주어야 할까요?

1. 언제부터 용돈을 줄까?

아이가 동전과 지폐의 가치를 알고 이해한다면, 용돈을 안전하게 관리할 수 있다면 용돈을 주어도 좋습니다. 물론 아이가 용돈을 달라고 한 적이 있으면 더 좋겠죠.

2. 용돈을 얼마 주어야 할까?

여러 가지 방법으로 용돈 액수를 정할 수 있지만, 1주 혹은 1개월 동안 쓸 수 있는 적당한 액수의 용돈을 아이에게 주고 어디에 얼마를 썼는지 기록하게 한 후 적당한 금액을 정하는 것이 좋겠지요. 이 때 부모가 아이에게 쓴 돈에 대한 기록이 있다면 함께 비교하여 정하는 것이 더 좋은 방법이지요. 이 때 용돈으로 쓸 수 있는 범위를 정하는 것이 좋습니다. 예를 들어 학용품, 군것질, 저축 등. 애매한 품목은 부모와 아이가 상의하여 일반적인 기준으로 따르면 되겠죠!

3. 어떻게 주어야 할까요?

용돈을 주기 시작하신다면, 아이와 함께 "용돈 약속"을 만들어 보세요. 아이에게 용돈 주는 날짜, 액수, 용돈으로 쓸 수 있는 항목, 용돈기입장 쓰기 등을 미리 정해 놓는 것이죠. 그리고 용돈 받기 전에 용돈을 잃어버렸거나 다 써서 용돈을 가불할 때 어떻게 할지 등을 미리 정해서 써 놓으면 아이가 더 책임감이 생기겠죠. 그리고 용돈을 주기 시작하셨다면 용돈 주는 날짜를 절대 잊지 마세요. 월급이 늦어지면 속상하는 것처럼 아이들도 그럴꺼예요.

아이가 용돈을 잘 관리하는 지 정기적으로 용돈기입장을 같이 평가하는 시간을 가질 필요가 있습니다. 용돈을 주는 목적이 아이에게 책임감 있는 돈 관리를 가르쳐주기 위해서이니까요. 용돈기입장을 같이 볼 때는 우선 계산이 맞았는 지를 확인하고 잘한 일을 칭찬해 주세요. 혹시 계산이 잘 안 맞거나 충동구매가 너무 많았다 하더라도 혼내기보다는 그 문제를 다음에는 어떻게 해결할 수 있을 지에 대해 이야기하는 것이 더 좋겠지요.

/참고문헌 : 우리 아이 경제교육 프로젝트(2002), 재조너선, 황금가지
우리 아이 경제교육 어떻게 할까(2002), 김정훈, 굿인포메이션

부록 3

대학생용 재무관리교육 프로그램

▸ 1주차: 돈에 대한 이해

주 제	돈에 대한 이해	차시	1주차
학 습 목 표	재무교육에 대한 필요성과 재무관리 기본개념을 이해한다.		
학습자료	금융 IQ, EQ테스트, 문제풀이테스트		
학습방법	강의, 조별 토론, 적용문제 익히기		
학습 및 활동내용	• 학습의 동기유발: 금융 IQ/EQ테스트–금융지식과 감성을 테스트 – 대표적 성향에 대한 유형 제시(파워포인트 자료 참고) – 교육 대상자들의 토론 – 자신의 현재 상황 분석 • 돈의 필요성 및 중요성에 대해 생각하기(조별 토론) – 돈이란 무엇인가? – 돈의 중요성 – 돈과 친해지는 방법 • 재무교육의 목표 및 기본개념 이해하기 – 선택과 의사결정 능력의 배양 ↳ 재무관리로 인해 변할 수 있는 것들–선택의 문제임을 인식 – 재무관리를 위한 기본개념 ↳ 희소성, 기회비용, 이자 및 인플레이션, 외환과 환율, 돈의 시간가치 – 이자 계산법과 돈의 시간가치 계산 적용		

▸ 2주차: 재무설계 기초

<table>
<tr><td>주 제</td><td>재무설계기초</td><td>차시</td><td>2주차</td></tr>
<tr><td>학 습 목 표</td><td colspan="3">재무상태를 파악하고 자신의 life cycle에 맞는 재무설계를 할 수 있다.</td></tr>
<tr><td>학습자료</td><td colspan="3">자산상태표, 수지상태표, 재무기록표</td></tr>
<tr><td>학습방법</td><td colspan="3">강의, 조별 토론, 실습</td></tr>
<tr><td>학습 및 활동내용</td><td colspan="3">• 학습의 동기유발: 자신의 재무목표설정하기–자신의 현재상황 분석

• 5대 재무목표와 재무목표를 달성하기 위한 단계
– 소득과 부의 극대화, 효율적 소비의 실천, 생활만족의 발견
재무적 안전감, 노후를 위한 부의 축적

• 라이프 사이클과 재무설계
– 각 단계별 주요한 재무사건과 해야 할 과업들을 알아본다.
– 청년기, 신혼기, 자녀 양육기, 자녀독립 및 은퇴기
– 장단기 재무설계의 과정
– 재무상태 평가 및 분석

• 해보기
– 재무상태 평가: 수지상태, 자산상태, 재무기록 표
(한 가계를 대상으로 조별 토론)
자신에게 맞는 재무기록 sheet지 개발해 보기</td></tr>
</table>

▶ 3주차: 직업선택과 소득

주 제	직업선택과 소득	차시	3주차
학 습 목 표	소득의 원천과 개발을 위해 준비해야 하는 것들을 인식한다.		
학습자료	인적자본 항목, 개인적성 유형표, 이력서 샘플		
학습방법	강의, 조별 토론, 실습		
학습 및 활동내용	• 학습의 동기유발: 좋은 직업이란(전체 토론), 성격 유형 16가지 테스트 • 일의 의미 • 소득의 원천-근로, 재산, 사업, 파생적 소득 • 소득에 영향을 주는 요인 - 인적자본: 지식, 기술, 경험의 향상, 소득의 원천 - 직업선택과 능력개발 - 취업정보 수집 - 창업을 위해 준비해야 하는 것들 • 해보기 - 이력서 및 자기소개서 쓰기		

▸ 4주차: 세금관리

주 제	세금관리	차시	4주차 (1시간15분)
학 습 목 표	세금의 종류를 알고 절세의 방법을 익힌다.		
학습자료	연말정산 절차 표, 국세청 사이트 들어가기		
학습방법	강의, 실습		
학습 및 활동내용	• 학습의 동기유발 - 담배 한 개피에 들어있는 세금은 얼마? - 영수증을 받는 것은 어떤 의미? • 세금의 종류: 국세(직접세, 간접세) • 합법적인 절세의 방법 - 연말정산 계산방법 • 해보기 - 국세청방문 '연말정산 자동계산' 들어가보기		

▸ 5주차: 소비지출관리

주 제	소비지출관리	차시	4-5주차
학 습 목 표	합리적인 예산/결산을 하기 위한 감각과 방법을 익힌다.		
학습자료	spending 게임 그림, budget 표, 고정지출 표, 비고정지출 표, 나의 소비성향표, 재무달력 그림		
학습방법	강의, 조별 토론, 실습		
학습 및 활동내용	• 학습의 동기유발 - 욕구와 욕망을 구분하는 게임, 나의 소비성향은? • 예산의 필요성과 성공적인 예산세우기 • 결산 기록 방법: 봉투, 가계부, 컴퓨터 시스템 소개 • 예산과 결산이 불균형 해결 방법 - 지출의 종류: 고정/비고정지출 내용적기 - 지출을 줄이기 위한 방법(지출통제 연습) - 돈은 어떻게 써야 하는가? 써야할 돈, 아껴야 할 돈(조별토론) • 해보기 - spending 게임 - 나의 소비성향 알기 - 재무달력 만들기(한달 동안 실행 후 제출)		

▸ 6주차: 신용(부채)관리

주 제	신용관리	차시	6주차
학 습 목 표	자신의 상황에 맞는 대출의 방법과 부채를 상환하는 방법에 대해 안다.		
학습자료	부채한도액 표, 위험신호, 부채기록표		
학습방법	강의, 실습		
학습 및 활동내용	• 학습의 동기유발 – 돈을 빌리는 의미?(전체 토론) • 대출의 종류 및 원리 • 대출의 조건, 신용 쌓기(대출 쉽게 받는 방법) • 소액긴급자금 대출방법 – 마이너스대출(종합통장 대출) – 소액 카드론 – 예금상품 대출 – 저축성 보험약관 대출 • 해보기 – 한 가계를 샘플로 부채기록표 작성(상환방법 분석)		

▸ 7주차: 신용(부채)관리 I

주 제	신용관리	차시	7주-8 (1시간)주
학 습 목 표	자신에게 맞는 신용카드 선택과 올바른 사용법을 익힌다.		
학습·자료	신용한도액설정 및 대출금 기록표, 나의 신용상태 check 표		
학습방법	강의, 조별토론, 실습, 비디오		
학습 및 활동내용	• 학습의 동기유발: - 무서운 카드이자, 신용카드를 남용한 사람들 사례 이야기 - 비디오 시청 "신용이 머니(money)?" • 신용카드 장/단점, 종류 • 나에게 맞는 신용카드 고르기 • 신용카드 올바른 사용전략 : 발급할 때, 물건살 때, 현금서비스 이용, 신용카드 대금 결제시 • 신용카드 문제와 예방책 - 도난과 분실 - 카드이용대금 이의신청 - 예금상품 대출 - 저축성 보험약관 대출 • 해보기 - 신용카드로 인한 문제 이야기 해 보기		

▸ 8주차: 신용(부채)관리 II

주 제	신용관리+	차시	8주차
학 습 목 표	안전한 신용정보 관리방법과 신용불량자의 등록요건과 고통, 구제제도를 살펴본다.		
학습·자료	신용불량 사례		
학습방법	강의, 조별토론		
학습 및 활동내용	• 학습의 동기유발 – 신용불량자는 신용전과자?! • 안전하게 신용정보 관리하는 방법 • 신용불량자 등록요건 • 신용불량자 고통 • 개인워크아웃제도란 • 해보기 – 신용불량자와 상담(역할극-조별)		

▸ 9주차: 저축과 투자관리 I

주 제	저축 및 투자관리	차시	9주차
학 습 목 표	우리나라 각 금융기관 특성을 이해함으로서 금융상품의 용어 및 특성과 선택기준을 익히고 금융회사를 효과적으로 이용할 수 있다.		
학습·자료	나에게 적합한 금융기관 선택 sheet		
학습방법	강의, 조별 실습		
학습 및 활동내용	• 학습의 동기유발: 투자할 돈이 있다면 은행, 주식, 보험 상품 중 무엇을 선호하는지...(조별토론) • 우리나라 금융기관 종류와 금융기관 특성 비교하기 • 금융상품을 이용한 저축 – 은행상품: 정기예금, 입출금 자유예금, 은행신탁 – 투자상품: 주식, 채권, 신탁상품(수익증권, 뮤추얼펀드, 금전신탁) • 금융상품 용어해설: MMF, MMDA, CMA, CD, CP, RP • 금융상품 선택기준(목적, 기간, 세금) • 금융회사 이용방법 – 은행이용하기–서비스특성과 수수료비교 – 증권사 이용하기–홈트레이딩 시스템 • 예금자 보호법이란? • 해보기 – 인터넷 뱅킹 이용방법		

▸ 10-11주차: 저축 및 투자관리Ⅱ

주 제	저축 및 투자관리	차시	10-11주차
학 습 목 표	투자의 기본원리를 이해하고 주식, 채권, 간접투자 방식을 이해한다.		
학습·자료	투자성향 분석표, 주식시세표		
학습방법	강의, 실습		
학습 및 활동내용	• 학습의 동기유발 - 주식관련 용어 퀴즈 • 투자의 의미와 기본원리 이해-위험수익관계, 포트폴리오, 차익거래와 가격 • 투자자의 유형과 포트폴리오 구성 • 투자의 제약조건과 투자대안 • 투자안 선택에 영향을 미치는 요인-인플레이션, 이자 • 주식 투자하기 - 주식시세표 이해하기 - 주가에 영향을 주는 요인 • 채권의 특성, 고려사항(시장이자율), 투자전략 • 간접투자(수익증권, 뮤추얼펀드 특성 및 비교) • 선물/옵션 투자하기 • 해보기 - 자신의 투자성향 분석 해 보기-위험회피, 중립, 선호형		

▸ 11주차: 저축 및 투자관리Ⅲ

주 제	저축 및 투자관리	차시	11주차
학 습 목 표	부동산 투자의 의미와 관련 상품을 이해한다.		
학습·자료	부동산 수수료 계산		
학습방법	강의, 실습		
학습 및 활동내용	• 학습의 동기유발 – 부동산 투자와 투기의 차이는? • 부동산 투자의 특성 • 부동산 투자의 대표상품: 리츠 • 주택 청약관련 상품: 청약저축, 청약예금/부금 • 주택 매매시 부동산 수수료 계산 및 분제 사례 발표하기 • 해보기 – 부동산 수수료 계산해 보기, 수수료 문제로 인한 사례 발표		

▸ 12주차: 위험관리 및 보험 I

주 제	위험관리 및 보험	차시	12-13주차
학 습 목 표	재무설계 시 위험관리의 중요성을 이해하고 위험관리 수단인 보험의 종류와 특성을 안다.		
학습·자료	TV홈쇼핑 판매방송 시청		
학습방법	강의, 실습		
학습 및 활동내용	• 학습의 동기유발 -개인자신 또는 가족의 위험 사건은? • 위험의 의미와 종류 • 위험의 내용: 개인, 자산, 배상책임위험 • 위험관리과정: 인식-평가-전략-실행-평가 및 조정(예시로서 설명) • 위험관리수단: 보험의미 • 보험 종류 및 선택 - 생명보험-사망, 생존, 양로/배당, 무배당/보장성, 저축성 - 손해보험-책임, 재산보험 • 보험선택 시 고려사항 • 보험 판매채널(TV홈쇼핑, 방카슈랑스, 인터넷) • 보험계약 절차 및 계약 시 알아두어야 할 용어 • 퀴즈 - 보험용어에 대한 O,X 퀴즈게임		

▸ 13주차: 위험관리 및 보험Ⅱ

주 제	보험-대표적인 민영상품	차시	13주차
학 습 목 표	최근 대표적인 보험상품을 소개하고 각 특성을 이해한다.		
학습·자료	인터넷을 이용한 자동차 보험 가격비교		
학습방법	강의, 조별 실습		
학습 및 활동내용	• 학습의 동기유발 - 자신의 보험가입 여부(부모님 계약자 포함)와 동기는? • 종신보험의 특성 • 변액보험의 장단점과 가입시 유의할 사항 • 자동차보험의 보상내용 • 자동차 보험 상품 종류(플러스, 운전자 보험) • 해보기: 인터넷을 통한 자동차 보험 가입절차 및 가격비교		

▸ 14주차: 은퇴계획, 기부하기

주 제	은퇴계획 및 기부하기	14주차
학 습 목 표	은퇴를 준비하기 위한 계획과 기부문화에 대한 가치관을 정립한다.	
학습·자료	은퇴 후 필요금액 산정표	
학습방법	강의, 실습, 조별토론	
학습 및 활동내용	• 학습의 동기유발 - 은퇴 후 나에게 필요한 금액은? • 은퇴 후 필요금액과 준비기간 • 은퇴준비를 위한 개인연금보험-국민연금, 개인연금 • 상속세 및 증여세 계산방법, 신고기간 • 선진국이 기부문화 엿보기 • 부자되기 위한 가치관 정립-기부는 필수! • 해보기 - 기부에 대한 자신의 생각들을 나누기(조별토론)	

출처 : 정운영, 황덕순(2006). 대학생을 위한 재무관리교육 프로그램 개발 및 평가, 한국생활과학회지, 15(6), 999-1014.

■ 참고문헌

김건주(1999). 급변하는 세계경제와 그리스도인의 직업윤리, 통합연구 11(1,2), 105-113.

김경자(2001). 인터넷 재무상담 프로그램의 내용과 양식 개발에 관한 연구, 한국가정관리학회지, 19(6), 207-220.

김경자 · 홍정하(2002). 대학생들의 개인재무관리 교육 내용개발을 위한 연구, 가톨릭대학교 생화과학연구논집, 22(1), 5-18.

김관수(2012). 한국의 천민자본주의 가치관과 경제개혁의 한계: 교육적 해결방안, 통합교육과정연구, 6(1), 25-44.

김도일(1999). 3장 돈, 무엇을 어떻게 가르칠 것인가?, 호남신학대학교 편, 기독교와 경제, 한들.

김동윤(2005). 부자를 꿈꾸는 청지기, 생명의 말씀사.

김동호(2006). 깨끗한 부자, 규장.

김성숙(2009). 성경적 개인재무관리를 위한 경제교육내용 개발, 신앙과 학문 14(1), 9-54.

김승욱(2008a). 한국 기독경제학의 유형과 발전 방향, 신앙과 학문 13(1), 19-41.

김승욱(2008b). 참여정부 부동산정책에 대한 기독교적 평가, 신앙과 학문, 2(3), 83-124.

김영봉(2002). 사귐의 기도, IVP.

김영봉(2003). 바늘귀를 통한 부자, IVP.

김영신 · 서정희 · 송인숙 · 이은희 · 제미경(2009). 소비자와 시장환경, 시그마프레스

김영주 · 박혜원 · 서정희 · 송영주 · 송혜림 · 허은정(2012). 가정생활과 진로. UUP.

김용민(2012). 구속신학적 목회상담_구속신학과 목회상담의 만남, 신앙과 학문 17(3), 35-62.

김은수(1997). John Calvin의 "그리스도인의 삶의 원리"에 따른 사회경제 윤리와 사상에 대한 소고, 역사신학논총 13, 8-49.

김은정(2012), 실과(기술, 가정) 교육과정 및 교과서의 금융소비자교육 실태 분석, 대한가정학회지 50(8), 21-40.

김이곤(1996). 구약성서의 고난신학, 한국신학연구소.

김일규(2012). 신용 1,2 등급 14,000명, 1년만에 불량자 전락, 한국경제 2012년 12월 3일.

김재영 편저(1989). 직업과 소명, IVP.

김정현 · 최현자(2012). 우리나라 소비자의 재무관리역량, 소비자학연구 23(1), 229-254.

독일 개신교 교회협의회 편, 손규태 역(1994), 그리스도교와 미래를 책임지는 경제활동, 한국신학연구소.

김정호(2011), 초, 중, 고 금융교육 표준안의 구성 배경과 내용체계, 한국경제포럼 3(4), 57-72.
로널드 사이더 저 · 한화룡 역(1998). 가난한 시대를 사는 부유한 그리스도인, IVP.
로널드 웰레스 저· 나용화역(1992). 칼빈의 기독교 생활원리, 기독교문서선교회.
리차드 C. 츄닝 저 · 방기형 역(2010). 샬롬의 경제학, 주영사.
마이클 럼 저· 공명숙 역(2011). 성공이 늘어질 뿐 실패는 없다, 에세이퍼블리싱.
박광수 · 양재영 · 주소현(2010). 개인재무설계, 경문사.
박대식(2011). 100세 시대 도래에 따른 농어촌 대응 방안. 100세 시대 종합컨퍼런스: 역동적인 100세 사회 어떻게 만들어야 하나?
박시영(2013). 스펙보다 브랜드스토리를 팔아라, 월간 신한리뷰 2313년 1월호, 30-35.
박정윤(2003). 성숙한 그리스도인의 가계재무관리, 로고스 경영연구 1(2), 1-15.
박정윤(2005). 잠언서를 통한 가계재무관리교육, 로고스 경영연구 3(2), 42-66.
배희선 · 최현자(1995). 가정생활주기에 따른 농가주부의 재무관리행동과 재정만족도: 화폐관리 행동, 자녀 교육비 대비행동 및 노후 준비 행동을 중심으로, 한국가정관리학회지 13(3), 1330143.
백은영 · 배미경 · 이승신(2004). 재무교육이 미국 대학생들의 주관적 재정관리 행동문제 인지에 미치는 영향, 대한가정학회지, 42(8), 219-233.
서인숙(1979). 성서의 가난한 사람들, 분도출판사.
서인주(2003). 신용카드 사용에 관한 소비자교육 프로그램 개발 및 평가, 상명대학교 박사학위 논문.
서정희(2012a). 착한 소비를 지향하는 공정무역, 내하출판사.
서정희(2012b). 소비의 새흐름 공동체소비운동, 기업소비자정보 129, 6-11.
서정희 · 허은정(2013). 울산 기혼여성 소비자의 가계재무관리, 울산대학교 출판부.
성영애 · 최현자(2000). 가계의 부채관리 교육 및 상담프로그램 개발을 위한 기초연구: 가계부채 문제의 규명, 한국가정관리학회지, 18(4), 193-207.
손주영(2008). 대학생의 소비자재무지식, 소비자 재무행동, 소비자재무교육 요구도, 한국가족자원경영학회지, 12(1), 141-157.
송재룡(2008). "한국 소비문화의 밈(meme)과 기독교문화 : 문화-언어적 관점에서," 소비문화시대의 기독교, 예영커뮤니케이션, 57-94.
신국원(2008). 신국원의 문화 이야기, 문화전쟁 시대의 기독교 문화 전략, IVP.
신상래(2010). 하나님 경제학, 평단문화사.
신용철(2009). 현대문화와 돈, 그리고 개인: 짐멜의 돈에 철학에 나타난 문화와 돈의 관계를 중심으로, 동서철학연구 53, 113-135.
안동규 · 주우진 · 한기수 · 송지환 · 한정화 · 황호찬(1994). 한국 경영자의 윤리의식 조사 및 윤리적 경영 풍토 조성을 위한 연구.

안서원 · 박수예 · 김범준(2012). 사람들은 돈이 어떤 변화를 가져온다고 생각하는가? 나와 타인의 차이, 한국심리학회지: 사회 및 성격, 26(3), 45-61.

안석배(2012). 국민연금 한푼도 못받는 그들은..... 조선일보 2012년 10월 22일.

양창삼(2007). 하나님의 부자경제학, 브니엘.

오덕호(1998). 하나님이냐 돈이냐?, 한국신학연구소.

오덕호(1999). 마태복음 25장이 보여주는 경제윤리, 호남신학대학교 편 기독교와 경제, 한들.

원용일(2009). 취업과 소명, 그들의 고민을 해결하라!, 교육교회 2009.11, 20-26.

윤정혜 · 김경자 · 성영애 · 손상희 · 양세정 · 이희숙 · 최현자(2001). 소비자재무설계 · 상담 · 교육 프그램 개발을 위한 연구 방향, 소비자학연구, 12(3), 89-108.

이근영(2010). 기독교경제학, 스텝스톤.

이기춘 · 박명희 · 윤정혜 · 손상희 · 성영애(2009). 소비자재무설계 2판. 학현사.

이동수(2002). 기독교경제학, 현대출판사.

이소정(2011). 100세 시대 대비 중고령자 사회 참여 활성화 방안. 100세 사회 어떻게 만들어야 하나?

이수영(2011). 100세 시대 도래의 시사점과 정책방향. 100세 시대 종합컨퍼런스: 역동적인 100세 사회 어떻게 만들어야 하나?

이순호(2012), 금융소비자교육의 현황과 과제, 한국금융연구원 주간금융브리프, 12-13.

이윤재(2004). 성경속의 경제학, 숭실대학교 출판부.

이은선(1999). 칼빈과 청교도의 경제윤리, 개혁신학과 경제윤리, 제6회 정기학술 심포지엄 발표논문, 137-164.

이재율(2000). 기독교 소비윤리에 관한 소고, 신앙과 학문, 5(1), 51-73.

이재율(2009). 그리스도인을 위한 경제학, 계명대학교 출판부.

이정우 · 정진희(1999). 도시주부가 인지한 가계의 재정문제에 관한 연구, 한국가족자원경영학회지 3(1), 51-65.

이혁배(2006). 분배문제에 대한 요릭 슈피겔(Yorick spiegel)의 경제 윤리적 성찰, 기독교철학, 2, 77～108.

이혁배(2010). 신자유주의에 대한 경제윤리적 성찰, 한국기독교신앙논총 71, 203-223.

이혁배(2011). 한국 기독교윤리 쟁점. 동연.

이홍구(2011). 하나님의 경제학, 두란노.

임성빈외 7명(2008). 소비문화시대의 기독교, 예영커뮤니케이션.

장윤옥 · 정서린(2008). 도시가계의 경제적 스트레스와 경제적 대처행동이 주부의 재무관리행동에 미치는 영향. 2008년 한국생활과학회 동계학술대회 발표논문집, 111-130.

정운영(2001). 재무관리체계모델을 적용한 도시가계의 재무건전성, 전남대학교 박사학위논문.

정운영 · 황덕순(2006). 대학생을 위한 재무관리교육 프로그램 개발 및 평가, 한국생활과학회지, 15(6), 999～1014.

정운영 · 황덕순 · 홍은실(2002). 재무관리행동에 관한 선행연구고찰: 재무관리체계모델의 구성요소를 중심으로, 한국가정관리학회지 20(1), 125-138.

제임스 홀트맨 저, 김원주 역(1996). 신앙과 경제, 아가페.

조성표(2008). 알수록 행복해지는 돈의 비밀, CUP.

조셉, F. 켈리, 방성규 역(2002). 초대 기독교인들의 세계, 이레서원.

조용훈(1999). 신앙과 경제윤리, 통합연구, 11(3 · 4), 130-156.

진현(2012). 똑똑하게 실패하기: 창조적 성과 창출의 조건, SERI 경영노트, 172호.

진환주(2011). 한국교회와 돈의 유착관계: 짐멜(G. Simmel)의 '돈의 철학'과 영화 '2012'의 상호비교를 통해서, 신앙과 학문, 16권 1호, 203-220.

채수일(1993). 기독교 신앙과 경제문제, 한국신학연구소.

천경희·홍연금·윤명애·송인숙(2010). 착한소비 윤리적소비, 시그마프레스

최공필 · 이병윤 · 한상일 · 이건범 · 이명환(2002). 최근 가계금융부채의 현황과 시사점 , 한국금융연구원 정책조사보고서.

최재원(2012). 100세 시대 남 일 아니다…'은퇴 크레바스〈crevasse : 55세 퇴직이후 10년간 수입공백기〉'를 메워라, 해럴드경제 2012년 5월 29일.

최현자 · 성영애(2001). 가계의 부채관리 교육 및 상담프로그램 개발, 한국가정관리학회지, 19(1), 235-251.

최현자 · 이지영(2005). 중학생의 금융이해력수준과 금융소비자교육 요구도 연구. 한국가정관리학회 추계학술대회 발표논문집.

칼빈 바이스너 저, 김재영 역(1993). 경제정의 실천을 위한 바른 경제윤리, 나침반.

학원복음화협의회(2012). 2012 한국대학생의 의식과 생활에 대한 조사연구.

한국FPSB (2009). 재무설계 개론, AFPK Text Series.

한동근(1999). 청지기윤리의 위기와 경제위기, 성경적 세계관에 입각한 학문연구: 특집 한국의 경제위기에 대한 기독교적 반성, 통합연구, 11(3,4), -86.

한신대학교 학술원 신학연구소(2004). 한국 기독교인의 정치 · 사회 의식조사, 한울아카데미.

홍길표(2011). 고령사회화에 대응하기 위한 중소벤처기업 지원 방안. 100세 시대 종합컨퍼런스: 역동적인 100세 사회 어떻게 만들어야 하나?

홍연금(2009). 우리나라 윤리적 소비자에 대한 사례연구, 가톨릭대학교 박사학위논문

홍원구(2011). 100세 시대 금융의 역할:세제 혜택 금융산업의 역할. 100세 시대 종합컨퍼런스: 역동적인 100세 사회 어떻게 만들어야 하나?

홍향숙(1999). 가계의 경제적 스트레스 유형에 따른 재무관리행동과 재정만족도, 서울대학교 박사학위논문.

홍향숙 · 이종혜(1999). 개인, 가계, 환경변수가 가계의 재무영역별 재무관리행동에 미치는 영향, 한국가정과학회지, 29(1), 12-24.

황봉환(2003). 기독교 경제윤리, 예영커뮤니케이션.

황의서(2011). 루터, 칼빈, 웨슬리의 경제윤리, 신앙과 학문, 16(2), 285-312.

황호찬(1996). 돈, 그 끝없는 유혹, IVP.

Averbeck, R. E.(2006). Creation and corruption, redemption and wisdom: A biblical theology foundation for counseling psychology, Journal of Psychology 25(2), 11-26.

Avila Charles(2004). Ownership : Early Christians Teaching, 김유준 역(2008), 초대 교부들의 경제사상, 소유권, 서울 : 기독교문서선교회.

Beisner, E. Calvin(1988). Prosperity and Poverty, 김재영 역(1993), 경제 정의 실천을 위한 바른 경제 윤리, 도서출판 나침반사.

Eine Denkschrift fer Evangelischen Kirche in Deutschland(1991). Wirtschaftliches Handeln inVerantwortung für die zukunft, 손규태 역(1994), 그리스도교와 미래를 책임지는 경제활동, 한국신학연구소.

Erickson, M. J.(1983b). Christian Theology, 신경수 역(1997b), 복음주의 조직 신학(하), 크리스챤다이제스트

Foster, R. J.(1985). Money, Sex, Power, 김영호 역(1989), 돈, 섹스, 권력, 두란노.

Haltesman James(1997). The Clashing Worlds of Economics and Faith, 김원주 역(1999), 신앙과 경제, 아가페.

Hill, Craig and Earl Pitts(2001). God's Biblical principles of Finance, 허 령 역(2004), 그리스도인의 재정원칙, 도서출판 예수전도단.

Johnson, Luke T.(1986) Sharing Possessions, 최태영 역(1990). 소유와 분배, 도서출판 대장간.

Kelly Joseph F.(1997). The World of the Early Christians, 방성규 역(2002), 초대 기독교인들의 세계, 도서출판 이레서원.

Baek, E(2001). Financial concerns and problems of college students, Proceedings of the association for financial counseling and planning education, 16-25.

Bernstein, David(2004). Household Debt and IRAs: Evidence from the Survey of Consumer Finances, Financial Counseling and Planning 15(1), 63-72.

Bieler, A., Social Humanism of Calvin, 홍치모 역(1985), 칼빈의 경제윤리, 성광문화사.

Burkett, Larry(1989). The Complete Financial Guide for Young Couples: A Lifetime Approach to Spending, Saving and Investing, Chariot Victor Publishing, U.S., 조성표 역(1992). 돈 걱정 없는 가정. CUP.

Burkett, Larry(2000). How to manage your money, Moody Publishers, U.S.

Crabb, L. J.(1987). Understanding People, 윤종석 역(2011), 인간 이해와 상담, 두란노.

Dwyer, DP.(1989). The seven stages of financial planing : A case study approach to financial planing, Longman financial services publishing, a division of Longman financial services institute, Inc.

Edmonson, A.C.(2011). Strategies for learning from failure, Harvard Business Review, April.

Ellul, J. 저, 양명수 역(1991), 하나님이냐 돈이냐, 도서출판 대장간.

Erickson, M. J.(1983a). Christian Theology, 현재규 역(1997a), 복음주의 조직 신학(중), 크리스찬 다이제스트.

Garman, ET and Forgue RE (1994). Personal Finance, 4th ed., Boston, MA : Houghton Mifflin Company.

Gauzwaard, B.(1989), Capitalism and Progress, 정세열, 김병연 역, 자본주의와 진보사상, IVP.

Glenn Muske and Mary Winter(2004). "Personal Financial Management Education: An Alternative Paradigm," Financial Counseling and Planning 15(2), 79-88.

Graham, W. F.(1971). The Constructive Revolutionary John Calvin and His Socio-economic Impact, John Knox Press.

Hartarska V. & Gonzalez-Vega C.(2005). Credit Counseling and Mortgages Termination by Low-Income Households, Journal. of Real Estate Finance and Economics, 30(3).

Hobbs, H. H.(1996). The Baptist Faith and Message, 김용민, 임형모 역(2011), 침례교 신앙과 메시지, 엘도른.

Hopper, L. 저, 나요섭 역(1992). 성서에 나타난 가난, 나눔사.

Horx, M.(2003). Future Fitness, 이온화 역(2004), 미래, 진화의 코드를 읽어라, 넥서스BOOKS.

Jeremy, David J.(1990). Capitalists and Christians: Business Leaders and the Churches 1900-1960, Clarendon Press, Oxford.

Kavanaugh, John F.(2006). Following Christ in a Consumer Society, NY, Maryknoll Orbis Books.

Kim, Jinhee & E. Thomas Garman & Benoit Sorhaindo(2003). Relationships Among Credit Counseling Clients, Financial Well-being, Financial Behaviors, Financial Stressor Events, and Health, Financial Counseling and Planning 14(2), 75-87.

Kyper, A.(1987). Christianity as a life-system: the witness of a world view, 서문강 역, 삶의 체계로의 기독교: 기독교의 세계관과 인간 이해, 새순출판사.

Langrehr, V.B. & Langrehr, F.W.(1989). Measuring the Ability to Repay: The Residual Income Ration, The Journal. of Consumer Affairs, 23(2), 393-406.

Lum, M.Y. 저, 공명숙 역(2011). 성공이 늦어질뿐 실패는 없다, 에세이퍼블리싱.

Lyons, A.C. & Hunt, J.L.(2003). The Credit Practices and Financial education needs of Community

College Students, Financial Counseling and Planning, 14(2), 63-74.

McGrath, A. E. (1990). A Life of John Calvin, Oxford: Basil Blackwell.

Miller, Vincent, J(2004). Consuming Religion : Christian faith and Practice in a Consumer Culture, New York, London: Continuum.

O'Neill Barbara & Benoit Sorhaindo & Jing Jian Xiao & E. Thomas Garman(2005). Financially Distressed Consumers: Their Financial Practices, Financial Well-being, and Health, Financial Counseling and Planning 16(1), 73-87.

Pannenberg, w.(1983). Anthropologie in Theologischer Perspective, 박일영 역(1996). 인간학 1: 인간 본성론, 분도출판사.

Parrotta, J.L. & Johnson, P.J.(1998). The impact of financial attitudes and knowledge on financial management and satisfaction of recently married individuals, Financial Counseling and Planning Education, 9(2), 59-74.

Rad, G. V.(1969). Theologie des Alten Testaments Band 1, 허혁 역(1996). 구약성서신학 2권, 분도출판사.

Rhyne Elizabeth & Maria Otero. 2006."Microfinance through the next Decade: Visioning the Who. What. Where. and How."2006 General Micorfinance Summit Conference.

Sider Ronald, J.(1997). Rich Christians in and Age of Hunger, 한화룡 역(1998). 가난한 시대를 사는 부유한 그리스도인, IVP.

Steele, R. The Religious Trademan, 조계광 역(2011). 그리스도인의 경제윤리, 지평서원.

Twitchell, J.B.(2002). Living It Up : Love Affair With Luxury. 최지철 역(2003). 럭셔리 신드롬, 미래의 창.

Vine W. E. et. al(1996). Vine's Compelete Expository Dicitionay of Old and New Testament Words, Thomas nelson Publishers.

Wallace, Ronald S.(1957). Calvin's doctrine of the Christians, 나용화 역(1988). 칼빈의 기독교 생활원리, 기독교문서선교회.

Westermann, C.(1971). Schöpfung, 황종렬 역,(1991), 창조, 분도출판사.

Wingren, Gustaf(1957), Luther on vocation, 맹용길 역(1975). 루터의 소명론, 컨콜디아사.

■ 찾아보기